Vicente Ramos es un especialista en literatura alicantina: Miró, Arniches... Ahora ha estudiado a Miguel Hernández, y el resultado es un libro documentado, imparcial y riguroso. En estas páginas queda recogida la trayectoria íntegra del Hernández hombre y poeta. Merecen particular atención, entre las fuerzas que penetraron su vida, la Orihuela patria, barroca, clerical, como dormida en el tiempo, y la amistad con el malogrado Ramón Sijé (a quien se dedica amplísimo espacio). Nuevos documentos e interpretaciones vienen a reducir las zonas oscuras que a veces desdibujaban la figura de Miguel Hernández. Por si fuera poco, la bibliografía reunida es la más completa que conocemos.

Sin embargo, no se trata sólo de una trayectoria vital. Entendiendo que poesía es autobiografía, Ramos ha querido extraer de la obra entera del

(Pasa a la solapa siguiente)

MIGUEL HERNÁNDEZ

BIBLIOTECA ROMÁNICA HISPÁNICA

Dirigida por DÁMASO ALONSO

VII. CAMPO ABIERTO, 32

VICENTE RAMOS

MIGUEL HERNÁNDEZ

EDITORIAL GREDOS, S. A.

EDITORIAL GREDOS, S. A.,

Sánchez Pacheco, 81, Madrid. España.

Depósito Legal: M. 32880 - 1973.

ISBN 84-249-1779-0. Rústica.
ISBN 84-249-1780-4. Tela.

Gráficas Cóndor, S. A., Sánchez Pacheco, 81, Madrid, 1973. — 3783.

A mi esposa

"Vivo para exaltar los valores puros del pueblo, y, a su lado, estoy tan dispuesto a vivir como a morir."

MIGUEL HERNÁNDEZ

El autor expresa su profunda gratitud a la Fundación Juan March, que le concedió una Pensión de Literatura para escribir este libro.

También agradece la documentación prestada por don José Torres López.

—

I

TEORÍA DE ORIHUELA

Orihuela, que gozó de una vida política predominante a lo largo de ciertas épocas de su vieja historia, conserva aún, en los órdenes psicológico y sociológico, un sello tan singular «que hace del oriolano un peregrino inconfundible en todos los países en que mora» [1].

Adentrarnos por su mundo urbano es caminar por viales de extraño silencio y aromada soledad, como si retrocediéramos a un ayer tan distante como entrañable. Ese apagado espíritu —sin embargo, vivo— cualifica piedras, escudos, portaladas, claustros... E ilustra, muy en armonía, al río, que cruza y trasciende la urbe como un índice o espejo o lamento de la fugacidad de las cosas. Se respira una sutil atmósfera ascética y, en su pálida luz, parecen estar grabadas aquellas palabras sentenciosas del padre Juan Eusebio Nieremberg: «Despierten y abran los mortales los ojos, y conozcan la diferencia que hay entre lo temporal y lo eterno para que den a cada cosa su estimación debida, despreciando todo lo que el

---

[1] L. Almarcha, *¡Orihuelica de mi vida!*, «El Día», Alicante, 8 de septiembre de 1931.

tiempo acaba, y estimen todo lo que la eternidad conserva, a la cual deben buscar en el tiempo de esta vida...»[2].

Pero esa rara espiritualidad que se cuaja, transformándose en materia y memoria, la imaginamos, si fuera posible, a modo de hueco tremendo, hacia cuyo fondo resbala y cae lentamente, muy lentamente, el alma, la historia, toda la vida oriolana.

No exagero ni un ápice. La impresión primera que recibe el visitante de Orihuela es la de verse dentro de un halo de orfandad, de vacío y de un no sé qué que duele. Orihuela es ciudad fría, museo y archivo de pasadas grandezas, inventario de empolvadas solemnidades, amarillo recuerdo de un alto y acabado predicamento político.

Orihuela no ha surgido del desarrollo comercial, industrial o científico. Este pueblo es hijo de una fe y del predominio político-económico de un determinado grupo de poder. Su modo de ser es efecto de una causa no dependiente del espacio ni del tiempo. Y tal vez, por esto, la ciudad parece estar enajenada del tiempo; hemos llegado a creer que la duración aquí se ha detenido en un inexplicable éxtasis eternal, que no eterno.

Por cuanto venimos señalando, al adentrarnos por Orihuela, nos domina la sensación de habernos trasladado a una urbe perdida en el pretérito, huidiza. E intenta escapársenos, porque sus características no son las comunes y, por ello, no es encuadrable ni en el Medievo —del que tiene mucho—, ni en el Renacimiento —del que participa en gran medida—, ni aun siquiera en el Barroquismo, no obstante ser éste su más adecuado marco. Orihuela, ciudad barroca: dormida y despierta; diligente y perezosa; retrógrada y progresista; clerical y anticlerical; analfabeta y culta; gnóstica y agnóstica. Suma de contrarios. Desconcertante ciudad.

---

[2] J. E. Nieremberg, *De la diferencia entre lo temporal y eterno*, Madrid, M. Martín, 1762, pág. 3.

«La exquisita alma orcelitana agoniza en un deliquio indefinible de poesía, en un blando ensueño de quietud y de silencio» [3].

Y volvemos a acordarnos del padre Nieremberg y de su famoso libro, pues hasta el subtítulo del mismo cuadra perfectamente con el talante moral y social de Orihuela: «Crisol de desengaños, con la memoria de la eternidad, postrimerías humanas y principales Misterios Divinos».

La ciudad de Hernández vive inclinada desde hace siglos hacia el enigma avasallador de esas postrimerías, que si de una parte arden como esperanza de eternidad, de otra suponen renuncia y abandono de la concreta existencia en el tiempo.

La confusión crece si observamos la caudalosa riqueza agrícola —tesoro de hermosuras— de sus alrededores, de su comarca. Tierra de verdes luminosos, estremecida por esbeltas palmeras, ahíta de maduración frutal, entrañada de humedad fecunda... Tan extraordinaria en encantos es esta tierra que siempre evocó el sueño del Paraíso. Y así la vieron poetas, científicos o meros visitantes desde los más remotos tiempos. Cielos de azules trascendidos, vergel incomparable.

Los árabes la calificaron de *Edén terrenal.* «La ciudad de Orihuela, que es antigua y data de tiempos remotos, fue una capital de los Agam y la sede de uno de sus reinos. Su nombre en latín significa *la que es de oro.*

Esta ciudad está provista de una ciudadela muy defendida, sobre la cima de una colina. Está rodeada de jardines y huertos, donde las frutas crecen en abundancia. La vida allí es fácil» [4].

---

[3] N. Heredia, *Impresiones oriolanas,* «Actualidad», Orihuela, 15 noviembre 1928.

[4] Al-Himyari, *Kitab ar-Rawd al-mitar.* Trad. de María Pilar Maestro González, Valencia, 1963, pág. 76.

Y uno de sus geógrafos, Rasis, escribió a fines del siglo x que Orihuela —entonces, Tudmir— «ayuntó en sí todas las bondades de la mar y de la tierra»[5].

El prodigio no lo agostó el tiempo; por el contrario, lo aumentó y, por ello, siguió atrayendo forasteros e inspirando los más encendidos panegíricos. En la segunda mitad del xviii, el botánico Cavanilles se entusiasmó al contemplar la majestuosa estampa de naranjales, moreras y otros árboles: «Recréase el ánimo —dice— al descansar baxo aquellas sombras, donde el gusto, la vista y el olfato reciben agradables impresiones: el movimiento de las aguas que corren por aquellos canales, la variedad de frutos, la alegría de los naturales y la pureza del cielo producen grandiosas ideas, tanto que algunos extrangeros han creído hallar allí los sitios deliciosos que Milton pintó en su *Paraíso perdido*»...[6].

La adjetivación de edénica surge siempre que se intenta una descripción de tan singular como querida zona alicantina. Hacia 1862, el barón Davillier dejó escrito que «innumerables cauces de riego mantienen en este paraíso terrestre una humedad continua, y el sol hace lo demás. De manera que los habitantes de la huerta no se asustan de los años de sequía, tan fatales en otras regiones de España. *Llueva o no llueva, hay trigo en Orihuela,* tal es el dicho popular, que expresa bien la fertilidad del país»[7].

Ya en nuestro siglo, un escritor nacido en esta vega baja del Segura, Modesto Hernández Villaescusa, enfer-

---

[5] Este texto, en *Historia de Orihuela,* de E. Gisbert Ballesteros. L. Zenón, Orihuela, 1901, t. I, pág. 31.

[6] J. A. Cavanilles, *Observaciones sobre la historia natural, geografía, agricultura, población y frutos del Reyno de Valencia,* Madrid, Imprenta Real, 1797, t. II, pág. 284.

[7] Ch. Davillier, *Viaje por España,* Madrid, Ed. Castilla, 1949, página 138.

vorizado, escribió categóricamente que «no hay pincel humano que acierte a describirla. Súrcala el río en toda su extensión de Poniente a Levante, con sus márgenes repletas de espesos cañaverales y frondosas alamedas; multitud de anchas acequias, brazales regadores y azarbes colectores constituyen una red maravillosa que lleva la alegría, la fecundidad y la riqueza aun a los más apartados rincones de aquel incomparable paraíso» [8].

Y en su corazón, Orihuela —Orcelis, Tudmir, Aurariola, Auriela, Oriola, Ongüela...—, la inmortal Oleza mironiana, se ofrece a todos los sentidos, cautivándolos «lo mismo desde todos los tiempos, con su olor de naranjos, de nardos, de jazmineros, de magnolios, de acacias, de árbol de Paraíso. Olores de vestimentas, de ropas finísimas de altares, labradas por las novias de la Juventud Católica; olor de panal de los cirios encendidos; olor de cera resudada de los viejos exvotos. Olor tibio de tahonas y de pastelerías. Dulces santificados y delicia del paladar y del beso; el dulce como el rito prolongado de las fiestas de piedad» [9].

Huelgan más testimonios. La hermosura se impone aquí con toda evidencia, dentro del absoluto reinado de lo vegetal. Recordaremos en este punto que si, como afirmó José Ortega y Gasset, «la vida paradisíaca es, ante todo, vida vegetal» [10], la cultura que de ella nazca tendrá también igual signo, pues, de acuerdo con la tesis de nuestro filósofo, el oriolano ha hecho de lo agrario «principio e inspiración para el cultivo del hombre».

Es cierto que el ilustre pensador aplicó la idea al pueblo andaluz. Mas nosotros, por juzgarla compatible,

[8] M. Hernández Villaescusa, *Susana*, Barcelona, E. J. Gili, 1934, página 18.

[9] G. Miró, *El obispo leproso*, Madrid, Ed. Conmemorativa, 1947, página 14.

[10] J. Ortega y Gasset, *Obras Completas*, Madrid, Ed. Revista de Occidente, 1947, t. VI, pág. 118.

la recogemos y predicamos del hombre de la Vega Baja alicantina, cuyo «sistema de actitudes ante la vida» —su cultura— es, a nuestro criterio y por dicha causa, bastante parejo. Este labriego de Orihuela, a la luz de un texto de José Martínez Arenas, es «desconfiado y ahorrativo; severo y exigente en sus relaciones contractuales y laborales; enemigo de la letra impresa o escrita»[11].

A lo dicho por Martínez Arenas habría que agregar una cierta dejadez, notoria apatía a lo andaluz, mezcla de resignación, fatalismo e indiferencia[12]. Sin embargo, advirtamos que tal actitud no encaja exactamente en la acepción vulgar de pereza u holgazanería; más bien se trata de una tendencia muy arraigada en el quietismo, en el silencio y en lo contemplativo, efecto de ese profundo, unívoco y absorbente sentido religioso de la existencia que este pueblo profesa y defiende.

Y he aquí una primera contradicción: ¿cómo, en cuerpo tan vitalmente exultante —la Vega Baja—, late un corazón —Orihuela— con faz moribunda? ¿Sufrimos una alucinación? ¿Nos domina el error que falsea el dato objetivo? ¿Qué vínculo existe entre la Naturaleza tan opulenta y el hombre que la cultiva y en la que se sostiene? ¿Qué desconocida ecuación se da entre el paraíso circundante y el cuajado sopor de las arterias ciudadanas? ¿Cómo explicar este contraste?

Orihuela, ciudad de alma dormida. ¿Se ha hecho historia el aroma, el verso, el rezo? Pensemos que aroma, verso y rezo se han fundido, confundido para siempre con la historia y con la piedra.

---

[11] J. Martínez Arenas, *La tertulia del bar Lauro*, Valencia, Tip. Moderna, 1963, pág. 126.

[12] Ver, por ejemplo, J. María Ballesteros, *Chi va sano va lontano*, «Actualidad», Orihuela, 6 diciembre 1928.

Giménez Caballero aventuró que «Orihuela es la actualización de un ensueño»[13]. Utilizando tales conceptos, creemos más justo decir que Orihuela es el ensueño de una lejana actualidad.

Expliquémonos. Ciertamente, ignoramos el amanecer de este viejo pueblo. Gisbert, tras largos estudios, afirmó que, «para poder determinar el origen de Orihuela, sería preciso alzar el velo que cubre la infancia de los tiempos y que circunda la cuna de la historia»[14]. Muy probablemente, Orihuela es el pueblo de mayor antigüedad de cuantos hoy componen la provincia alicantina. Debido a tal circunstancia, a su jerárquica significación, la palabra, el gesto, el hacer o el contemplar del oriolano rezuman un *no sé qué* de personalismo —también de sabiduría empírica —que nos desconcierta.

Esa vejez, nacida de un fondo paradisíaco y crecida en áurea molicie, se transformó en historia. Pero, el discurrir en el tiempo, lo humano fue simultáneamente absorbido, dominado por lo vegetal, por lo sensual, por un frenesí de olores. Y el tiempo —sirviéndonos de la metáfora mironiana— se inmovilizó en «humo dormido» por el rezo y el silencio. Y nació el ensueño.

Orihuela se abisma, de una parte, bajo la exuberancia edénica de la Naturaleza; de otra, bajo la vetusta gloria de su propio pasado: «... rica en magnificencias de color, prócer en recuerdos de historia, señora en atributos heráldicos, acaudalada en monumentos de arte, enriquecida en hombres, arboledas, panoramas, huertas y policromías, colmada de tesoros de fe...»[15].

---

[13] E. Giménez Caballero, Prólogo al volumen *Naranjos y limoneros*, de J. María Ballesteros, Madrid, Ed. Nuestra Raza, 1935.

[14] E. Gisbert, *ob. cit.*, t. I, pág. 20.

[15] R. Pérez y Pérez, *Anda que andarás*, «Actualidad», Orihuela, 20 febrero 1930.

Agobiada, diríamos, por el oro y los años, Orihuela cayó en un pozo de oscuras meditaciones sobre la fugacidad de lo temporal. Uno de sus hijos de hoy, Adolfo Lizón, ha dicho que su ciudad es «casi todo silencio y nocturnidad. Casi todo, porque, sobre el cadáver de la ciudad, se veía pasar de vez en cuando alguna sombra, a guisa de gusano tumbal, y, de cerca, sonaba, invisible, la campana espectral y conturbadora del Viático» [16].

Amargura. Desengaño del mundo. Desolación de las piedras y tristeza en el aire detenido en el perfume. ¿Por qué? ¿Tal vez no se alcanzó la meta propuesta? La hipótesis no debe ser desechada. Tampoco el pensamiento de un poderío sin base.

¿Qué tipo de realidad conforma la sustancia de Orihuela? O, de otro modo, ¿qué especie de idealización se ha desfasado, quedando sólo de ella el nostálgico recuerdo de una cima sin cimiento?

Porque, digámoslo sin ambages, no hay inquietud, sino gesto resignado; no se agita el problema, sino que rueda la vieja solución gastada; los espíritus no se orientan hacia la novedad de otros horizontes —novedad, para ellos, acaso sea sinónimo de no verdad—, sino que siguen mirando, inmóviles, con los párpados caídos, el monótono suceder de los días y de las noches, y no se saluda a la mañana, sino a la tarde gris, lluviosa de ceniza y de melancolías.

Otro hijo de Orihuela, coetáneo del anterior, Manuel Molina, ha expuesto el siguiente juicio: «Orihuela, sueño de siglos, anda sonámbula por la historia provinciana, ahogando el brote incipiente de cualquier intempestiva juventud. Su vida, en el pasado, ve impasible desmoronarse sus edificios, hundirse sus calles, borrarse sus jardines, sin que nadie se detenga a reparar el daño. Orihuela está

---

[16] A. Lizón, *Gente de Letras. Cuentos de la mala uva*, Madrid, Galo Sáez, 1944, pág. 134.

quieta sobre el río que pasa y fertiliza sus entrañas riquísimas» [17].

Vemos, pues, a Orihuela anonadada por exceso; al pueblo, víctima de su propia demasía. Acaso, desbordada belleza, agobiadora historia. ¿Ha faltado ecuanimidad para evitar el derramamiento de tantas energías? Ciertamente, así ha ocurrido.

Hoy, en su abrumador silencio, descubrimos un desencanto ciudadano, como si un fracaso general, comunitario fuera despeñando siglos por vertiente de soledades.

Destaquemos ahora este fenómeno de anquilosamiento, de extrema pesadez vital. «Orihuela —ha dicho Antonio Sequeros— quiere ser actual y no es más que historia: sucesión de nostalgias, fusión de lejanías que dicen de prosapias y aureolas» [18].

La morriña puede ser, a mi criterio, la base y el punto de partida del nuevo pueblo. Orihuela ha de abrirse a la realidad, pues, aunque no esté paralítica, vive melancólicamente. Cierto es que tal fenoménica quietud no supone término de un proceso ni, menos, acabamiento. Creo que es una forma de existencia, contradictoria y muy personalista.

Los oriolanos de hoy, conscientes de cuanto digo, no se rebelan ni protestan —a veces se lamentan—, porque, en sus intimidades, saben que así es y, en esencia, así seguirá siendo Orihuela, que «pretende ser presente y es sólo pasado. No un pasado muerto y fósil, sino vivo, renovado en lenta y normal evolución» [19].

Bajo la estática faz fluye desde siglos una lucha ininterrumpida entre elementos contrarios y aun contradictorios. El ser es antagónico del querer ser. Y en este sus-

---

[17] M. Molina, *Miguel Hernández y sus amigos de Orihuela*, Málaga, Ed. El Guadalhorce, 1969, pág. 14.

[18] A. Sequeros, *Orihuela es así*, «Semana Santa», Orihuela, 1952.

[19] A. Sequeros, *art. cit.*

trato polémico radica la más acendrada sustantividad de Orihuela. Por ello, Joaquín Ezcurra la juzga «amante del cambio de sensaciones entre la gravedad y el regocijo, entre la ironía y la alegría, y, cuanto más alegre, sobria en la alegría, más expansiva que concentrada y, a la vez, aislada»[20].

Y Lizón, más explícito, ahonda en el análisis: «Contradictoria, sí, y aun opuesta y difícil. Su mismo río lo demuestra periódicamente. Y por eso, tras la sequía que agosta gentes, ganados y huertas, desencadena bíblicas catástrofes (...). Capital de un reino de taifas fronterizo que se llama Murcia, Orihuela, inquieta por judía y casi toda mora, tiene esa poesía que nace de lo opuesto y torna lo dispar en su encanto mejor. Ciudad de conventos y palacios, cada esquina es una encrucijada medieval, y cada casa solariega, húmeda y hermética, un misterio»[21].

Acierta Lizón. En efecto, Orihuela es manantial de poesía. Y silencio. Y perfumes en la luz. Y aire de claustro. Orihuela puede ser comparada, al decir de Sequeros, a «un gran cenobio paramero, plantado a orillas del oasis».

Paso a paso nos acercamos al núcleo más entitativo de la encantadora y encantada ciudad de Miguel Hernández, compleja y simple, rica en pasado, casi huérfana de presente y con un futuro enigmático.

Decimos: ciudad detenida, pueblo que agota su tiempo, midiendo la propia ruina. No obstante, y como a hurtadillas, Orihuela quiere alcanzar nuevas metas; pero el empeño es tímido y el anhelo se frustra, porque, en lo más raigal, sigue imperando su más antiguo elemento dominante y generador: lo religioso.

---

[20] J. Ezcurra, *Orihuela, la novicia de Levante*, «Semana Santa», Orihuela, 1952.

[21] A. Lizón, *El Grupo de Orihuela*, «Mediterráneo», Castellón de la Plana, 31 diciembre 1950.

El abismo de corrientes opuestas denota que el constitutivo esencial de este pueblo —también de su naturaleza física— es lo que entendemos —no siempre bien
comprendido— por lo barroco.

En el barroquismo se enraizan —hagamos memoria
de la tesis de Eugenio d'Ors— el pasado y el futuro:
«Siempre que encontramos reunidas en un solo gesto
varias intenciones contradictorias, el resultado estilístico
pertenece a las categorías del Barroco. El espíritu barroco, para decirlo vulgarmente y de una sola vez, *no sabe
lo que quiere.* Quiere, a un tiempo mismo, el pro y el contra»[22].

Abundando en la tipificación polémica del fenómeno
barroco, consignaremos, con Pfandl, que en tales contras-
tes los factores primigenios son el naturalismo y el ilusionismo. Del segundo, destacamos un notorio espíritu de-
formador tanto en la expresión como en la individualidad.

Asimismo este ilusionismo barroco implica la tendencia a lo conceptista, un camino humanizador de lo sobrenatural y hasta un afán colectivista en orden a la ejecu-
ción de lo estético[23].

Dicho de otro modo: lo barroco surge del conflicto
entre realismo e idealismo, clave, sin duda alguna, de lo
español.

Este antagonismo se debate en la naturaleza del ser
oriolano, encuadrable cabalmente con el modelo psicológico que delineó Emilio Orozco: «...ese hombre en
cuya alma latía un apasionado y doble impulso de atracción hacia el mundo y de huida de él; de goce sensorial
y sensual junto a elevación y mística; de norma y geome-
tría junto a la libertad e imaginación; de naturaleza unida

---

[22] E. d'Ors, *Lo Barroco*, Madrid, Ed. Aguilar, s/a., pág. 36.
[23] Véase: L. Pfandl, *Historia de la Literatura Nacional Española en la Edad de Oro*, Barcelona, Ed. G. Gili, 1952.

al artificio; de enclave, en suma, de lo finito con lo infinito» [24].

Convencidos estamos de que en este agónico movimiento se engendra el ser de Orihuela, y a él debemos recurrir siempre que queramos analizar, comprender la vida o la obra de algún oriolano. Mas la raigambre de tal agonismo tiene un fundamento religioso: «Intenta ser mundana y vuelve, medrosa y arrepentida, de su atrevimiento; porque su verdad es sólo una oración perenne en fuga por los cielos» [25].

Y si, admitiendo la tesis orsiana, lo barroco es un *estilo de cultura* y no, como el gótico, un *estilo de historia*, bien podemos asegurar que barroca es la cultura oriolana, ya que dicho estilo «contiene siempre, en su esencia, algo de rural, de *pagano*, de campesino. Pan, dios de los campos, dios de la natura, preside cualquier creación barroca auténtica» [26].

En virtud de cuanto venimos exponiendo, Orihuela, consecuentemente y por barroca, es apasionada y vitalista, vegetal y anticlásica: a tal luz, una y varia, debemos entender su arte y su pensamiento.

Mas henos aquí frente al misterio orcelitano. Lo antagónico se pone de relieve en la misma y visible morfología social. En este sentido hemos registrado el secular divorcio existente entre el pueblo llano y la clase política directora, fenómeno que ha llegado a convertirse en concausa del claro inmovilismo ciudadano. A su vez, los políticos o han calentado sus ambiciones en torno al «brasero» del carlismo —así lo definió Miró— o se han nutrido de un tímido liberalismo, conformista e inoperante. Cuando se han agitado banderas a los aires revolucionarios,

---

[24] E. Orozco, *Paisaje y sentimiento de la Naturaleza*, Madrid, Ed. Prensa Española, 1968, pág. 153.

[25] A. Sequeros, *art. cit.*

[26] E. d'Ors, *ob. cit.*, pág. 172.

no tardaron en ser arriadas por sus mismos defensores, vencidos, una vez más, por los espejismos de la ilusión.

Desde otro ángulo, la escena social oriolana, secularmente clasificada en grupos fundados en la capacidad económica, nos muestra una curiosa y barroca lucha intestina en torno a verdaderas trivialidades y a cuestiones personalísimas. De donde la rivalidad no brota por discrepancia en el programa sobre el bien común, sino de raíces muy individualizadas. El caciquismo ha gozado en Orihuela de extraordinario predicamento. Y aun los más avanzados en la ideología política jamás se desprenden de los vínculos de la tradición.

Y aquí, en este punto, debemos pasar a la contemplación del importantísimo factor religioso —no en cuanto a la religación metafísica, sino como hábito ritual—, distinguiendo su formalidad ética —en orden a la clase social y a su prestigio— de la normativa jesuítica que dominó la voluntad oriolana hasta el extremo de crear estado psicológico.

Repito que la influencia jesuítica nos parece decisiva en la configuración del cuerpo social olecense. Con cierta ironía y con mucha verdad escribió Miró que «hasta lo más profundo llegaban los ojos de los Ángeles de la Guarda de Oleza».

La dictadura moral ignaciana engendró una *manera* paralítica y dogmática de vivir la religiosidad, reduciéndola a la superficialidad, a la ostentación y al engaño: «...la oración —ha escrito Molina— se escurre por la piel de la apariencia, por el boato eclesial, por el aire y el pico de oro del clérigo de moda, por los recodos de la sacristía y el rumor de la maledicencia hipócrita»[27].

En los comienzos de nuestro siglo, exactamente en 1910, el poeta Juan Sansano denunció el desatado poder

---

[27] M. Molina, *ob. cit.*, pág. 16.

que ejercían los llamados «jesuitas de chaqueta», quienes
se dedicaban sin pudor «a hacer la rueda a más de cuatro
jesuitas de levita»[28]. Y el poeta y también periodista finaliza su extenso trabajo censorio con estas palabras: «Yo
creo con toda la sinceridad de mi alma que la extinción
de la Compañía de Jesús sería un bien para la Religión
y para la Patria. Así terminarían las luchas fratricidas
que están acabando con las energías de España».

Parece claro que si el poeta, deseando la muerte de
la Compañía, se comportó muy barroca y oriolanamente,
el jesuitismo y el clericalismo han sido las más fuertes
presiones que se han desplegado sobre el vivir de Orihuela. A ellas se debe el general miedo que se alza ante cualquier conato de progreso y novedad, rechazado casi ins-
tintivamente, porque su establecimiento podría corrom-
per la pureza de la fe. Recordemos a este respecto la muy
aleccionadora actitud puesta de relieve con motivo de la
instalación de la vía férrea. El 19 de enero de 1884 llegó
a Orihuela, en viaje de pruebas, la primera locomotora.
Y al día siguiente, el periódico «La Voz de Orihuela»,
glosando el suceso, publica un soneto de Antonio Meseguer López, en el que, tras un vacuo panegírico a la técnica, avisa a los católicos del peligro que tal novedad en-
trañaba:

> Mas cuida de, al gozar de días mejores,
> uniéndote al mundo en lazo estrecho,
> no huya empapada en tus sudores
> la fe que hierve so tu almo techo:
> guarda, virgen, la fe de tus mayores;
> lleva siempre la cruz sobre tu pecho.

En el seno de tal sociedad proliferan las vulgares beatas, «que, después de haber oído varias misas, haber re-

---

[28] J. Sansano, *Apuntes para la historia del periodismo oriolano*,
«La Semana», Orihuela, 13 noviembre 1910.

zado dos o tres rosarios y haber contado los pecadillos al confesor, charlan, censuran y ríen como mujeres locas junto a la puerta y al calor de la Casa de Dios» [29].

Ballesteros, autor de las precedentes líneas, destacó la existencia paradójica de los católicos usureros, quienes «practicaban —dice— de ordinario con gran escrupulosidad, además de la usura, las obligaciones de todo buen cristiano, asistiendo a misa todos los domingos y algún que otro día, dándose golpes de pecho y santiguándose con agua bendita. El dinero recogido, haciéndome préstamos a un interés excesivo, lo empleaban casi siempre en la compra de huertos de naranjos» [30].

La desproporción barroca ya apuntada se muestra con toda evidencia en dichas actitudes populares, por lo que el mismo escritor oriolano mantuvo que su ciudad era «exageradamente religiosa» [31]. Anormalidad que alimenta un conservadurismo a ultranza, al mismo tiempo que una reserva y una frialdad en las relaciones humanas y profesionales. Así resulta muy difícil la comunión de las voluntades en este pueblo de alma tan compleja.

Al calor de este fenómeno se ha desarrollado en Orihuela un curioso sentimiento mesiánico y triunfalista, tan exaltado que llega a considerar esta tierra como «predilecta del divino poder» [32].

En un mundo como el descrito la formación espiritual artística camina por sendas de obstáculos, únicamente salvables para grandes personalidades. Prueba de ello son estas palabras de un oriolano de nuestros días: «... si tenemos algo que realmente nos enaltezca y nos distinga

---

[29] J. María Ballesteros, *Oriolanas*, Alicante, Such, Serra, 1930, páginas 178-179.

[30] *Ibid.*, págs. 122-123.

[31] J. María Ballesteros, *Las huellas*, Orihuela, Tip. Beneficencia, 1929, pág. 97.

[32] J. María Ballesteros, *Oriolanas*, pág. 10.

entre todos los pueblos de España, es esa singular idiosincrasia, esa peculiar manera de ser, mezcla de hidalguía, humanismo, bondad natural, fe religiosa y apego desmedido a todo lo nuestro»[33].

Dichos presupuestos psicológicos se adecuan con el conocido y antiquísimo refrán:

> No soy aragonés ni castellano;
> que el hijo de Orihuela es oriolano.

---

[33] J. García López. Cuartillas inéditas conservadas en la Biblioteca Pública de Orihuela.

II

LA GENERACIÓN OLECENSE DE 1930

Hacia 1927 los intelectuales y hasta los políticos de Orihuela se escindieron a favor o en contra de la Oleza mironiana. Frente a los progresistas se situaron los conservadores.

El abismo se abrió tras la publicación (1926) de *El obispo leproso*, novela que sacudió el dormido ambiente oriolano, iluminándolo con resplandor de rayo. Bien dijo anónimamente Ramón Sijé, en 1932, que Gabriel Miró «supo estilizar nuestra tierra y crear aquella Oleza literaria donde no había sino una Orihuela llena de prejuicios ancestrales y de dominaciones absurdas del fanatismo».

La juventud, más olecense que oriolana, no tardó en dar señal de vida a través de unas páginas impresas. En efecto, el 25 de febrero de 1928 aparece el primer número del semanario «Actualidad», definido como «la resultante de la unión espiritual de una juventud que pretende ofrendar sus esfuerzos mozos en holocausto de los intereses de esta ciudad, cuyos destinos parecen llevarla a un próximo porvenir completamente nuevo, en el que se desenvuelvan sus actividades en un ambiente sano y franco, exento del enrarecimiento, que, producto de varias

y diversas causas, vició su atmósfera social, haciendo que
su vida se desarrollase saturada de ramplón comadreo y
de sumisión al temor del misterio».

El propósito es patente: acabar con la vieja y densa
y oscura atmósfera espiritual ciudadana, limpiar de prejuicios el camino y vivir una fe religiosa más consciente,
más íntima, más libre.

Alejandro Roca de Togores fue el director de «Actualidad»; Tomás López Galindo, su redactor-jefe, y entre
sus redactores o colaboradores figuraban Octavio Bueno
Muñoz, José Zerón, Francisco Garrigós Marín, Pedro Herrero Rubio, Pedro Torres Martorell, Juan Bellod Salmerón, Ginés Marcos, Fernando Sacasa, José María Sarabia
Pardines, José María Ballesteros y el padre capuchino Buenaventura Puzol. Casi todos ellos —Francisco Pina Brotóns se hallaba en Valencia, de cuyo diario «El Pueblo»
era redactor— configuran lo que podemos calificar de
pre-generación de 1930, pues son sus nuncios inmediatos.

«Actualidad», de signo liberal, fue objeto de trato poco
amistoso por parte del semanario «El Pueblo de Orihuela», órgano del Sindicato Católico, a cuyo frente se encon-
traba el que luego ostentaría los cargos de Vicario General de la diócesis de Orihuela y Obispo de León, doctor
don Luis Almarcha.

En 1929 ve la luz el también semanario «Renacer», dirigido por don José Escudero Bernicola, de matiz izquier-
dista, que no tardó en entablar polémica violentísima con
sus colegas.

El grupo de «Actualidad», repitámoslo, prefigura en
cierto modo la brillante Generación de 1930 y nació bajo
el signo de la independencia en todos los aspectos del
pensamiento: «Somos jóvenes y, por lo tanto, sin prejuicios. La vida que, en su aspecto social, ha de desfilar por
las páginas de nuestro periódico la juzgaremos según
nuestro punto de vista, pero exclusivamente según el *nues-*

tro, sin recibir inspiraciones de derechas ni de izquierdas, que, si izquierdas y derechas huelen a facetas distintas de cosa *vieja*, eso sí que está reñido con nuestra juventud, que no sólo es de edad, sino también de ideología» [1].

La ambición de cuantos escribían en «Actualidad», más que literaria, era política y social, y bien claro se ve en el precedente manifiesto, tan ostensiblemente alusivo a los clásicos caciquismos —políticos y clericales— de Orihuela. Como consecuencia de dicha postura, aquellos jóvenes fundaron la «Agrupación Oriolanista» con el deseo de «intervenir activamente en el desenvolvimiento de la vida local» [2].

Sin duda, esta pre-generación saneó la vida orcelitana, luchó contra los muy arraigados intereses caciquiles y, sobre todo, facilitó el amanecer de los grandes escritores. Sus afanes fueron progresistas, sin separarse totalmente de los vínculos tradicionales.

Aquellos jóvenes amaban el estudio y la tradición; buscaban un porvenir más libre y luminoso para su Orihuela y despreciaban a los «señoritos gansos», que se apolillaban en los casinos, «haciendo colmos y persiguiendo más tarde a sirvientas y menestralas» [3].

Por los años que estamos contemplando —1928 a 1930—, la sociedad orcelitana mantenía varios centros recreativo-culturales, espejos también de las ideas político-religiosas de sus asociados. Recordemos: el Casino, de gran predicamento político; el Círculo de Bellas Artes, cuya fundación data probablemente de 1925, instalado frente al Casino, en la calle de Loaces, esquina a la del Salitre, de donde se trasladó a la calle de Alfonso XIII

---

[1] «Actualidad», Orihuela, 1 marzo 1928.
[2] *Ibid.*, 3 octubre 1929.
[3] *Ibid*, 10 mayo 1928.

—vulgarmente, Hostales—, en el local de la Fonda de España, ocupado luego por el Centro Tradicionalista.

Con ideología opuesta a la del Casino nació la Casa del Pueblo, gracias a «un pequeño número de afiliados, todos muy jóvenes, hijos, la mayor parte, de liberales, a los que la Dictadura había dejado cesantes, o de carlistas que no habían sabido comunicar a sus hijos más que la rebeldía, única condición temperamental auténticamente sentida» [4]. Se domicilió en la calle de San Pascual, entonces de Luis Barcala, y en su mundo se cultivaba un republicanismo *sui géneris*. Sus directivos más destacados fueron don David Cases, don Isidoro Sánchez y don José Cubí. Mantenían un grupo de arte dramático y organizaban frecuentes conferencias de naturaleza política y cultural.

Asimismo se desarrollaban actos similares en el jesuítico Centro de Caballeros de Monserrate, en el Círculo Católico Obrero y en el Círculo Tradicionalista.

Al margen de tales periódicos y organizaciones —aunque, en cierta medida, bajo su amparo— fueron poco a poco destacando las voces de Miguel Hernández, Carlos Fenoll y José Marín Gutiérrez (*Ramón Sijé*), nombres que aparecían indistintamente en «El Pueblo de Orihuela» o en «Actualidad», y sus poemas o ensayos podían ser escuchados bien en la Casa del Pueblo, ya en el Círculo de Bellas Artes o en el Círculo Católico Obrero.

Mas en 1930 estos jóvenes se aglutinan en torno a la personalidad de Ramón Sijé, el menor de ellos; reciben el estímulo del farmacéutico don Alfredo Serna, gran conocedor de las literaturas de vanguardia, y, bajo el patrocinio y la nominal dirección de don Manuel Martínez Fabregat, sacan a la calle una revista con evidente título de evocación azoriniana: «Voluntad», en cuyas páginas «han vertido sus ilusiones —así leemos en su primer número,

---

[4] J. M. Martínez Arenas, *La tertulia del bar Lauro*, Valencia, Tip. Moderna, 1963, pág. 188.

de 15 de marzo de 1930— y entusiasmos un grupo de muchachos sin experiencia apenas, pero con un exagerado amor a la madre cultura, amor que pretenden inculcar en la medida de sus escasas fuerzas».

Y así empezó a incorporarse a la historia de la literatura española la Generación de Orihuela de 1930, de la que surgieron dos nombres auténticamente gloriosos: Ramón Sijé y Miguel Hernández.

«Actualidad» saluda con simpatía la aurora del nuevo periódico. Y dice: «Forman la redacción de "Voluntad" un grupo de jóvenes del último escalafón juvenil, en el sentido cronológico de la frase, y que, a juzgar por su primera manifestación periodística, piensan ofrendar en la revista todo el entusiasmo literario de sus años mozos en holocausto de la cultura, del terruño y del prestigio colectivo de su generación»[5].

«Voluntad» tuvo una corta vida —de marzo a julio de 1930—, y en sus páginas figuran los nombres de Ramón Sijé, Jesús Poveda de Mellado, Alvaro Botella, Emilio Salar, Miguel Hernández, Carlos Fenoll, Tomás Martínez Canales y José Balaguer, entre otros.

Abelardo Teruel, escritor oriolano, residente por entonces en la capital de la provincia, vislumbró la trascendencia que apuntaba esta generación: «Del viejo estancamiento de fechas pretéritas —dijo— queda un recuerdo amable de lentitud natural para el sistema; la vida iba más despacio; el progreso, también; a la postre, se vivía *en el tiempo*, pero, entre los precursores de vidas nuevas, tenían que destacar las mesnadas de jóvenes luchadores que, en el recogimiento de la celda de estudio y cuarto de trabajo, iban moldeando la nueva alma orcelitana que hoy tiene la ciudad a su servicio»[6].

---

[5] «Actualidad», Orihuela, 10 marzo 1930.
[6] A. Teruel, *Orihuela moderna*, «Voluntad», Orihuela, 31 julio 1931.

Y, en efecto, no otra cosa hizo esta generación: infundir un nuevo estilo, un espíritu nuevo en el envejecido cuerpo social de Orihuela, una fecunda siembra que, si gloriosa en ciertos aspectos, aún no ha dado todos los frutos que de ella cabe esperar.

El advenimiento de la República —abril de 1931— activó la potencialidad política de esta Generación: Ramón Sijé redactó el Manifiesto del Partido Republicano Federal, «cuyo comité presidía un maestro alpargatero de más de setenta años al servicio de la causa republicana y anticlerical, según él afirmaba, y era verdad, aunque el servicio estaba limitado a dialogar dando vueltas a los puentes» [7]; Augusto Pescador, Juan Bellod y José M. Ballesteros, con Alfredo Serna, defendían los principios socialistas, y Miguel Hernández aceptó y desempeñó por muy poco tiempo la presidencia de la Juventud Socialista, en cuyo cargo le sucedió Pedro Martínez, también como él pastor de cabras.

El extrañamiento de los jesuitas facilitó el despliegue de las nuevas formas de vida y de pensamiento, ostensibles, en 1932, con motivo del homenaje a Gabriel Miró —inauguración de su busto—, así como la instalación, en este mismo año, del Instituto Nacional de Segunda Enseñanza, al que se le dio el nombre del ilustre autor de *Nuestro Padre San Daniel*, a propuesta del catedrático don Antonio Sequeros.

De modo indirecto, el Instituto influyó en el crecimiento de la Generación literaria, pues dos de sus profesores colaboraron en sus proyectos: el sacerdote catalán don Juan Colom, profesor de Filosofía, hombre de ideas liberales, y el joven aragonés don Jesús Alda Tesán, titular de Literatura, versadísimo en Quevedo.

---

[7] J. M. Martínez Arenas, *La tertulia del bar Lauro*, ob. cit., página 194.

En ambiente tan culto como cordial nació «El Gallo Crisis», una de las publicaciones más interesantes de la España de aquella época y, por supuesto, la más alta y definitoria de la Generación olecense que nos ocupa.

Cuatro entregas se publicaron: la primera —número 1—, en el Corpus de 1934; la segunda —número 2—, en la festividad de la Virgen de Agosto del mismo año; la tercera —números 3 y 4—, en San Juan de Otoño del mismo, y la cuarta —números 5 y 6—, en Santo Tomás de la Primavera, Pascua de Pentecostés de 1935.

Su director fue Ramón Sijé; su secretario, Juan Bellod Salmerón, y formaban su consejo de redacción Jesús Alda Tesán, Juan Colom, Tomás López Galindo, José María Quílez Sanz y Fray Buenaventura de Puzol. Se imprimía en los talleres del diario «La Verdad», de Murcia. Ilustró sus números Francisco Die.

Sus colaboradores fueron Miguel Hernández (*Eclipse celestial* y *Profecía sobre el campesino*), Ramón Sijé (*España en la selva de aventuras del Cristianismo. Voluntad de Cristo y voluntad de Satanás, Las verdades como puños* y *Antojos del Gallo*), Jesús Alda Tesán (*Almas azules*), Fray Buenaventura de Puzol (traducción de *Metafísica de la Santificación del Nombre*, de R. Guardini, y *Romano Guardini o un fuerte rumor de cadenas*) y textos de Chesterton, Quevedo, Maeztu y Unamuno, en el número 1.

En el número 2: Miguel Hernández (*A María Santísima* y *La morada amarilla*), Ramón Sijé (*La flauta del encantador, La religión de María, Picotazos, Las verdades como puños* y *Antojos del Gallo*), Jesús Alda (*Atalaya hacia España o el arte de ser nación*), José María Quílez Sanz (*Pasión y compasión en el concepto de propiedad*) y un sermón de Fray Luis de Granada sobre el Evangelio de Marta y María.

En el número 3-4: Félix Ros *(Eucaristía)*, Miguel Hernández *(El trino por vanidad* y *El torero más valiente)*, Ramón Sijé *(Majestad del No, Picotazos, Las verdades como puños* y *Antojos del Gallo)* y textos de Melo y de Quevedo.

Y en el número 5-6: Ramón Sijé *(La teología al alcance de todos, La decadencia de la flauta, Picotazos, Las verdades como puños, Antojos del Gallo* y *Segundo picotazo)*, Miguel Hernández *(El silbo de afirmación en la aldea)*, Luis Rosales *(Oraciones de abril: Ronda clara* y *Presencia de la gracia)* y textos de P. Claudel (traducción de Luis Felipe Vivanco) y Jovellanos.

Bien se comprende que el alma y casi todo el cuerpo de «El Gallo Crisis» fue Ramón Sijé, cuya portentosa e increíble personalidad alienta y florece y asombra en cada una de sus páginas. Y así lo confiesa a su amada con íntimas palabras. Nos ha dicho Carlos Fenoll que su hermana Josefina, novia de aquél, recibió el primer número de la famosa publicación con la siguiente dedicatoria: «A mi nena, este primer número de una revista que soy yo mismo: mi afán y mi trabajo». Y la correspondiente al último número rezaba: «Muchos dolores me suponen esta obra, que parece va a terminar con estas páginas. Tú eres el gozo y el mío» [8].

Se ha dicho con razón que «El Gallo Crisis» es en gran medida el trasunto oriolano —sijeniano, mejor— de «Cruz y Raya» (1933-1936). Y así lo parece, tanto en su continente como en su contenido. «Cruz y Raya» subtitulóse «Revista de afirmación y negación»; «El Gallo Crisis», «Libertad y Tiranía». La distribución de secciones en la revista oriolana se mira indudablemente en el espejo de la madrileña.

---

[8] C. Fenoll, *Sijé, en su vida de amor*, «Juventud Mariana», Orihuela, julio-agosto 1950. También en «Estilo», Elche, enero de 1947.

En orden al contenido doctrinal, también es cierto el paralelismo: tanto una publicación como otra se hallan situadas en el frente del neocatolicismo militante, defendido a la vez en Francia por «Vie Intellectuelle», «Sept» y «Esprit». Las posturas políticas y religiosas —también filosóficas— de los españoles José Bergamín, director de «Cruz y Raya», y José Marín Gutiérrez *(Ramón Sijé)*, director de «El Gallo Crisis», se enlazan efectivamente con las de Bernanos y Mounier, directores, aquél de las dos primeras revistas galas citadas; éste, de la tercera. Y los cuatro, en lo fundamental del espíritu, con Maritain, Du Bos, Gilson, Gabriel Marcel, Madaule, Max Jacob, Claudel, etc., o sea, con aquel brillante movimiento con alas neotomistas y de existencialismo cristiano.

Pero si centramos la atención exclusivamente en las dos publicaciones españolas, no es difícil advertir, empero tantas similitudes, una importante diferencia ideológica: mientras la revista de Bergamín propugnaba un catolicismo situado «por encima y por debajo de todas esas manifestaciones del pensamiento, de todo ese conjunto o conjuntos espirituales que designan una cultura», la de Sijé brotó con la viva memoria del gallo «que hace a San Pedro menos Pedro, más Simón Bar Jona», solloza «un grito victorino, incontenido, de tremenda alegría angustiosa: ¡Viva la Libertad y la Tiranía!, eslabones humanos, inhumanos, de la cadena Crisis, ángel azul, rojo gallo coronado».

Si «Cruz y Raya» representa un catolicismo «al otro lado de la cultura, localizado en un más allá especulativo, y gravitando en los arcos geométricos de la razón, apto y adiestrado para la fiesta discursiva, más que para la llamarada luminosa de la fe»[9], «El Gallo Crisis» pretende

---

[9] R. Benítez Claros, *Cruz y Raya*, Madrid, C. S. I. C., 1947, página X. Ver también Bécarud, J., *Cruz y Raya (1933-1936)*, Madrid, Ed. Taurus, 1969.

mostrar la sustantiva contradicción metafísica del ser humano para que éste despliegue todas sus energías hasta el logro de la meta de la persona —no del hombre—, camino de la verdadera libertad: «Cabeza y esclavo es el hombre, según la interpretación cristiana que es precisamente la interpretación conceptual de la España católica—: hombre en crisis y hombre en crisálida, hombre en libertad y hombre en tiranía».

A mayor abundamiento, «El Gallo Crisis» patentiza un neto levantinismo de estirpe y estética mironianas —su primer número se abre con un fragmento del *Libro de Sigüenza*—, muy ajeno, claro es, de «Cruz y Raya».

Ambas revistas se presentan comunes en cuanto al sentimiento españolista, a la búsqueda de la esencia nacional en la mejor cultura española: la del siglo XVII. Muy a lo concreto, demuestran su admiración amorosa hacia las obras de Quevedo, Calderón, Gracián y, en menor grado, Góngora.

Tampoco se nos oculta la inmejorable relación que existió entre las dos publicaciones —Sijé firma dos trabajos en «Cruz y Raya», y, en sus suplementos o Ediciones del Árbol, apareció *Quien te ha visto y quien te ve y sombra de lo que eras*, de Hernández—, ni tampoco el magisterio estilístico que la prosa, alta de aforismos y muy sugestiva de Bergamín ejerció sobre la formación de Sijé. Ello nos parece cierto. Pero no lo es menos que la problemática ideológica de Sijé, aun presentando ciertas semejanzas, ya dichas, con la de Bergamín, camina por derroteros más metafísicos y más netamente religiosos.

Aquí, justo y necesario es consignar que la obra de Ramón Sijé es una formidable, casi genial, respuesta a la angustiosa pregunta de su tiempo, dada sobre unos supuestos tan profundamente españoles como oriolanos.

Añado que, en su pensamiento, lo español se oriolaniza, lo oriolano se españoliza y lo católico se moderniza sin menoscabo de su raíz cristiana. El sincretismo de Ramón Sijé apunta horizontes geniales.

III

RAMÓN SIJÉ

José Marín Gutiérrez —Ramón Sijé para la inmortalidad— representa, con Miguel Hernández, la cumbre de la Generación olecense de 1930, el espíritu genial de esa Escuela.

Ramón Sijé aporta al Grupo una inteligencia diáfana, potentísima y sorprendente, una agudeza casi incomprensible en su asombrosa adolescencia, una cultura desproporcionada a su total existir de tan sólo veintidós años.

«Su talento —dijo Alda Tesán— no estaba al servicio de una siringa —o de una jeringa, como dice Unamuno— más o menos templada; era ante todo un pensamiento trascendental. Abundantemente hablaba, con ironía, de la prosa primaveral y del verso de tonadilla. Ramón Sijé prefería a la lírica azul la colérica colorada. No hablaba ni escribía más que cuando tenía que decir algo, para sentar «las verdades como puños» y decírselas al lucero del alba (...). Ramón Sijé era eminentemente un espíritu constructivo, creador (...). Su misión consistía en sacar punta a todas las cosas, en agudizarlas»[1].

---

[1] J. Alda Tesán, *Ramón Sijé*, «La Verdad», Murcia, 30 enero 1936.

Por tan lúcido talento como por su tan vasta cultura, la gigantesca personalidad de Sijé rectoró, sin propósito propio ni ajeno, el glorioso destino del Grupo. Su magisterio se desplegó como una fuerza de la Naturaleza, y así fue aceptado y seguido. Advirtamos que, de las dos grandes figuras de la Generación, Sijé, nacido en 1913, era el más joven, pues Hernández nació en 1910.

Completando el dato, diremos que José Ramón Marín Gutiérrez nació en Orihuela a las dieciocho horas del día 16 de noviembre de 1913, hijo de José Marín Garrigós, natural de Enguera (Valencia), y de María Presentación Gutiérrez Fenoll, de Orihuela.

La poderosa atracción de Sijé no se fundó sólo en su talento y en la amplitud de sus conocimientos, sino también en su concepto de la amistad, en su fidelidad al amigo. «José Marín (...) amaba a sus amigos como a sí mismo. Por eso era un gran confidente, y por eso era por manera sensible al menor desvío, a la menor arista de la amistad. Por eso, también, en su mocedad casi adolescente, sabía mucho de desengaños...» [2].

Otra gran cualidad suya, puesta de relieve por Raimundo de los Reyes, fue la de su modestia: «Nunca que vino a mí me trajo ni lectura propia, ni referencia de ninguno de los muchos logros que frecuentemente obtenía en el campo de las letras, y que son los que más envanecen y perturban la razón que no conserva la férrea virtud de la humildad acusadora de indudables bondades. Siempre andaba con una preocupación ajena enredada en el corazón y en el pensamiento» [3].

Decimos que, por tan elevadas cualidades, el rectorado de Sijé se destaca con toda evidencia. Jesús Poveda declara: «Él engendró en nosotros —captados por el ins-

---

[2] R. de los Reyes, *José Marín o la amistad*, «La Verdad», Murcia, 30 enero 1936.
[3] *Ibidem.*

tinto— la supremacía del alma; nuestro yo se había elevado y, merced a su perseverancia, luchamos con el cerebro». Añade que, si escribía, volaba a mostrárselo a Sijé, «pues, en realidad, era más que amigo: maestro»[4].

También Carlos Fenoll abunda en lo mismo, según leemos en su composición de 1932, titulada *Súplica* y que lleva la siguiente dedicatoria: «A Ramón Sijé, al empezar mi senda». Dice así:

> Tú, padre espiritual, noble y ameno,
> Ramón Sijé de la gran nariz de loro;
> tú, hermano sentimental, breve y moreno;
> tú, que encierras en pecho un pájaro de oro,
> no consientas que yo, enfermo de ilusiones,
> caiga, roto y sin fe, en mi primer camino.
> Dame tu mano que arde en santas vibraciones,
> dame tu fe y tu luz en el cáliz de un pino
> y si a flote me llevas desde la aurora-luz,
> yo te daré mis brazos en forma de cruz
> con el temblor de dos ramas mecidas
> de almendro joven, bellamente floridas.
> ¡Yo te daré en mis ojos llenos de puras
> lágrimas de jazmín, transparentes de ternuras!

Miguel Hernández calificó a Sijé de «genial escritor, si aún temprano de sazón, ya tardío de humanidad». Y añadió: «Con una luz sobrenatural en el corazón y en el entendimiento, lo veía todo, lo sentía todo, lo sufría, lo angustiaba y lo hacía vivir muriendo todo».

Afirma también nuestro gran poeta que Ramón Sijé fue el «más hondo escritor» de Orihuela y «su más despejado y varonil hombre»[5].

---

4 J. Poveda, *A Ramón Sijé. Mi maestro y mi gran amigo*, «Acción», Orihuela, 30 diciembre 1935.

5 Texto completo en *Orihuela et Miguel Hernández*, de C. Couffon, París, Centre de Recherches de l'Institut d'Études Hispaniques, 1963, pág. 137.

Traigamos, por último, a Juan Bellod Salmerón, quien manifestó que Sijé modelaba y hasta creaba, «al calor de la suya, nuevas personalidades: Miguel Hernández es de ello ejemplo vivo. Las almas de todos los que tuvimos la dicha de ser sus amigos se hallan enriquecidas por sus aportaciones, que constituyen nuestras más puras esencias espirituales» [6].

Otros muchos testimonios podríamos aducir al respecto, mas, siendo suficientes los expuestos, los completamos, agregando que el anhelo más hondo de Ramón Sijé consistió en despertar la dormida conciencia de su pueblo e iniciar un movimiento regeneracionista que clarificara la atmósfera oriolana. Se esforzó por alumbrar una nueva Orihuela, sin merma de su tradicional raigambre. Ambicionaba democratizar aquella sociedad, culturizar, aristocratizar al pueblo y a sus clases dirigentes, infundir un contenido más estético a la, de suyo, angosta y oscura concepción del mundo en la mente oriolana, convertir el azahar de sus huertos en permanente primavera... En suma: Ramón Sijé cifró toda su esperanza en el logro colectivo de una voluntad de ser.

Este vocablo, voluntad, es, sin duda, el más apropiado a la idea sijeniana reformadora. Voluntad fue, por ello mismo, el nombre con el que bautizó —primavera 1930— su primera revista. «Voluntad —dice Poveda en el artículo citado— era el emblema de nuestra época».

Y, cuando el pensamiento de Sijé recibió la luz de Miró, aquél contempló en la soñada Oleza el futuro de Orihuela: «Alba Longa defendió lo suyo, su época (...). Yo defiendo lo mío: mi actualidad, mi corazón nuevo y mi conciencia, *la vida*. Se lo oí decir muchas veces: «La Causa» es eterna. Admiraba, aunque mi abuelo creyera otra cosa, la accidentalidad, la forma, la letra. Olvidaba

---

[6] J. Bellod, *José Marín-Ramón Sijé*, «Acción», Orihuela, 30 diciembre 1935.

el movimiento secreto de las cosas: el espíritu (...). La época de mi don Amancio, la Oleza de entonces, era un árbol pobre de frutos, en agonía. Los nietos de Alba Longa buscamos con ansia el estilo de nuestra edad»[7].

¿En qué consiste la esencialidad de ese nuevo estilo, que, anunciado por Miró, quiere injertar Ramón Sijé en el vivir auténtico de su pueblo?

Sustancialmente radica en un más estilizado modo de ver la realidad. Con la estilización, la pureza y la claridad en la conducta: «La consigna de mi viejo abuelo don Amancio era: el amado cabildeo, las consultas en la capital, las presiones al Gobierno...» Frente a tan corrompido como nocturno *modus vivendi*, Sijé opone la diafanidad y, sobre todo, la honda visión estética en lo humano y en las cosas: «Las viejas palabras beatas son en mí dulces palabras estéticas». Así se operó el tránsito o asunción de Orihuela a Oleza.

Un cegador, deslumbrante relámpago, fue la existencia de José Marín Gutiérrez: «Su vida ha sido precipitada, tormentosa y luminosa como la del rayo, y, como la del rayo, ha buscado precipitadamente la tierra», dijo certeramente Hernández. Y agregó: «Pocos hombres han vivido una vida interior tan intensa y sangrientamente volcánica como Ramón Sijé». Y aún más: «Conocí su corazón y me dio espanto la precipitación dolorosa de su sangre. Sentí que aquella faena de borrasca no se prolongaría hasta muy tarde»[8].

Muerto José Marín Gutiérrez el 24 de diciembre de 1935, días más tarde —el 1 de enero de 1936—, Carmen Conde, evocando su presencia en Sierra España —verano de 1932—, dijo algo muy similar a las palabras de Hernández: «Le oí hablar, solo y con nosotros; pensé en Rim-

---

[7] Vid. «El Clamor de la Verdad», Orihuela, 2 octubre 1932.

[8] M. Hernández, *Obras Completas*, Buenos Aires, Losada, 1960, página 943.

baud, el adolescente asombroso; en un Rimbaud que se
moriría joven (...). Tuve susto de su inteligencia y orgu-
llo a la vez, porque era nuestro amigo querido y de él
nos envanecíamos todos (...). Desde que le oí hablar de
poesía en Sierra Espuña con Antonio Oliver Belmás comprendí su próxima muerte. Le hubiera gritado: «¡No va-
yas con los muertos nunca; ve con los vivos, pues pronto
no estarás caliente!», y un terror de mi presentimiento
me alejó la voz de la garganta. Tenía prisa su frente por
ceñirse lienzos que la refrescaran, y fue escogiendo entre
los paños de altar, sin que ninguno diera la medida del
universo que le requería. Al pie de Jesús, solo, en su
monte de los Olivos de Orihuela, Ramón Sijé aprendió
cosas sublimes, que luego olvidaba, porque Orihuela en
persona le iba fundiendo la memoria por miedo de que
se le huyera el de tan firmes trances espirituales. Hendir
el misterio de Dios tiene el tributo de la adolescencia».

Con la máxima brillantez, José Marín Gutiérrez cursó
los estudios primarios y secundarios en el Colegio de
Santo Domingo, de su ciudad natal. En 1930 obtuvo el
grado de Bachiller Universitario en Letras con Premio
Extraordinario —exámenes que verificó en el Instituto de
Murcia—, y el título le fue expedido por la Universidad
murciana con fecha 10 de noviembre del citado año de
1930 (folio 16, número 481, libro 3.º).

En junio de 1931 inicia los exámenes, también en Murcia, de la carrera de Derecho, que finaliza el 22 de enero
de 1935. De la extraordinaria brillantez de sus estudios
universitarios son elocuente prueba las calificaciones ob-
tenidas: Derecho Natural, sobresaliente y honor; Derecho Romano, sobresaliente y honor; Economía Política,
sobresaliente y honor; Derecho Civil, sobresaliente y honor; Derecho Canónico, sobresaliente y honor; Historia
del Derecho, sobresaliente; Derecho Político, notable; Derecho Penal, sobresaliente; Hacienda, sobresaliente y ho-

nor; Derecho Internacional Público, sobresaliente y honor; Derecho Administrativo, sobresaliente y honor; Derecho Civil 2.º, sobresaliente; Derecho Privado, sobresaliente y honor; Derecho Procesal 1.º, sobresaliente, y Derecho Procesal 2.º, sobresaliente.

¿Cómo era física y espiritualmente José Marín Gutiérrez, *Ramón Sijé?*

Varios autorretratos nos dejó el genial escritor. En
uno, trazado en 1930, dice: «Ni alto ni bajo. Ojos negros
como dos manchones de tinta. Nariz curva e irregular, semejando una hoz de estas tierras pardas del secano. Dientes pithecantrópicos que causarían envidia al *increado-
tránsito* de Australia o a los del cándido Dubois en sus
rapiñescas peregrinaciones. El bozo empieza a asomarse
como la bruja que cabalga en la clásica escoba, dando el
mortal salto, del fin al principio, de las 12 a la 1».

Esa cualidad de *regular,* dicha de su altura física, la
aplica asimismo impropiamente a su espíritu: «Mi alma:
mi entendimiento ni elucubra altas cosas ni profundiza
en lo vulgar, y, por esto —de lo que me alegro—, no
llega a lo chabacano. Mi voluntad, ni activa ni perezosa,
ni fuerte ni débil (...). Ni me conozco ni me venzo»[9].

De aquel cuerpo pequeño y enjuto, ¡tan frágil! —«Corto de estatura y débil de cuerpo, sería seguramente un
gigante para quien no le haya conocido», escribió Alda
Tesán[10]—, destacaba la fulgurante luz de sus ojos, «mo-
renamente grandes: ojos de verdad, ojos de amor (...),
ojos escondidos de palmera en aljibe»[11].

En la base de su realidad psicosomática coinciden sus
mejores y más íntimos amigos. En 1931, José María Pina
delineó el siguiente retrato: «Este Ramón Sijé, menudo

---

[9] Ramón Sijé, *Tríptico de hombres vivos y muertos: yo, Miró
y don Abelardo,* «Voluntad», Orihuela, 30 junio 1930.

[10] J. Alda Tesán, *Ramón Sijé,* art. cit.

[11] R. Sijé, *Gabriel, arcángel,* «El Clamor de la Verdad», Orihuela, 2 octubre 1932.

y vivaz, de tez de árabe y ojos de árabe y de imaginación
de árabe. Este Ramón Sijé, menudo y nervioso como un
egeo (...). Y Ramón Sijé tiene diecisiete años. Y, sin embargo, no es un niño prodigio. Muy al contrario, es un
hombrecito comprensivo y de una gran naturalidad (...).
Es simpático este Ramón Sijé. Con su vocecita atiplada
y su aire de joven musulmán y su andar de gnomo (...).
Y habla bien Ramón Sijé. Agudamente, intelectualmente.
¡Señor, con diecisiete años!» [12].

Un año más tarde, fue José María Ballesteros el afor-
tunado retratista de Sijé: «Corto de talla; delgado de
cuerpo; su cara, casi un carbón. Ojos grandes, brillantes
y negros manifiestan los destellos de una inteligencia clara y sumamente viva. *Bengala* le llaman; pero no por ser
luz ligera y momentánea, sino por el brillo y resplandor
de la luz de su intelecto. Edad: diez y siete años. Su profesión: estudiante de Derecho y escritor» [13].

Y Miguel Hernández, a raíz de la muerte de su frater-
nal amigo, escribió estas verdaderas y hermosas palabras:
«Febrilmente moreno, doradamente oscuro, con un relámpago en cada ojo negro y una frente ilimitada, venía a mi
huerto cada tarde de marzo, abril, mayo, junio... Andaba
entre los romeros con prisa de pájaro, hablaba con atropello, y su voz iluminaba más que los limones del limonero, a cuya sombra y azahar platicábamos» [14].

Nos hallamos, pues, ante un hombre de excepcional
talento, clarísima y rápida intuición, fabulosa asimilación
y asombrosa capacidad intelectual. Haciendo memoria de
aquellos seres extraordinarios, Manuel Molina confiesa
que Sijé era «el más sabio entre todos nosotros» [15]. Y Juan

[12] J. María Pina Brotons, *Ramón Sijé*, «Destellos», Orihuela,
28 febrero 1931.
[13] J. María Ballesteros, *Ramón Sijé*, «Diario de Alicante», Alicante, 14 julio 1932.
[14] M. Hernández, *Obras Completas*, pág. 943.
[15] M. Molina, *Ramón Sijé*, «Idealidad», Alicante, diciembre 1962.

Bellod ha dicho que, «ante su pasmosa erudición, sobre
la que su bien templado espíritu, siempre en vigilia, había
construido su sólida y personalísima cultura, quedaban
atónitos los que son precisamente guiones de nuestros
caminos del espíritu» [16]. Por último, Tomás López Galindo abundó en el unánime juicio: «Sijé era más que
una bella esperanza; su pasmosa fuerza de penetración
en las ideas, su clarividencia, la intensidad y constancia
en el trabajo, le habían cuajado en presente auténtico y
genial (...). La intelectualidad de Sijé, si fue profunda,
extensa y, sobre todo, veloz, fue ante todo honrada; hon-
radez que era armonía en su complejo racional: la inteligencia en perfecta compenetración con el sentimiento.
Pensó sintiendo y sintió pensando» [17].

Su excepcionalidad es evidente, y a tan corta como
intensa vida bien se puede atribuir el mismo juicio con
el que Sijé calificó a Víctor Alfieri: «un niño precoz, no
de sensaciones, sino de adivinaciones; un intuitivo, un
teresiano, un raro» [18].

En este ensayo acerca del escritor italiano, Sijé nos
ilustra a la vez sobre la génesis de su concepción del mundo y el personal modo de vivirlo: «Un estilo de vida
—dice— lo tiene aquel que se apropia la conciencia del
mundo, dándole ordenado cauce a través de la individual
conciencia con dolor de parto. El estilo es la conciencia,
la individualidad, la sangre».

Con tal pensamiento de talante existencial y con esa
volitiva, consciente entrega absoluta a su destino, mati-
nalmente alumbrado en su alma, el joven sabio de Ori-

---

[16] J. Bellod, *art. cit.*
[17] T. López Galindo, *Idea y sentimiento, mutuamente controlados,* «Acción», Orihuela, 30 diciembre 1935.
[18] Ramón Sijé, *Agonía y pasión de Víctor Alfieri,* «Diario de
Alicante», Alicante, 30 y 31 agosto 1932.

huela edificó una ejemplarísima existencia, en cuya espiritual arquitectura se cumplieron los versos de Góngora:

> Muchos siglos de hermosura
> en pocos años de edad.

Durante el estío de 1932 —el año del homenaje a Miró—, Ramón Sijé ensanchó su círculo de amigos, al tomar parte en el primer campamento universitario que se instaló en Sierra Espuña (Murcia) y al que asistieron jóvenes de gran relieve, luego, en las letras españolas. Recordemos, entre otros, a Carmen Conde, Antonio Oliver, Félix Ros, Carlos Martínez Barbeito...

En 1934, Sijé tomó parte —con Fernando Quintana, José María Quílez Sanz, Alfredo Serna y Jaime Sánchez Ballesta— en el nacimiento de la «Comisión Organizadora de la Asociación de Asistencia e Higiene Social de Orihuela», entidad benéfica de ayuda y protección a pobres y enfermos.

El año 1935, el último de aquella vida fulgurante, además de consumirlo en su ensayo sobre el Romanticismo, señala la breve pero violenta polémica que sobre Bécquer sostuvo con el grupo sevillano «Nueva Poesía» (Luis J. Pérez Infante, Juan Ruiz Peña y F. Infante Florido), entre fines de octubre y comienzos de noviembre. El origen fue la contestación de Sijé a una encuesta solicitada por Pedro Pérez Clotet para su revista «Isla». La pregunta versaba sobre la actitud de la nueva literatura ante el centenario del gran poeta sevillano. La respuesta dada por Sijé fue como sigue: «La *nueva literatura* —entendiendo por *nueva literatura* los tipos literariorrevolucionarios que se suceden en España a partir de 1898— es consecuencia lógica del espíritu del romanticismo histórico, de su concepción de la intimidad». Ejemplarizaba la tesis con la poesía amorosa de entonces, cuyos puntos de contacto con la de Bécquer se reducían al romanticismo radical o «pre-poemático», pero «somete el tema fundamental becqueriano a una re-elaboración de pureza formal y espiritual». La posición de Sijé era diáfana. Entonces la citada publicación sevillana tergiversó sus ideas «con palabras casi idénticas, al lanzar pomposamente su manifiesto por *lo puro de la poesía*». Y Ramón Sijé denunció públicamente el hecho, porque «uno —dijo— quiere evitar que le calumnien. No la terrena persona y el mísero honor, sino el pensamiento, la llama perdurable del pensamiento puro. Esto acaba de hacer conmigo, atribuyéndome algo que no he dicho sobre Gustavo Adolfo Bécquer, un papel de Sevilla...» [19].

La polémica no tardó en cortarse, porque tanto uno como otros obraron con la más noble intención. Prueba de ello es la carta que los escritores sevillanos dirigieron al padre de Sijé, epístola de dolorido pésame, fechada en Sevilla el 30 de diciembre de 1935, y que, firmada por los tres jóvenes citados, dice así, textualmente: «Queremos comunicarle nuestro sincero dolor, más intenso de lo que a primera vista pudiera suponerse, por haberse dado la circunstancia de que nuestras relaciones con él, exclusivamente literarias y muy cortas, giraron alrededor de una fuerte polémica. Sobre este asunto nos escribió últimamente su malogrado hijo una carta particular, dando por terminada la discusión, lamentándose de la muralla de crueldad que se había levantado ante nosotros y expresando su creencia de que, con un conocimiento personal, desaparecería todo rencor y seríamos francamente amigos. Sentimos mucho no haber contestado a tiempo esta carta. Ha sido así porque uno de nosotros —Ruiz Peña— ha estado en cama, en Jerez —su pueblo—, varios días con un fuerte ataque de asma».

---

[19] Ramón Sijé, *Polémica. Saber leer, saber comprender, saber falsificar*, «El Sol», Madrid, 10 noviembre 1935.

Hacia la primera quincena de dicho mes de noviembre, Ramón Sijé permaneció varios días en Madrid, según sabemos por carta de Juan Guerrero Ruiz al padre de aquél de fecha 28 de diciembre de ese año: «Hace unos veinte días, encontrándome en Madrid, supe que también estaba allí *Ramón Sijé*, y formé propósito de verle, pues me unía a él buena amistad, pero ignoraba su dirección y no pude realizar mi deseo».

Inmediatamente después, agotado por el tremendo esfuerzo intelectual realizado aquellos meses últimos, el débil cuerpo de José Marín Gutiérrez se fue consumiendo hasta rendirse ante la muerte el 24 de diciembre del dicho año 1935. En la pared, junto al lecho, ya moribundo, escribió: «Eternidad: cuando el hombre muere, el tiempo empieza», y José Calvet asegura que las postreras palabras del genial oriolano fueron: «He resucitado» [20].

El médico que trató su enfermedad mortal se llamó don Antonio García Mira, y el relato de sus momentos finales los recogemos de una carta del padre de Ramón Sijé, enviada a sus hermanos. Lleva fecha de 30 de diciembre y, entre otras cosas, dice:

«A la ligera, pues mi cabeza no está para otra cosa, os voy a dar detalles de su último día de enfermedad. En mi última postal os daba cuenta de cómo estaba, y en ese mismo estado, y sin ofrecer, al parecer, peligro alguno, según el médico, pasó los días hasta el día 24 por la tarde; a las 5 subió la fiebre cerca de los 40 grados, vino el médico y ordenó un medicamento y no vio nada peligroso, y a las siete empezó a agravarse más, y vinieron 3 médicos más y entonces empezaron a luchar para salvarlo, desgraciadamente todo fue inútil, y el hijo de nuestra alma murió a las once de la noche; no olvidaré nunca las tres horas trágicas de su lucha con la muerte, dándose

---

[20] Vid. «Acción», Orihuela, 30 diciembre 1935.

cuenta el pobre Pepito de que se moría. Recibió todos los santos Sacramentos. Dicen los médicos que su muerte se la produjo una septicemia al corazón. ¡Y aquí está nuestro dolor sin consuelo! Si el médico de cabecera hubiese podido prever esto, ¿se hubiera quizá podido salvar a nuestro hijo?

La noticia del fallecimiento de Pepito corrió por Orihuela como un rayo y nuestra casa se llenó de gente la noche del día 24, y ha desfilado ante nosotros toda Orihuela con muestras de dolor tan sincero que, cuanto os dijera, sería poco.

Su entierro constituyó la más imponente manifestación de duelo que se ha conocido en Orihuela, según los más viejos; se calcula que irían más de tres mil personas en el entierro; todos se disputaban el llevar el cadáver, y así lo llevaron hasta el cementerio, relevándose cada veinte pasos. En la presidencia del duelo, entre otros, figuraba el diputado a Cortes Martínez Arenas, el cual pronunció, al despedir al duelo, un discurso hermosísimo, en que, entre otras muchas cosas, dijo que la muerte de Pepito llenaba de luto a Orihuela y a España, pues era un talento poderoso. Sacaron la mascarilla del cadáver de Pepito, para lo cual fueron a Murcia por el escultor Seiquer, quieren que su busto sea colocado en la Glorieta, quiere Orihuela que una calle lleve su nombre, en fin, dentro del dolor inmenso que nos embarga, no podremos nunca pagar a Orihuela estos homenajes».

Fueron testigos de la agonía del escritor el reverendo Padre Carrió y el médico, novelista y gran amigo José María Ballesteros, quien hizo relato de aquellos terribles instantes: «Me encuentro a la cabecera de su cama. A mi derecha está un virtuoso sacerdote. El enfermo me mira suplicante, con sus ojos más grandes que nunca, que van perdiendo el brillo y la expresión; me mira con fijeza y me dice: «¿Pero, don José María —así me llamaba siempre—, es que me va a dejar morir?» Yo no puedo contestarle, y el sacerdote, que a mi diestra estaba, cogiendo un pequeño crucifijo lo acerca a los labios del moribundo, pronunciando al mismo tiempo estas palabras: "No te aflijas; Jesús está contigo". Los labios de Sijé, ya pálidos, se mueven levemente, muy despacio, para besar. A poco, el tránsito estaba hecho».

Ballesteros explica la defunción como efecto del desproporcionadísimo trabajo intelectual. Ramón Sijé, con el deseo de tomar parte en el Concurso Nacional de Literatura de 1935, se impuso «la obligación de estudiar doce horas diarias. Las facciones de Sijé van demacrándose por momentos; su nerviosismo aumenta de tono; pero Sijé consigue terminar su costoso trabajo, que envía al concurso. Y, al poco, una súbita enfermedad le obliga a postrarse en cama. El infortunado muchacho ha hecho un esfuerzo superior al que sus energías le permiten; está agotado. Sijé es un caso tipo de superioridad intelectual poco corriente en relación con los años que contaba. La materia gris de su corteza cerebral, tan abundosa, no guardaba proporción con el poco desarrollo del resto de su ser. Y ese desarrollo extraordinario del intelecto, a sus pocos años, mantenía en tensión exagerada las fibras de su corazón, agotándolo» [21].

El libro que tal vez le costó la vida, aún inédito, lo presentó al mencionado Premio Nacional con el título *La decadencia de la flauta y el reinado de los fantasmas. Ensayo sobre el romanticismo histórico de España (1830. Bécquer).*

Un jurado, compuesto por Antonio Machado, como presidente, y, en calidad de vocales, Pío Baroja, Pedro de Répide, Ángel González Palencia y José Montero Alonso, falló a fines de 1935 —la noticia aparece en el diario ma-

---

[21] J. María Ballesteros, *Del pino al ciprés*, «La Verdad», Murcia, 30 enero 1936.

drileño «La Libertad» del 2 de enero de 1936— otorgando
el galardón a la obra de Guillermo Díaz-Plaja titulada *Introducción al romanticismo español*.

Románticamente, convirtió la vida en ceniza aquel que
tanto combatió al romanticismo. No olvidemos que su
ensayo lo fechó «En la fiesta de Todos los Santos del
año 1935», es decir, cincuenta y dos días antes cabalmente de que se helara para siempre su fervoroso corazón.

Apenas si José Marín tuvo tiempo de apreciar sensitiva, espiritualmente el hondo y auténtico sabor de la
vida. Si es cierto que gozó —y contó para siempre— de
amigos verdaderos, no lo es menos que su alma sintió la
dulcísima devoción al Eterno Femenino en la persona de
la hermosa Josefina Fenoll Felices, hermana de su amigo
el poeta Carlos, cuyas relaciones amorosas datan con toda
probabilidad de 1931.

Ramón Sijé cita a Josefina en algunos escritos —«Diario de Alicante», Alicante, 11 de febrero y 4 de junio de
1932—, y a ella dedica el ensayo *Voluntad de Cristo y
voluptuosidad de Satanás*, y, en parte, el libro sobre el
romanticismo.

Muerto Sijé, Miguel Hernández escribió para Josefina
una maravillosa *Elegía*, con el siguiente preliminar: «En
Orihuela, su pueblo y el mío, se ha quedado novia por
casar la panadera de pan más trabajado y fino, que le
han muerto la pareja del ya imposible esposo». Y en versos de belleza profundamente estremecida, Hernández
habla de este modo:

> Panadera de espigas y de flores,
> panadera lilial de piel de era,
> panadera de panes y de amores.
> No tienes ya en el mundo quien te quiera,

y ya tus desventuras y las mías
no tienen compañera, compañera.
... ...
Como una buena fiebre iba a tu lado,
como un rayo dispuesto a ser herida,
como un lirio de olor precipitado.
... ...
Corazón de relámpagos y afanes,
paginaba los libros de tus rosas,
apacentaba el hato de tus panes.
Ibas a ser la flor de las esposas
y a pasos de relámpago tu esposo
se te va de las manos harinosas.

Carlos Fenoll evocó, en 1947, aquellos amores de su
hermana con el genial escritor. Hace memoria de la calle
de Arriba, y la ve «convertida tan pronto, hoy ya, en enlutado sagrario del corazón de mis recuerdos». Y añade:
«Vino a ella Ramón Sijé, recién nacido al amor, tras su
estrella amorosa, Josefina. Sijé se enamoró profundamente, libre de preocupaciones sobre el porvenir económico,
respondiendo solamente al fuerte impulso de su corazón
y a la confianza en sí mismo respecto a la lucha por la
vida, y Josefina fue, casi sin darse cuenta, despojándose
de niñerías y hasta quizá de algunas alegrías extemporá-
neas bajo la gran influencia espiritual de su novio. Así
que se amaron muy armoniosamente cuando fueron, en
el alma, iguales».

Recuerda Carlos que el tiempo dedicado «rigurosamente» por Sijé para «su coloquio amoroso» era el comprendido entre las siete y las nueve de la noche, tiempo,
agrega, «que tantas veces le robamos Miguel Hernández
y yo, transformándose el idilio en tertulia; el manso rumor confidencial, en charla general y risas».

Ramón Sijé se dedicó pasionalmente a la lectura, «con
más fruición que ocupación —dicho con palabras de su

admiradísimo Baltasar Gracián—; que si tanto es uno
más hombre cuanto más sabe, el más noble empleo será
el aprender; devoró libros, pasto del alma, delicias del
espíritu» [22].

El mismo Sijé hace suya la frase amorosa de Gracián:
«¿Qué Aranjuez del Mayo como una librería selecta?», y,
acto seguido, califica a algunos de sus dilectos escritores
—«Quedad ahí profético Virgilio, Góngora elegante, ingenuo Verlaine, Nietzsche absurdo, sereno Tagore, Gracián
condensador, patético Dosteiewski...»— para afirmar dulce e íntimamente: «Yo amo los libros acariciadores, mag-
níficos, ilusionantes, consoladores; amo los libros, los
buenos, mansos y bellos libros» [23].

(Además de la personal, en Orihuela, nuestro ensayista frecuentaba las bibliotecas Pública, del Casino, de
Pedro Herrero, de su tío el abogado don José Garrigós...)

En otro artículo, Sijé se plantea la cuestión en torno
a sus preferencias líricas. Escuchémosle: «Si me pregun-
taran qué poeta simboliza la caballerosidad, respondería
que Garcilaso. Si, concretando más, me pidiesen la representación del honor, un nombre, pleno de noble melancolía, sería mi respuesta: Alfredo de Vigny. Si solicitasen
la elegancia en el decir, en el hacer, en el amar, la figura
simpática de Alfredo de Musset vendría a mi memoria» [24].

Sin embargo, por aquel entonces —1932—, el poeta
más leído por Sijé era Baudelaire: «Mi ángel de la guarda es un ángel poeta que recita versos de Baudelaire, a
quien llama familiarmente Carlitos», escribe en *Acotaciones a Musset*.

---

[22] B. Gracián, *El discreto*, XXV.
[23] R. Sijé, *Poema del amor al libro*, «Diario de Alicante», Alicante, 23 marzo 1932.
[24] R. Sijé, *Acotaciones a Musset*, «Diario de Alicante», Alicante, 10 junio 1932.

No tardó mucho en sentirse atraído poderosa e invenciblemente por los grandes escritores españoles del Barroco, sobre todo —ya lo hemos visto—, por Gracián, Quevedo y Góngora. El autor del *Polifemo* llegó al mundo «con un secreto, con una preocupación, con una inefable música interior». Vino a nosotros para marcar unas normas, y, profundamente, le inquietaron «las palabras vivas, el sentido creador, ya que el crear, el *ser padre*, es el único deseo trascendente».

Sobre Gracián, huelga cualquier referencia, pues toda la mejor prosa de Sijé aparece entrañada, inspirada, por el contenido, elegante, denso estilo del jesuita aragonés, cuyo conceptismo lo definió el oriolano como «la mortificación creadora del arte barroco» o como «fruto último de una maduración escolástica, de un predominio absoluto de la *ratio*», que, en definitiva, se resuelve en «un sistema de pensar cristianamente»[25].

En sus textos inéditos, Sijé completa esta primera aproximación que hacemos al mundo de lo barroco. Escribe que «el barroquismo es lo inferior y sensitivo del conceptismo», y que, concretamente, en el orden poético, «es la *forma plástica* —*puramente plástica*— del conceptismo o imaginismo católico. Así, Góngora es *formalmente* (la creación se mueve en el mundo de las formas) un Quevedo plástico, y Quevedo, un Góngora desnudo».

Claro es que su nítida filiación conceptista no se funda sólo en el magisterio de Gracián y de Quevedo, sino también como consecuencia de su aguda inquisición en la obra gongorina. En este sentido, nos parece de sumo interés dejar consignadas tanto las concordancias como las discrepancias que el oriolano halló entre Quevedo, Séneca y San Juan de la Cruz.

---

[25] R. Sijé, en «El Gallo Crisis», núm. 2, pág. 30.

En un trabajo de 1934, Sijé contempla las figuras tan amadas para él de Séneca y Quevedo desde el plano filosófico-religioso. Y descubre que «el estoico es el hombre tieso. El cristiano, el hombre inclinado. Cuando el estoicismo se *inclina,* surge el cristianismo (...). Si Séneca se hubiera inclinado un poco —para rezar, comulgar o reírse: para golpearse la personalidad— hubiese sido ya Quevedo; un Quevedo resignado, fatigado y sin fatiga, reclinado en el pecado original, pero siempre huyéndole» [26].

Un año antes, el gran olecense ilumina los mundos de San Juan de la Cruz y de Quevedo. Piensa que el santo nos conduce líricamente «de la desnudez existencial a la exuberancia formal», revelándonos «lo angélico o barroco», y, ello, porque «la coexistencia de los contrarios sólo se explica por concesión divina a un alma de oración y renuncia».

Situados uno junto a otro, San Juan vendría a ser «un antipuro Quevedo, puesto que el quevedismo, como sistema, es fundamental y formalmente cristianismo católico o, más exactamente, catolicismo cristiano».

La tesis de la manifiesta oposición queda explicada como sigue: «Si el Evangelio es la meta-imagen, la imagen como evidencia, Juan de la Cruz es la imagen pura, la imagen de representación. Quevedo y su XVII (...) significan la imagen mortificada por un rey a la fuerza natural; la imagen del imaginismo católico, que comprende experimentalmente que pensar es una obligación de sufrimiento cristiano. Quevedo es una perenne verbena metafísica, iluminada antilíricamente por la muerte» [27].

San Juan es la pureza evangélica, el nudo sentir cristiano, la *unión ágil,* que dice Sijé para diferenciarlo radi-

---

[26] R. Sijé, *El golpe de pecho o de cómo no es lícito derribar al tirano,* «Cruz y Raya», núm. 19, Madrid, octubre 1934.

[27] R. Sijé, *San Juan de la Cruz,* «Cruz y Raya», núm. 9, Madrid, diciembre 1933.

calmente de la *energía ligera*, meta que levantó y defendió el anticristiano Nietzsche.

Ya se ve cómo, a sus diecinueve años de edad, José Marín Gutiérrez —el pseudónimo *Ramón Sijé* resulta de una simple combinatoria de las letras que componen su nombre, sin apuntamiento a simbología alguna— era conocedor, por sus más hondas galerías, de los clásicos españoles. Pero esa atracción se conjugó con la no menos poderosa que sentía por los autores modernos y contemporáneos, como se desprende de lo dicho a un amigo: «Porque amo lo viejo —y, te advierto, sigo lo nuevo—, me calificas de retrógrado y antieuropeo» [28].

De entre los escritores de su tiempo, Sijé prefería, sin duda alguna, los estilos de Bergamín, Azorín y, sobre todo, de Miró. Si el bergaminismo se pone de manifiesto en la interna arquitectura de «El Gallo Crisis», así como en el empleo de ciertos recursos estéticos —juegos, más bien, conceptistas—, el azorinismo se corporificó en páginas enteras. Así, verbigracia, leemos en la revista oriolana «Destellos», correspondiente al 15 de diciembre de 1930: «Ventanitas de Clara, Luisa, Elvira y Dolores. Las mujeres anónimas que todos conocemos y amamos sin querer. Las muchachuelas protagonistas de las novelas blancas que encontramos en la realidad sin creer en el hallazgo. Los cuartitos blancos con la estampa de la Virgen en la cabecera de la cama. La Virgen que tiene sus caras. Y ellas aman a Murillo, porque pintó en la cara de la Virgen la cara de sus caras».

El azorinismo en Ramón Sijé precedió al mironismo. La transición se operó alrededor de sus dieciocho años. El descubrimiento estético de Gabriel Miró constituyó una auténtica y deslumbradora revelación: «Yo le digo a nuestro Gabriel arcángel (sangre manda): ven a mí, por-

---

[28] R. Sijé, *Ventanas normales*, «Destellos», Orihuela, 15 diciembre 1930.

que me hiciste tuyo, admirable, resplandeciente, luminoso Gabriel. Sea en mí tu palabra, flor, rosa» [29].

Y desde aquel instante quedó perfectamente encauzada la personalidad literaria de Ramón Sijé. Y comprobamos cómo de Azorín pasó a Miró y, de éste, orientó su vuelo hacia el siglo XVII.

La razón es clara: la conciencia estética, al reemplazar a la ética, reclama nuevos medios expresivos y otros contenidos conceptuales. Urge otro estilo. Y, pues el mironismo es en cierta manera un barroquismo, Sijé, movido, además, por el fuerte substrato barroco de su naturaleza oriolana, ascendió a las egregias cumbres del XVII.

Con el fin de completar este itinerario de la evolución literaria sijeniana, digamos que sus primeros maestros fueron sus paisanos Abelardo Teruel y José María Ballesteros.

Abelardo Teruel Rebollo nació en Orihuela en 1878; falleció en Alicante en 1944. Ejerció el periodismo y la literatura novelesca y teatral. También la poesía. De sus prendas espirituales nos habla Sijé: «Por sus cualidades sociales y personales, es don Abelardo de sangre azul, azul como el cielo levantino —cobalto, cobalto subido—, que tantas veces ha cantado».

Don Abelardo solía aconsejar al joven Pepito Marín que se alejara de la política —«un vicio más de la Humanidad»— y cultivara el arte por su propia virtud.

Teruel fue uno de los primeros y más ardientes propagandistas de Miguel Hernández —«ese pastorcillo que lleva dentro un poeta»— y defensor del estilo sintético en lo literario [30].

Por José María Ballesteros Meseguer —Orihuela, 1897-1939— sintió siempre Ramón Sijé profunda veneración y gratitud. Llamábale «Maestro» y gozábase de su íntima

---

[29] R. Sijé. Vid. «El clamor de la verdad», cit.
[30] R. Sijé, *Tríptico de hombres vivos y muertos*, art. cit.

amistad. Marín admiraba en Ballesteros —aparte de otras
cualidades— su limpio amor a la tierra alicantina, tema
precisamente del discurso que pronunció en el Ateneo de
Alicante el 15 de abril de 1933 —al concedérsele el Premio «Luca de Tena» de la Asociación de la Prensa alicantina—, y cuya síntesis nos la ha legado Sijé con estas
palabras: «Urgente defensa de la cultura. Con una palabra tan de Gracián —dictadura de cultura— se puede
construir y preparar formidables materiales defensivos
ante el trabajo disolvente del nuevo bárbaro vertical de
Rathenau. Se hace necesario un plan y programa de lucha regional y nacional. Si 2 es menos que 4, 2 y 2 igua-
lan la anterior expresión aritmética. Marchando todos
contra un armazón humano, terminado, elaborando po-
tencias propias, se le iguala y supera. Levantinizar España. Campeón de ese afán histórico, ese hombre nuestro,
cordial y magnífico: José María Ballesteros» [31].

José Marín Gutiérrez inicia su actividad literaria a los
doce años de edad con un artículo que titula *España, la
de las gestas heroicas*, aparecido, con la fotografía del
autor, en la revista «Héroes» (Madrid, 31 marzo 1926).

Glosa aquí Pepito Marín la proeza de los aviadores
Franco, Ruiz de Alda, Durán y Rada, al atravesar el Atlán-
tico sobre las alas del «Plus Ultra», y acaba enviándoles
«esta sincera y ferviente felicitación, en la que va todo
el entusiasmo de un alma joven».

Después de tan matinal despertar, la firma del extraordinario hijo de Orihuela no aparece en letras de
molde hasta el año 1928, que lo hace al pie de un comentario en torno a la figura, muy amada de los escritores
olecenses, de José María Gabriel y Galán [32].

En esta ocasión, Marín exalta los valores del poeta
que cantó «la vida sencilla de la tierra castellana, la vida

---

[31] Texto en «El Día», Alicante, 18 abril 1933.
[32] Vid. «Actualidad», Orihuela, 13 septiembre 1928.

del labrador y del pastor que adoran a Dios, aman a su familia y cuidan de sus tierras y rebaños con verdadero amor».

Y tras otro silencio de igual duración, reaparece, en 1930, el nombre de Ramón Sijé, y ya no se eclipsará hasta la muerte del hombre, en 1935.

Con su ya imperecedero pseudónimo, publica por vez primera el artículo *Silueta quinteriana* [33], donde entronca a los hermanos Álvarez Quintero en la tradición teatral clásico-realista —«dramatizan con Lope, reflexionan con Calderón y se alegran con Ramón de la Cruz»— y deja constancia de cómo una comedia quinteriana grabó indeleble huella en su niñez: «Recuerdo como un sueño: llegó a mis manos *Cancionera,* y su lectura me llevó a un nuevo mundo de combate, de pelea, de pasiones; y, en el fondo de mi corazón, veneré a esa heroína que pecó, pero que purgó sobradamente su falta. Y cuando pasó un poco más de tiempo y contemplé en las tablas lo leído y vi a la Xirgu, como sacerdotisa griega, agigantarse a medida que adelantaba la acción, entonces empecé a comprender lo que yo he dado en llamar el *nervio quinteriano,* que es mezcla de España, de Sevilla, de pasiones y de amores; amalgama real de algo real que hace *vivir* al intérprete y *sentir* al espectador» [34].

El primer escrito sijeniano en sentido estricto nace, pues, en el año 1930, exactamente el de la eclosión del Grupo Literario de Orihuela —Generación olecense—, momento auroral, típicamente barroco, pues si el barroquismo tiene la virtud de alumbrar —hágase memoria de los siglos xv y xvii—, recto es pensar que aquella actitud regeneracionista que abre Ramón Sijé con su periódico «Voluntad» fue una exacta actitud barroca. Así lo

---

[33] En «Voluntad», Orihuela, 15 marzo 1930.
[34] Margarita Xirgu estrenó *Cancionera* en el Teatro Principal de Alicante el 29 de diciembre de 1924.

sostenemos: Ramón Sijé, consciente de la crisis social y espiritual de 1930, vislumbra y combate en pro del nacimiento de un nuevo día para su pueblo.

Nuestra tesis cobra mayor fuerza si reparamos en que su último escrito —días antes de su muerte— fue una apología del estilo barroco, en la que descubrió una eterna forma de cultura.

A lo largo de estos años (1930-1935) de intensa actividad intelectual, Ramón Sijé escribió interesantísimos ensayos literarios, filosóficos y religiosos; entrevistas, poemas en prosa, un solo poema en verso y un libro de singularísima agudeza sobre el ser decadente del romanticismo.

La isleña composición en verso la encontramos en la revista «Destellos» (Orihuela, 28 de febrero de 1931), y su autor la calificó de «capricho goyesco», «óleo a lo Picasso» y «aguafuerte». La titula *Circo* y lleva la siguiente dedicatoria: «A Pepe Pina, poeta del cerebro».

Habida cuenta de su rareza, nos decidimos a transcribir su texto íntegro:

1

«Ensoñaciones de circo.

2

Telas de color de grana
en la caseta.
Anémicos chicuelos
en la placeta.
Evocaciones grasientas
de la peseta.

3

«¡Al circo!», «¡Al circo!» Señores,
—gime un hombrón infeliz—

«la ecuyére y el payaso
que os hará bien reír».

4

Interior.
Sillas desvencijadas
y hombres de ojos soñolientos
apoyados en las cayadas.
Música cascada de organillo.
Humor. Sudor.
Y peleas y gritos de los chiquillos.
Miedo y opresión
en estos circos
de lona remendada.

5

«¡Atención!», silba un hombre
desde el portón, que cruje
con el aire.

6

Pensar:
«Es ir al circo a reír
... llorar.
Es ir a odiar
... Y amar».

7

¡Pobres monos y gimnastas!...
¡Pobre tigre y domador!...
¡Pobre Míster Bluff el ruso!...
¡Pobre circo!
... ¡Adiós!... ¡Adiós!...

8

El circo ya pasó.

....

Y como el payaso
de cara enjabonada
río yo...
¡Pero mi risa
esconde
un gran dolor!...»

Al aguafuerte lírico síguele una nota explicativa en torno a su encuadramiento en los géneros literarios: «Dije arriba que esto era *Un trozo de prosa y verso*. Ni yo ni mi dedicado *podemos* estar conformes.

Debí decir un trozo de *prosa y rima*. Pues no cabe duda que la prosa es poesía, y a la inversa. Aún más: la prosa es *lo épico, lo elegíaco, lo solemne* de la poesía. Y, por otra parte, un tendero de ultramarinos —galletas, *Toledo*, duros del hombre sentado— puede haber nacido y ser poeta. La poesía —¡no asustaros!— es *sentir*, no es *rimar*».

Aunque breve, la disquisición precedente ya nos orienta algo acerca del camino que habría de seguir la estética sijeniana.

Como escritor vocacional, Ramón Sijé mantuvo en tensa vigilia la preocupación estética de lo expresivo. Buscó la palabra exacta, ensayó la adaptación de los viejos recursos conceptistas —asíndeton, aliteración, equívoco, etc.—, utilizó las alusiones y las paradojas y hasta intentó —tal fue su anhelo— un nuevo lenguaje, en lo posible, como cauce para las ideas que dieron vida a su libro sobre el romanticismo: «Se advertirá en mi ensayo —declara en el Prefacio— una insistencia casi lírica en el empleo de determinados símbolos, teorías, colores y palabras. Pretendo haberme creado, para estudiar el ro-

manticismo histórico, un lenguaje propio, atravesado por
mí, mío; un lenguaje que, por su sola utilización, es ya
pasión crítica...»

Al igual que uno de sus más inmediatos maestros en
el arte de la palabra —José Bergamín—, Ramón Sijé
«sufre su pensamiento como un cilicio», y, a la par, «juega incansablemente con el dolor de su pensamiento y con
el pensamiento de su dolor» [35].

De lo dicho se deduce aquella natural inclinación sijeniana hacia lo barroco, en lo estético-filosófico, y hacia
lo otoñal, en el decurso de la Naturaleza.

Nuestro lúcido ensayista nos explicó muy bella y cabalmente la razón de su preferencia: «Es el otoño definición y no paisaje; libertad y no libertinaje. Nos gusta
el suelo otoñal mullido de hojas quietas, como un tecla-
do que espera la mano del pianista que nunca llega.
Cuando el viento las levanta y las proyecta, pictórica-
mente, contra los cielos se forma ya el paisaje: la historia, música o pintura poética del otoño».

El otoño, hasta lo dicho, es más representatividad
que esencialidad. Sijé se aparta de la escena un tanto
romántica para aprehender lo que, en el otoño, hay de
barroco eterno: «La meditación del otoño, reclinados
sobre la madre tierra, iluminada de sol poniente, es la
meditación de la libertad». He aquí, gozosamente conse-
guido, el verdadero fruto otoñal: «En el otoño, el mundo
se liberta del volumen y del peso: es decir, adquiere libertad» [36].

La sustancia de cualquier estilo radica en la naturaleza del instrumento. Con referencia al literario, consis-
tirá en la «resistencia musical de las palabras». El problema se presenta si intentamos armonizar la forma oral
con el *inconfundible* estado anímico, «sin menosprecio

[35] Vid. «El Gallo Crisis», núm. 1, pág. 31.
[36] Vid. «El Gallo Crisis», núms. 3-4, pág. 25.

de la simbólica y de la arquitectónica —incluso de la decorativa— del objeto».

Consecuentemente —ahora volvemos a recordar a Miró y a todos los grandes estilistas—, el logro de un estilo presupone el despliegue de un verdadero drama, «drama en la palabra o en la forma y drama en el poeta o en el creador».

El estado polémico da origen a una especial *problemática*, y, por ello, el deseado alumbramiento del objeto artístico entrañará, para su creador, «una perenne objeción. Porque, al crear o poner una palabra o una forma, adivinará el problematismo que dichos medios de expresión llevan consigo, y sufrirá martirio al escoger y al elegir»[37].

La teoría del estilo, aquí expuesta, se ha de compadecer, en lo íntimo y entitativo del objeto, con la necesaria dimensión humana del autor, ya que nada hay ajeno en modo alguno al hombre. En términos generales, sostiene Sijé que no hay creación posible sin sufrimiento. Y el sufrir nos conduce a un especial estado de humildad en el espíritu, requisito indispensable.

Muy en síntesis, podemos afirmar, con Sijé, que la atmósfera absolutamente precisa para el nacimiento de la obra artística es «la higiene racional de la soberbia», tesis que se adecuará en un todo —no lo olvidemos— con el más raigal concepto sijeniano de lo barroco, muy diferente al de Eugenio d'Ors, a quien, por otra parte, tanto admiraba y de quien tanto aprendió.

Hemos comprobado más arriba cómo, en la estética sijeniana, lo poético no queda limitado, sino que se puede dar de igual modo en cauce o vehículo de prosa —«no cabe duda que la prosa es poesía, y a la inversa»—, aunque, apurando el procedimiento fenomenológico, la prosa, en sentido estricto, sería como lo «épico» de la poesía.

---

[37] Vid. «El Gallo Crisis», núms. 5-6, pág. 43.

En su esencialidad, el fenómeno poético deriva de «lo angélico» —¿es posible pensar en la relación Rilke-D'Ors-Sijé?—, y así lo afirma sobre una frase de Jean Cocteau: «Todo poeta es un ángel: *un ángel conminativo*».

Tal especie de neoplatonismo estético vincula el ente poético con el universal metafísico, aunque, en desacuerdo con Maritain, metafísica y poesía no sean lo mismo. Sin embargo, Ramón Sijé muestra su complacencia con el pensamiento de Alfredo de Vigny, según el cual lo metafísico ilumina lo poético: «Como una luz (como *una llama celestial*, escribía Saavedra Fajardo) y como un fuego, ardiendo perennemente en un braserillo de cristal, debe estar en la poesía —y en la creación— el alma. Porque el alma *queda* —en el arte poético y en las artes poéticas— al destruir el cuerpo»[38].

La fuerza inspiradora o *autoridad* del ángel de la poesía en el orbe lírico del creador puede presentar tres fases o lunas, luz que va de lo menguante a lo creciente, de lo particular a lo general. De la primera luna brota «el poema terruñero», el «querencioso de pastorería de sueños», porque lo artístico es entonces tan sólo «un grito estridente y puntiagudo».

Con la segunda luna, la poesía llega más cargada de literatura «con fundadora alegría de romancero entrañable», y se desliza por cielos de mínimos esfuerzos.

Finalmente, a la luz de la luna tercera, «cuando el poeta es recta unidad y torre cerrada», el poema se abre e ilumina como «la estrella pura, en delirio callado de tormentas deliciosas»[39].

Esa pureza estelar con humanas resonancias y óntico deslumbramiento la descubrimos de manera eminente en los poetas del siglo XVII, sobre todo en Quevedo, poe-

[38] Vid. «El Gallo Crisis», núms. 5-6, pág. 45.
[39] Ramón Sijé, Preliminar al libro *Perito en lunas*, de Miguel Hernández.

ta que «se realiza a maravillas en la prisión dorada del soneto: prisión didáctica, moral, ascética»[40], y en Góngora, que derramó a manos llenas tesoros de «inefable música interior»[41].

Ejemplo sijeniano de lo que no es poesía, porque se ausentó de la palabra el *ángel conminativo*, nos lo depara la producción de Rafael Alberti anterior a 1930, ya que en ella, a juicio del crítico oriolano, falta el *sistema*, es decir, «el alma, la unidad, como eje de las cosas, de las cosas unidas». Y afirma categóricamente: «No hemos encontrado —en Rafael Alberti, en su obra— al hombre tal como lo ha hecho el tiempo (la religión, el Estado y el amor doméstico y extradoméstico del prójimo): como una unidad de recuerdos. No hay en él y en su trabajo costumbres, deberes, ideas constantes. El *mar*, que pudo ser, en su ánimo poético, constancia, desaparece cuando Alberti abandona por completo la concepción problemática de la poesía (...). No hay un conflicto —ni menos una conciliación triunfante— en los pensamientos de Alberti sobre el mar. El mar pertenece a la metafísica. Y el mar de Rafael Alberti es *la mar*. Pronunciando *el mar* se unge de solemnidad los sonidos; se enuncia una tesis. *La mar* es la concepción popular y miedosa del mar».

A lo dicho añade Sijé: «El miedo —en poesía— conduce al narcisismo (y, en efecto, el mar, para Alberti, es —o debe ser— la representación monumental de Narciso)». En definitiva, a la labor lírica de Alberti le falta «el miedo metafísico»[42].

Consecuente con la línea medular de su estética, Sijé estima que la novela consiste en una «interpretación poé-

---

[40] Vid. «Cruz y Raya», núm. 19, Madrid.
[41] Vid. «Diario de Alicante», Alicante, 30 julio 1932.
[42] Vid. «El Gallo Crisis», núms. 5-6, págs. 43-45.

tica de la vida y de la historia»[43]. Y, al objeto de esta-
blecer lo que es y lo que no es paradigmáticamente lo
novelesco, declara su aversión a la obra barojiana, sin
imaginación —piensa—, alimentada «de recuerdos e his-
torietas de seudofiguras, figuritas y figurones de tragedia
decimonónica: romanticismo en pus»[44].

Mayor atención dedicó Ramón Sijé al género teatral.
Contemplado en su evolución histórica —por lo que a
España respecta—, distingue en ella el teatro de muchedumbre del popular o, mejor, del pueblo. El primero
resultó como consecuencia de la visión aristocrática de
lo teatral clásico, en desarrollo paralelo al vivir de la nación, huérfana de la fecunda idea de pueblo. «Una nación
sin pueblo —escribe Sijé— forzosamente ha de engen-
drar un teatro de muchedumbre: muchedumbre apática,
sin átomo de santa rebeldía, esa rebeldía que para muchos españoles sólo merece el nombre de locura.»

Frente a esta concepción de lo teatral, Sijé —evocando la frase de Gorki *y la muchedumbre se sintió pueblo*—
reafirma el valor extraordinariamente popular de *Fuente
Ovejuna*, «verdad entre mentiras y laureles aduladores».

El gran ensayista se enfervoriza al elogiar esta capi-
talísima muestra de nuestro «teatro del pueblo», y establece sus correlaciones con los meritísimos esfuerzos que
en su tiempo estaban llevando a cabo Antoine, Becque,
Piscator, Adrián Gual, García Lorca, Alberti... «Yo —confiesa Sijé—, meditando *Fuente Ovejuna*, siento al pueblo,
a esos pueblos que algunos se empeñan en llamar *muertos*,
desconociendo la energía que guardan, las dudas que sienten, las muchas dudas que sienten. Es necesario, aprove-
chando el momento que se respira de desteatralización
de la vida española, devolver al pueblo la cabeza de Padi-

---

[43] Vid. «El Gallo Crisis», núm. 2, pág. 28.
[44] *Ibid.*, pág. 25.

lla, devolvérsela en forma de teatro —haciendo un gran teatro de mayorías—, que le encauce la energía que pierde y que le aclare las dudas que siente» [45].

Bien se entiende, tras lo expuesto, que nuestro jovencísimo filósofo habría de rechazar de plano el teatro romántico, teatro de muchedumbre, cuyos símbolos no sobrepasan la categoría de los fantasmas; teatro sin tradición, ya que ésta la otorga únicamente el pueblo con conciencia de tal.

Sijé defenderá cualquier entronque con los genios lopesco y calderoniano, postura que nos explica suficientemente la naturaleza de los primeros ensayos dramáticos llevados tan felizmente a cabo por su amigo Miguel Hernández, así como el favorabilísimo juicio que le mereció el auto sacramental de éste.

Digamos aquí que Sijé define el auto sacramental como «género eminentemente conceptista en cuanto hace del estilo un arte de racionalismo poético y en cuanto dramatiza, más allá del estilo, la metafísica del cristianismo, convirtiéndola en esquema imaginativo (...). Porque el auto, en su mecanismo figurativo interior, tiene la arquitectura simplemente armoniosa de un comulgatorio (...), comulgatorio espiritual por excelencia» [46].

El pensamiento fundamental de la estética sijeniana se halla vivo en su libro inédito *La decadencia de la flauta y el reinado de los fantasmas. Ensayo sobre el romanticismo histórico de España (1830. Bécquer)*. El original consigna la siguiente dedicatoria: «A mis padres. A J. F. Por la querencia de su clavel. Por la ausencia de su canario».

En el «Pequeño Prefacio», fechado «en la Fiesta de Todos los Santos del año 1935», su autor confiesa que

---

[45] R. Sijé, *Sobre un futuro teatro español*, «Diario de Alicante», Alicante, 19 noviembre 1931.
[46] Vid. «El Gallo Crisis», núms. 3-4, págs. 32-33.

escribió aquellas páginas «levantándome al alba; traba-
jando junto a mi ventana para no ahogarme; encontran-
do los azules y los cristales, que empleo como imágenes,
con sólo volver la cabeza hacia el lado izquierdo del sol
y del cielo. He pensado en los claveles, teniendo sobre mi
mesa un clavel que me ha traído quien se llevó un día el
corazón; he pensado en los cardos, pisando auténticos
cardos, roja tierra maravillosa, palabras campesinas, azules caídos...».

A la vista de su contenido, más que un estudio rigurosamente científico, este trabajo es un ensayo, un bello,
agudísimo ensayo, luminosamente lírico en muchísimas
ocasiones, deslumbrado de fúlgidos destellos, en el que
plantea «una situación polémica de vida y pensamiento».

La idea básica no es otra que la de demostrar cómo
el romanticismo no temporalizado lo superó España con
el conceptismo, «forma absoluta de expresión de nuestro
estilo de vitalidad, iluminada por los ángeles».

Componen el volumen trescientos veintidós folios, me-
canografiados a dos espacios. Su índice de materias puede
quedar establecido como sigue:

I. El reino naturalista de los fantasmas (1, Introducción
al estudio del romanticismo histórico; 2, Los fantasmas en
España; 3, Romanticismo y conceptismo).

II. Ángeles dormidos y fantasmas despiertos. Romanticismo eterno frente a romanticismo histórico en la poesía
española (1, La resolución poética de los problemas huma-
no-románticos en la poesía española; 2, La poesía como
posición de intimidad durante el romanticismo histórico;
3, La memoria poética de Zorrilla; 4, Campoamor o la vieja
mariposa que voló sobre el romanticismo).

III. La deformación de la comedia del tiempo y de la
muerte. Los símbolos y las formas en el teatro romántico
(1, La comedia romántico-clásica como palabra de la prisa
y como pies de la ilusión; 2, La lógica dura del drama).

IV. La masa de la sangre española frente a la masa de la novela. Los sucedáneos románticos de la novela (1, La pausa novelesca; 2, Situación de la prosa imaginativa —cuento, pequeña novela-novela histórica— del romanticismo histórico).

V. La prisa del conceptismo en Mariano José de Larra. El residuo romántico del quevedismo (1, Los tres momentos de la prosa crítica en la época romántica; 2, Teoría del chiste como conceptismo; 3, El drama de Mariano José de Larra).

VI. El temblor lírico en Gustavo Adolfo Bécquer (1, La preparación sentimental del temblor: Enrique Gil; 2, El temblor lírico en Bécquer).

VII. La decadencia de la flauta (1, Voluntad de Cristo y voluptuosidad de Satanás; 2, La decadencia de la flauta). Notas.

Para una cabal comprensión del fenómeno romántico se necesita el previo entender del dualismo conceptual y metafísico persona-hombre.

Ramón Sijé sitúa a la persona en la esfera de la pura espiritualidad, es decir, de la libertad; mientras coloca al hombre en el cercado de las pasiones, de lo oscuro psicológico, de la tiranía del instinto. «La persona —dice— es creación de Dios y redención de Cristo, manantial fresco de ardor espiritual, linterna mágica de resoluciones de salvación. El hombre solamente es la máscara pecadora de la persona. Acaso, también, el instrumento humano del poder satánico; mientras que la persona es el sujeto misterioso y claro, feliz y doloroso de la relación religiosa y de la política clásica.»

Integran el concepto de persona netos y fundamentales valores morales y jurídicos; en el de hombre, tan sólo factores psicosomáticos. La persona supone orden; el hombre, selva. Al margen de la persona no es concebible la libertad.

Tal teoría de la persona, mantenida a lo largo de la Edad Media, empezó a quebrarse, a sufrir adulteraciones, con el Renacimiento y la Reforma, y a descomponerse totalmente, con el triunfo selvático del romanticismo histórico en el siglo XIX.

Distingamos el romanticismo histórico del eterno: «El romanticismo poético eterno era la palabra considerada en su situación creadora más absoluta; el romanticismo poético histórico utiliza, como elementos de estilo, los materiales psicológicos íntimos que detienen la creación entre el grito y la palabra». La antinomia se alegoriza de este modo: «Poesía de ángeles dormidos frente a poesía de fantasmas despiertos».

El romanticismo eterno entraña, por tanto, la más radical vitalidad humana y su más alta espiritualidad. El romanticismo eterno es aurora en los actos de la persona. Enfermedad de ésta es el romanticismo histórico.

En el orden nacional, sostiene Sijé que el «españolismo es un momento concreto de la evolución eterna del espíritu del romanticismo. El concepto de España mismo es una posición romántica».

Mas el horizonte de raigambre personalista, revelador de la peculiar concepción cristiana de la vida y de la muerte, supone, con respecto al movimiento romántico decimonónico, la misma relación que la existente entre la salud y la enfermedad.

En definitiva, el romanticismo histórico «es la incapacidad humana para la coincidencia con la persona y la incapacidad poético-plástica para la creación del objeto artístico cristiano».

Aspirando a máxima síntesis, diremos que el fenómeno romántico temporal se funda en la concepción estricta y estrechamente naturalista del hombre.

Pero a la luz de la metafísica y de la religiosidad, el romanticismo eterno, basado en los más altos valores de la persona, da origen al movimiento conceptista que, con respecto a España, cristaliza «en una forma nacional de pensamiento: en la unidad de estilo de conceptismo y barroquismo».

Bajo una separada contemplación, si el conceptismo dice orden al pensamiento, el barroquismo lo dice al arte. En su totalidad, el Conceptismo, con mayúscula, es la suma del realismo español, que «limita al sur con el romanticismo (y lo supera) y al norte con la religión (y la adopta)».

Se trata, pues, de una indagación y desvelamiento de lo hispánico. Se trata del estilo de España, españolismo, que es «realismo divino-poético; pero este realismo sobrenatural tiene dos modalidades: una de voluntad de forma desnuda, llamada conceptismo; otra, de voluntad de forma llana, llamada barroquismo. Voluntad barroca de vida llana es Góngora».

No hay, pues, duda de que para Ramón Sijé el término conceptismo implica la total superación de todos los elementos creadores que intervienen en el proceso evolutivo del espíritu español.

En efecto, el conceptismo, escribe, «supone una superación racional del romanticismo (y, para superarlo, se lo encarna y esconde), una adaptación humana íntegra del cristianismo, y la expresión de lo romántico humano en una horma de cristal, que sea un sucedáneo de la realidad». De donde se deduce que el acto creador, en lo artístico, del conceptismo «es una relación problemática de la humanidad y de la religión, por un lado, y, por otro, una relación de la inteligencia y de la realidad que hay que resolver cristalinamente».

Precisando la naturaleza de la modalidad conceptista de lo barroco, pensamos, con Sijé, que si el barroquismo «es la forma plástica del conceptismo», lo barroco no vendrá engendrado «por una carga de Caos, desordenan-

do el Cosmos clásico» —tesis de Eugenio d'Ors—, sino
por «el sufrimiento personal de las eternas formas».

Dicho de otro modo: lo eterno barroco —también se
puede hablar de un barroco temporal, que aparece en
el xviii— se desarrolla sobre «el conceptismo de la física,
o escolasticismo de la Naturaleza, y el conceptismo de la
Edad de Oro, o idea del Reino de Dios».

Personalizando en escritores, aclara su tesis: «La relación interna que existe, pues, entre conceptismo y barroquismo es la misma que de modo invisible une a Quevedo y Góngora, a quevedismo y gongorismo: Quevedo
es un Góngora desnudo, y Góngora, un Quevedo plástico.
Frente a este conceptismo desnudo o pictórico, el barroco del xviii es la caricatura del eterno barroco. El barroco barroquiza las almas y el seudobarroco seudobarro-
quiza los cuerpos».

El barroco eterno es ascética; el temporal, voluptuosidad.

Proyectada esta especulación sobre el concreto mundo
de la poesía, sostendremos, con el pensador olecense,
que la lírica española, si romántica en esencia, a veces
—ya lo hemos dicho— se oculta y corrompe.

Sobre el despliegue histórico de nuestra lírica se pueden señalar etapas muy definidas. Así, el romancero medieval señala «un maravilloso formalismo romántico».
Luego, con Fray Luis de León y Fernando de Herrera,
lo romántico «se convierte en estilo»: aquél, en la concepción del paisaje; éste, en la utilización lírica «de la persona colérica».

El siglo xvii proclama la superación del romanticismo.
Escuchemos a Sijé: «El siglo xvii es un ciclo de pensamiento poético, cuyos caracteres son: Primero, *cerradez*
(los objetos poéticos creados por la pasión racional y por
la pasión poética, es decir, por la pasión objetiva, inician
y cierran una cadena); segundo, *cristalinidad* (la poesía

tiene transparencia cristalina, de mundo y de poeta); tercero, *objetividad* (la poesía cristaliza en cubo, la poesía
y el pensamiento), y cuarto, *humildad* (sujeción racional
creadora de la soberbia)».

El paso siguiente —siglo xviii— se da sobre tierra
yerma: «Si se tiembla, se tiembla retóricamente».

Por último, con el siglo xix y la eclosión del romanticismo histórico difícilmente se podrán hallar «media do-
cena de cristales, de objetos cristalinos de poesía. El problema de la poesía romántica es un problema de oscuridad (...). Un verso de Espronceda, esclavo de oscuridades, será formalmente claro, pero poéticamente oscuro».

Sin duda, y ahondando en esa cualidad de «oscuro»
que Sijé atribuye al período romántico decimonónico,
convendrá precisar la diferencia que, con respecto al
tema básico de la muerte, fija entre los romanticismos
eterno y temporal. Para el primero, la muerte coincide
metafísicamente «con la brevedad temporal de la vida»;
para el segundo, se reduce a «la brevedad del hombre y
la eternidad de la nada».

Para Sijé, el «fruto más logrado y tembloroso» de la
poesía romántica fue Bécquer.

De todo cuanto hemos sometido a análisis se deriva,
en lo que vamos a llamar sistema sijeniano, una consideración sociológica y hasta política.

Si el romanticismo histórico es una enfermedad tanto
de la personalidad individual como nacional, Sijé aconseja a los españoles la huida del contagio romántico.
«Coger la cabeza y lanzarla en inhumano impulso contra
los problemas del tiempo. Golpear su cabeza con estilo.
Contra la viviente tierra española. Contra los tipos vivos
de la moribunda realidad española: el torero, el hipócrita, el adúltero, el fantasma, el asesino, el ladrón de
levita, el obispo sin cayado de pastor. Vuelta a la reali-

dad, a las cosas, a los casos, a las causas: al encuentro del cardo».

Tan evidente afán regeneracionista, clarificador de la vida española; tan patética invocación de la «cosa», de la «realidad», nos lleva a la perspectiva política del pensamiento sijeniano.

No hizo Ramón Sijé —en el asunto político— mucho caso al consejo de su maestro Abelardo Teruel: «Aléjate de la política». Cierto es que, en tal sentido, el alumno fue más contemplativo que activo y que, en todo momento, supo elevar —¡con tan pocos años!— a categoría la simple, concreta y no siempre limpia anécdota política.

De conformidad con su concepción del mundo, Sijé considera a la ciencia política y a su ejercicio dotados de trascendentalidad religiosa, inmersos en la eternidad. Rechaza de plano la antropología romántica y racista de Nietzsche, aunque su ideal de superhombre no deja de ser «buen augurio de superhumanidad, comparado con el tipo fascista o comunista de hombre».

Para Sijé es de todo punto evidente el empobrecimiento axiológico del período histórico inmediatamente anterior a 1918, determinante de la aparición de esos dos «tipos» políticos, rechazables en sí. «Y no es —declara— que, por ejemplo, yo pretenda dar a todos los actos nuevos un tinte de tradición, un arcaico tono de cosa resucitada, sino únicamente quiero que las actuaciones particulares o nacionales se hallen informadas de un *vertical* espíritu de eternidad, de un deseo de perdurabilizar, de un ímpetu de persistencia»[47].

La teoría se nutre del contenido ideológico del XVII. La política sijeniana podría ser catalogada como política del conceptismo. Por eso, por lo que en ella hay de claridad, de orden, de *ratio*, el ensayista de Orihuela comba-

---

[47] R. Sijé, *El analfabetismo, admirable amigo de la cultura,* «Diario de Alicante», Alicante, 6 septiembre 1932.

te la postura romántica, sostenida tanto por el filósofo germano citado como por Unamuno, quien, a criterio de Sijé, fue incapaz de conducir el concepto de libertad «a su conclusión lógica, a su conversión en hoja caída. Hay que comprender —de tal modo escribía Sijé, a sus veinte años de edad— que la libertad es una cruz: que nos hace sufrir y que nos pesa. Quizá Unamuno le tenga miedo a la libertad: porque teme los gestos de espanto, y el escándalo consiguiente, de los que llevan la inteligencia hasta el idiotismo cuando vieran que no existe una perfecta coincidencia entre el Unamuno del libertinaje histórico y el Unamuno de la libertad otoñal; cuando observaran que la última palabra de libertad pronunciada por Unamuno era una negación histórica: una salvación, por tanto» [48].

Siempre mantuvo Ramón Sijé una postura política democrática, y jamás estuvo afiliado a ningún partido, salvo al Republicano Federal —con los primeros meses de la República—, dirigido en Orihuela por el «Maestro Alpargatero».

En un trabajo de 1932, Sijé se autocalifica de «demócrata complaciente».

Hacia 1934, y según testimonio de Tomás López Galindo, nuestro escritor simpatizó con las ideas falangistas de Giménez Caballero y «aceptó sincera, auténtica y hondamente las teorías del Estado totalitario» [49]. Mas, como asegura el propio López Galindo, dicha influencia —si la hubo, que dudamos— desapareció casi de inmediato, pues, al estallar la guerra de Italia contra Abisinia, Sijé escribió un *Llamamiento a los escritores públicos para la propagación apostólica de la paz*, trabajo, añade López Galindo, «todavía inédito, por el hermetismo doctrinal de los gran-

---

[48] Vid. «El Gallo Crisis», núms. 3-4, pág. 25.
[49] T. López Galindo, *Idea y sentimiento*, «Acción», Orihuela, 30 diciembre 1935.

des diarios o, mejor, por el coto cerrado de las empresas periodísticas».

No hemos encontrado ningún texto de Ramón Sijé que pruebe la más leve inclinación en favor de las teorías fascistas. Sí, en cambio, poseemos varios y contundentes escritos suyos de 1934 contra tales tipos de Estado[50].

De igual manera reprobó el nazismo alemán en oposición al estado cristiano, construido «con la unanimidad del pueblo, producida cuando la corriente psicológica católica encarna en el estado». Y agrega: «Otro era, desgraciadamente, el caso de Austria: porque el estado cristiano no se impone, se *da como la flor y el fruto*: cuando es su tiempo. ¡La tragedia dramática de un cristiano defendiendo el estado!: *un cristiano que no es de este mundo*. Así vivió Dollfuss con su estado: dramatizando —y mundanizando, quizá sin querer— su alma. Dollfuss muere al pie del estado —como el cristiano muere al pie de su pecado, casi redimido por él— por haber confundido muy peligrosamente *el hecho con la idea*, la independencia austríaca con el cristianismo universal. Descanse en la paz de Cristo el canciller Dollfuss, muerto por el atropello del estado que él pretendió cristianizar, como el campesino muere destrozado por el tractor o pisoteado por la bestia de carga: *hundido en la madre tierra por la máquina de su agricultura*. Dollfuss será, en la historia, el fracasado protagonista de la cristianización del germanismo. Dollfuss y Hitler, actores de un drama; Austria y Alemania, dos figuraciones dramáticas del concepto de nación. **Alemania, locura y tristeza de Europa:** *nación sin nación*: sin alma. Nación sin memoria de unidad: de Dios: sumergida en una penumbra de mitos. ¿Y Austria? Crespón. Luto. Atambor callado»[51].

---

[50] Vid. «El Gallo Crisis», núm. 1, pág. 25.
[51] Vid. «El Gallo Crisis», núm. 2, pág. 25.

E idéntica repulsa tuvo para el comunismo soviético, «a la sombra de la órbita del Czar Lenin». El anticomunismo de Sijé es evidente y se manifiesta explícito en el artículo que le inspiró la figura del escritor ruso Elías Ehrenburg, «judío del estilete afilado, sin libertad». El español habla al ruso desde su senda de hombre libre: «yo, popular español de café y esquina, sin marxismos atenazadores y dogmáticos, ridículos (...). Yo, con mi cruz; tú, con tu esfera».

Afirma Sijé que «el fenómeno político-social español es exactamente opuesto al ruso». Y explica que «el problema de España es de libertad y de democracia (...). Se opera sobre sensibilidades humanas. Amamos la libertad, aunque no tenga sentido».

Ramón Sijé, español, se despide de Elías Ehrenburg, ruso, definiéndole así: «¡Gran artista y gran marxista: mínimo hombre!» [52].

La concepción sijeniana del Estado se funda en la filosofía cristiana y en su moral enraizada en lo fraterno: «No tiene el cristiano derecho a la felicidad, cuando la desgracia acompaña a sus semejantes» [53].

Registramos, por lo dicho, continuos anatemas sijenianos contra los capitalistas, «caballeros de frac», a los que denomina «granujas elegantes, de elegancia adquirida». Sus palabras suenan como látigos: «vosotros, caballeros de frac, engañásteis, usurpásteis, seducísteis: al engaño, cubrísteis con el frac; a la usurpación, con el nombre comercial acreditado; a la seducción, con plata y oro, con los metales innobles. Vosotros, caballeros de frac, hicísteis un capitalismo imperialista que, por reacción, originó el capitalismo sentimental de la envidia del

---

[52] R. Sijé, *España y el judío*, «Diario de Alicante», Alicante, 23 agosto 1932.
[53] Vid. «El Gallo Crisis», núm. 2, pág. 24.

pobre, del obrero y del campesino. Pero el frac va a pagar
los pecados de la blusa y de la camisa»[54].

Su ideal político no es otro —ya se comprende— que
el del Estado cristiano, forma que no se impone por la
fuerza, sino en virtud de la conformidad de las voluntades y de las libres y limpias conciencias: Rigurosamente hablando, un cristiano no puede defender, recu-
rriendo a la violencia, el aparato estatal, por cuya razón
tampoco puede matar al tirano.

El hombre político cristiano es «el confesor de todo
un pueblo». La política se reduce, en su esencia, a una
confesión: «Debe, pues, el gobernante —escribe Sijé—
propugnar una política de casos de conciencia; una política como arte de resolverlos; una política que diga a
cada hombre que es el nombre humanista del ciudadano;
plantéate en cada acto de tu vida el caso de conciencia:
porque sólo haciendo esto cada prójimo es posible la
vida civil».

Mediante este procedimiento, pensaba Sijé que la política «podría intentar el agotamiento del mal»[55].

A tenor de lo expuesto y de acuerdo con Quevedo y
en desacuerdo con Mariana, el oriolano sostiene la ilici-
tud de derribar al tirano. Glosando la conocida tesis de
Quevedo, dice Sijé: «Al golpe de Estado de Mariana opon-
gamos, pues, el golpe de pecho de Quevedo. El golpe de
pecho es la manifestación pesimista del pecado original
—de la tristeza y debilidad del hombre producida por la
caída—, cuya persistencia, cuya purgación colectiva, es la
tiranía (...). El tirano es la tentación que hay que soportar, es la prueba cristiana de nuestra vida política».

Estas reflexiones conducen irremisiblemente a procla-
mar la imposibilidad fáctica del Estado cristiano: «Porque el Estado cristiano no vive como Estado; vive de los

---

[54] Vid. «El Gallo Crisis», núms. 3-4, págs. 28-29.
[55] *Ibid.*, pág. 25.

golpes de pecho de la comunidad, invisiblemente, como Cristo vive en la Sagrada Forma» [56].

Si estudiamos el destino histórico-político de España a la luz de este pensamiento, se ilumina su misión, semejante a la del hombre cristiano, «corriendo, en su lucha espiritual por la vida, contra sí misma, contradictoriamente, hacia la inhumanización productora del reino de Dios en la tierra, hacia la unidad por la muerte: haciendo de sus crisis, éxtasis, plástica de crisis».

Con tanta hondura ha vivido el pueblo español esta inhumanización del reino divino que España, mediante su esfuerzo por cristianizar a todas las gentes, ha hecho ofrenda de «una cultura frutal, es decir, una política de primavera y un pensamiento de otoño». Y a la idea —en sustancia, es la misma que sostiene en nuestros días el ilustre Américo Castro— añade Sijé, describiéndola: «Cultura frutal es cultura de frutos —de primavera y de otoño—, cultura de imaginación, frente a la muerte de la cultura pura, que es como la higuera sin higos, la higuera estéril de los Manueles Kant, negación del campo y de su Espíritu. Cultura frutal que tiene sus raíces en el mismo fondo del alma, que da al tiempo nada más que lo que es del tiempo» [57].

Ramón Sijé vivió agónicamente el existir de la España de sus días; la amó en sus raíces y en sus ramas, y pretendió arrancar de su cuerpo «los vestidos prestados que tantas desgracias nos costó: pérdida de las colonias, caciquismo, separatismo, revolución extranjerizada...», dicho con palabras de José María Olmos, quien añade que Sijé ambicionó, en este aspecto de la cultura, «hacer con lo nacional la médula del Estado. Era revolucionario en el sentido español, queriendo extraer de nuestras propias esencias los fermentos regeneradores».

---

[56] R. Sijé, *El golpe de pecho o de cómo no es lícito derribar al tirano*, «Cruz y Raya», núm. 19, Madrid, octubre 1934.

[57] Vid. «El Gallo Crisis»,, núm. 1, págs. 3, 12, 13.

En verdad, nuestro Sijé fue «un buscador de la patria, animador de una nueva era, hombre de fe» [58].

Ramón Sijé entendió el problema de la regeneración de España —problema típicamente noventayochista— como una desidealización y, en consecuencia, la solución radicaba en el regreso a la realidad, simbolizada en el cardo: «depuración ascética del pensamiento». El cardo, lo real ascético, posee un estilo, pues se desarrolla en un peculiar orbe de valores: «la tierra: la madre tierra común. En el cardo percibimos el *ens*, creamos la realidad» [59].

Y si, ciertamente, no hay otra vía de superación que la vuelta a lo real en su más profundo sentido, es claro que el joven filósofo oriolano no podía —por movimiento antiunitario— compartir los afanes político-separatistas. Muy al contrario, los combatió: «... se hace necesario —dijo— el defender de una manera literaria la castellanidad de España y el sentimiento castellano como el sentimiento nacional y de unidad (...). Mi verdad ruede de corazón en corazón: carne historia, Castilla; Castilla, carne de España; España, historia de Castilla. Estoy amarillo —y loco— de la pasión de Castilla» [60].

Resumiendo, diremos que la posición política de Ramón Sijé fue la de un convencido demócrata cristiano, concebido a lo Quevedo, amador auténtico de la unidad española y enemigo consecuentemente de cualquier actitud tiránica o dictatorial.

Recordemos que, al producirse, en agosto de 1932, el efímero levantamiento del General Sanjurjo, el pensador de Orihuela publicó unas meditaciones sobre los conceptos de revolución, alzamiento y honor militar. En desacuerdo

---

[58]   J. M.ª Olmos, en «Acción», Orihuela, 30 diciembre 1935.
[59]   Vid. «El Gallo Crisis», núms. 5-6, pág. 24.
[60]   R. Sijé, *Anti-Castilla. Anti-España*, «Diario de Alicante», Alicante, 21 junio 1932.

con la actitud de los sublevados, Sijé hace memoria de la sentencia de Gracián: «No puede la grandeza fundarse en el pecado, que es nada, sino en Dios, que lo es todo.»

Y nos enseña que, para que una revolución logre la plenitud de sus objetivos, se requiere necesariamente: «Una minoría con tacto, con altura sentimental e intelectual que actúe de impulsivo, de acelerador, de freno: con autoridad y pericia. Una mayoría conducida, con conciencia de su fuerza explosiva, con el deseo de llegar, con conocimiento completo de los límites, del volumen de la obra a plasmar, del término de la venturosa trayectoria revolucionaria. Un idea, que la minoría entrega a la. masa, lo suficientemente elástica para reunir en haz las comuniones —y personalidades— dispares de los populares descontentos o sedientos» [61].

Penetremos ahora en el más íntimo mundo del espíritu sijeniano: en el religioso. Aunque abocado a la filosofía, Ramón Sijé no contó con experiencia vital suficiente —falleció al cumplir los veintidós años de edad— para delinear un cuerpo de doctrina. Sin embargo, sí roturó con anchura y saber el campo de la estética literaria.

Los textos que nos ha dejado nos permiten afirmar que, por su neocatolicismo, Sijé empezó a desvelar el camino del existencialismo cristiano. Y a él llegó, meditando sobre el constitutivo ontológico del hombre.

El ser racional descubre su mismidad como consecuencia del temor kierkegaardiano, puerta de la angustia existencial y de la pena hernandiana. La idea, de tan profunda raigambre en la doctrina de Cristo, se manifiesta ya, al decir de Sijé, en el Apocalipsis, donde —capítulos IV al XX— «se enseña al hombre —y al tipo racionalista del hombre: el creador— a tener miedo. A ser miedo; es decir, a la coincidencia del miedo con el ser».

---

[61] R. Sijé, *Del anti-héroe*, «Diario de Alicante», Alicante, 20 agosto 1932.

Explica Sijé que el temor metafísico empieza cabalmente «cuando el valor físico acaba», por lo que dicho miedo «conduce a Dios por el camino humano de la cólera, que va poniendo murallas donde estrellarse».

El pensamiento apocalíptico, con palabras de Lactancio —«Metus autem non est, ubi nullus irascitur»—, inspira la glosa sijeniana: «Una imagen miedosa y una imagen colérica son formas varoniles de protesta contra el mundo y contra el hombre: un paso decisivo de la nada hacia Dios».

Claro está que, como enseña el propio Apocalipsis, el temor metafísico se transforma en júbilo del ser, «colocado en el límite de salvación, donde terminan el miedo encolerizado y la vida» [62].

Y aquí encontramos la radical diferencia del posible existencialismo sijeniano con los sistemas de Heidegger y de Sartre, y, a la par, la evidente concordancia con las filosofías de Kierkegaard y, sobre todo, de Marcel.

En su discurrir metafísico, nos tropezamos con otro concepto de igual talante existencialista en torno a la noción general de vida. Discrepando de su muy estudiado Nietzsche —la vida es «instinto de crecimiento»—, Sijé opina que, no permitiendo el tiempo al ser viviente «toda esa labor de amortización de poder», la vida se define como «la defensa de la personalidad contra la desesperación», pues lo real de la persona crece a medida que disminuye la voluntad de poder. (La aparente contradicción —explica Sijé—, propia del cristianismo, nace de su misma esencia, por lo que «lo que el filósofo creyó defecto era virtuoso retrato, esencia, voluntad real» [63]).

Sobre tales supuestos, la antropología sijeniana desemboca y culmina —lo hemos visto más arriba— en un personalismo. Recordemos que si el hombre, como tal,

---

[62] Vid. «El Gallo Crisis», núm. 1 págs. 49-50.
[63] *Ibid.*, pág. 13.

es «nada viva» y su cuerpo «realidad de cáliz»[64], la persona, según dijimos, «es creación de Dios y redención de Cristo, manantial fresco de ardor, linterna mágica de resoluciones de salvación. El hombre solamente es la máscara pecadora de la persona».

Pero el ser humano puede ser contemplado bajo dos perspectivas: satánica y cristiana. Si bajo la primera se nos aparece como instrumento del poder demoníaco, a la luz de la segunda el hombre deja de ser «burla de sí mismo» para trocarse en «acabado, melancólico, al borde de su humanidad (...), puro, sin mío, inhumanizado, cortesano de no visible reino»[65].

Hombre en el mundo o persona en el hombre es criatura que, en el tiempo, se hace libre, bordeando los peligros del destino, de la suerte, de lo que procede de más allá de lo humano. Pero sobre el poder del hado está el de «la convicción religiosa —y metafísica— del camino que debe caminarse: la conciencia de tener la libertad como ángel, así como se tiene la imaginación como pájaro». Esta facultad angélica nos libera de las cadenas de lo desconocido y de la noche de la muerte. Por ello, el cristiano es la criatura que mantiene el *no* frente a la suerte.

Por contra, el concepto de azar lleva irremediablemente al de muerte: «Porque el que tiene suerte se muere o lo matan: por falta de libertad». Es preciso, si se quiere vivir en logro de persona, liberarse de la suerte, lo que es, en definitiva, vencer a la muerte: «La suerte quita y pone la Historia; por esta razón, quien vence a la suerte está ya encima del techo mismo de la Historia, tocando con la cabeza el cielo». Resumiendo: la suerte se confunde con el no ser, pues el ser se desarrolla en la libertad[66].

[64] Vid. «El Gallo Crisis», núms. 3-4. Art. *La majestad del No*.
[65] Vid. «El Gallo Crisis», núm. 1, págs. 2, 25.
[66] R. Sijé, *La majestad del No*, «Gallo», núms. 3-4.

Dentro del marco de este personalismo cristiano y en línea paralela a esta teoría de la libertad como majestad del *no*, despliega Sijé la que tiene como objeto formal la muerte, distinguiendo la «negra» de la «divina». Aquélla habita en el túmulo; ésta se hace en el seno de nuestra voluntad, «puerta de la libertad», cuajándose cuando el hombre se convierte en fruto.

Consecuentemente, enseña Ramón Sijé que es falsa la creencia de que la muerte concede a todos los hombres la libertad:

> Ésta se reserva para los que, en su vida, supieron ser libres, deificando —con la muerte— su humana libertad; proporcionándole suerte —y no muerte— en la otra vida verdadera y eterna. Por esta razón, los suicidas, los hombres que jugaron en su baraja la carta de la muerte, van a perderse en la nada. El infierno es el paraíso de los que quisieron ser libres en el mal: con un concepto demoníaco de la libertad [67].

Se comprende ahora el porqué el hombre José Marín Gutiérrez pronunciara, en el momento de la muerte como libertad, aquellas vitales palabras: «He resucitado».

Ramón Sijé fue escritor profunda, metafísicamente religioso, con plena conciencia de la vinculación y ancho vuelo de fe. Para él era un imposible gnoseológico el ateísmo, como postura intelectual, y contradicción metafísica la misma existencia del ateo.

El ateísmo, en el pensamiento sijeniano, es «la forma romántica de la creencia en Dios», ya que hace negación del milagro que fundamenta su vivir. Tal es la paradoja del ateo o del romántico, hundido en su enfermedad metafísica.

Filósofo de la fe, Ramón Sijé descubre un peculiar pragmatismo religioso. La religión —viene a decirnos—

---

[67] *Ibid.*

es aquella ligazón óntica que, al tomar conciencia, se nos impone como problemática de la libertad. Y la resolución que adoptemos no sólo será de índole religiosa en el sentido estricto, sino humana: de ella dependerá que nos constituyamos o no en categoría de persona.

Lo religioso, en Sijé, adquiere plenitud y absoluta verdad en el cristianismo, escuela de guerra y paradoja, y de cuya agonía florece la paz cristiana, «paz hecha de contiendas: manera práctica de dejar de ser hombres para nacer cristianos» [68].

Cristianismo es, por tanto, superación de humanismo, aunque guarde con él cierta analogía. Así, podemos atribuir al primero tres géneros de *aparatos*: el *real*, el *litúrgico* y el *humano*.

Por el *real*, el cristianismo cuenta con cinco *sentidos*: el púlpito, el confesonario, el altar, la pila bautismal y el comulgatorio.

El *aparato litúrgico* está constituido por la oración y la música, mientras el *humano* lo configuran la señal de la cruz y el golpe de pecho.

Mas vitalizando estos aparatos y su doctrina, el cristianismo, además de religión, además de fe, cuenta con una gran metafísica, que «comienza con el pensamiento del pecado original y termina en la idea del Espíritu Santo», lo que, en términos morales, significa que «empieza el hombre condenándose por envidia, concluye salvándose por amor. Cuando se piensa en el pecado original, inmediatamente se busca la salvación, la superación del pecado» [69].

Con tan poderosas virtualidades, el cristianismo no se agota en los cielos de la alta especulación o en la vía concreta del existir del cristiano —ser que batalla siempre por la libertad—, sino que se proyecta por los vastos

---

[68] Vid. «El Gallo Crisis», núm. 2, pág. 3.
[69] Vid. «El Gallo Crisis», núm. 2, pág. 4.

campos de la sociedad con interno ímpetu guerrero, pues «no tiene el cristiano derecho a veranear, cuando otros cristianos u otros hombres atraviesan el veraneo del hambre».

Este fundamental principio del cristianismo lo tuvo siempre presente Sijé en sus meditaciones sobre el catolicismo como doctrina y la Iglesia como corporación.

Entiende Sijé por «catolicidad» una «forma de reducción política del catolicismo». Pero éste degenera en el preciso momento en que adquiere investidura oficial. Tal ha ocurrido históricamente en España:

> El catolicismo oficial provocó la salida revolucionaria, la huida hacia los *ismos*, de la pobre gente de España: huían, en un afán escolástico de amor sustancial, de la Iglesia, porque la Iglesia jugaba decorativamente con la historia y el Estado oficial. Se justificó, pues, una revolución; una revolución social-*ista* se justifica cuando una religión imperante olvida su valor social.

En consecuencia, el gran oriolano aconseja casi patéticamente a los cristianos que, en vez de ir a la conquista del Estado, marchen «a ser conquistados por el pueblo» [70].

Sijé insiste una y otra vez, sin fatiga, en la perentoriedad de que la Iglesia cristiana viva en el pueblo, por el pueblo y para el pueblo. Con verdadero acierto expresivo y conceptual, escribe:

> Rompa la primavera la vidriera. Inunde el sol —y la primavera— el seminario. Láncese la Iglesia a la vida civil (...), a formar una conciencia espiritual colectiva y un sentido agónico del tiempo que corre. Salga la religión de la Iglesia para volver a la Iglesia; salga la teología —expresión racional y racionalista, *forma*, de la religión, de la *voluntad*— del seminario para volver, reconquistada, al seminario [71].

---

[70] Vid. «El Gallo Crisis», núms. 3-4, pág. 36.
[71] Vid. «El Gallo Crisis», núms. 5-6, págs. 14-15.

Así pensaba y de tal modo escribía, combatiendo, Ramón Sijé en pro del espíritu allá por la aurora de 1935, actitud —hoy de máxima urgencia— que entonces inspiró el siguiente y exacto comentario de José Calvet:

> Empresa difícil la que te propusiste, Sijé: sacar el catolicismo de nuestras sacristías, orearlo en la calle para que el aire puro de ésta vivifique lo que parecía dormitar en nuestra España (...). Tú nos marcas la pauta: al perder el catolicismo el fervor oficial, el de religión estatal, debimos, como tú *mandas*, no recluirlo en sus ministros, sino en sus milicias; no en el hogar de aquéllos, sino en el campo de éstas, fuera de las sacristías, al pueblo, llevarlo desde la más oscura plaza del último pueblecito español hasta la moderna avenida de nuestras ciudades [72].

Y Ramón Sijé, adelantado en esa gigantesca lucha por la limpieza del corazón humano, tuvo que denunciar y luchar contra sistemas pedagógicos del catolicismo —algunos de grandísima influencia social y aun política—, enfrentándose incluso con el propio «clima» en que él mismo se movía:

> Es triste y doloroso confesar —escribió— que la llamada educación católica —de colegios y seminarios— ha ido llenando el mundo de sacrílegos. Cuando no se podía comulgar por no tener el valor necesario para descubrir el misterio individual ante un hombre, se componían unos ojos aparentemente humildes de gonzaga, ojos sin expresión humana, ojos peligrosamente desviados, abriendo pecho a la traición, a la consumación del sacrilegio. Se creaba así una representación externamente agradable de la personalidad podrida [73].

---

[72] J. Calvet, *El catolicismo como enseñanza de Sijé*, «Acción», Orihuela, 30 diciembre 1935.
[73] Vid. «El Gallo Crisis», núms. 3-4, pág. 24.

La alusión del precedente texto aparece explícita y rotunda en su estudio inédito *El Jesuitante,* donde establece la separación entre el cristiano y el jesuita. Y escribe:

> Esta es la diferencia entre el cristiano y el jesuitante: aquél cree en el pecado original y obra según la redención; éste practica el pecado original —peca *originalmente*— y no cree en la redención. No cree en el Infierno: porque, para él, Dios es bueno, es decir, *débil.* Dice, en cambio, que la creencia en el Infierno es la primera norma de la moral (...). El jesuitante es un cristiano por costumbre: una máscara sin persona.

Ramón Sijé afirma sin ambages que la única vía de salvación por la personalización es la del diálogo con lo Eterno:

> El cuerpo es una vihuela que hay que templar, que adelgazar sutilmente con la oración: con el fuego de la oración, con el deporte de subir al cielo ocultamente, a través de los aires (...). Porque la oración es una manera de alargarse espiritualmente, y el mundo se alarga con la posibilidad de la historia, y el hombre se alarga con la posibilidad de Dios [74].

---

[74] Vid. «El Gallo Crisis», núm. 2, págs. 4-5.

IV

MIGUEL HERNÁNDEZ

A) DE SU VIDA

Publicados varios estudios biográficos de nuestro gran poeta[1], nos limitaremos a trazar aquí la línea esencial del curso de su vida, deteniéndonos tan sólo en aquellos momentos que permanecen todavía confusos o no se les ha prestado, a nuestro juicio, la debida atención.

Hijo de Miguel Hernández Sánchez, natural de Redován (Alicante), y de Concepción Gilabert Giner, de Orihuela (Alicante), Miguel nació en Orihuela el 30 de octubre de 1910, como así consta en el folio 188, número 188, del libro 60, del Registro Civil, Sección I de Orihuela.

El citado matrimonio tuvo otros cuatro hijos: Vicente, Concepción, Elvira y Encarnación.

---

[1] J. Guerrero Zamora, *Miguel Hernández*, Colección El Grifón, Madrid, 1955; C. Zardoya, *Miguel Hernández*, Hispanic Institute, New York, 1955; E. Romero, *Miguel Hernández*, Ed. Losada, Buenos Aires, 1958; C. Couffon, *Orihuela et Miguel Hernández*, Institut d'Etudes Hispaniques, París, 1963; D. Puccini, *Miguel Hernández*, U. Mursia, Milán, 1966. También J. Cano Ballesta, *La poesía de Miguel Hernández*, Ed. Gredos, Madrid, 1962, y M. Molina, *Miguel Hernández y sus amigos de Orihuela*, Ed. El Guadalhorce, Málaga, 1969, etc. (Ver Bibliografía.)

Miguel nació en la casa número 82 de la calle de San Juan, y recibió las aguas bautismales en la Catedral el día 3 de noviembre.

Tres años más tarde la familia Hernández se traslada a la casa número 73 de la calle de Arriba.

Como el padre era de profesión cabrero, Miguel es iniciado, desde niño, en el oficio de pastor.

De pequeño aprende a leer y a escribir en las escuelas del Ave María, que estableció y sostuvo la Caja de Ahorros de Nuestra Señora de Monserrate, a espaldas del Colegio de Santo Domingo —del que eran filiales, en cierto modo—, junto a la calle de Arriba. Su preceptor en este centro fue don Ignacio Gutiérrez Tienda, maestro avemariano del P. Manjón, procedente de Granada.

Desconocemos el tiempo que duró su escolaridad primaria; pero sí sabemos que exactamente en octubre de 1923, días antes de cumplir sus trece años de edad, Miguel ingresa como alumno externo en el mencionado Colegio, que regentaban los PP. de la Compañía de Jesús, al objeto de cursar el Preparatorio del Bachillerato.

(A la vez que Miguel, pero en calidad de alumno colegiado, efectuó también su ingreso José Marín Gutiérrez).

Su expediente escolar refleja evidente aplicación en el estudio, fervor piadoso y alta conciencia de su responsabilidad, acaso más acusada por su condición de externo e hijo de familia humilde.

En el habitual acto de proclamación de dignidades —diciembre de 1923—, se confirió a Miguel la de Edil. Y, al término de aquel primer curso como alumno de los PP. Jesuitas, obtuvo Premio en Conducta y las siguientes calificaciones: Religión, sobresaliente y dignidad de Príncipe; Gramática, sobresaliente y Emperador; Aritmética, sobresaliente y Príncipe, y Caligrafía, sobresaliente y Príncipe. Las correspondientes a Piedad son: una *e*, dos *a* y veintiséis *A*.

(Debemos aclarar el valor de las vocales en el sistema pedagógico jesuítico. En cuanto a Conducta: *A*, excelente; *a*, muy bien; *e*, bien; *i*, medianamente; *o*, mal, y *u*, muy mal. En cuanto Aprovechamiento: *A*, excelente; *a*, sobresaliente; *e*, notable; *i*, aprobado; *o*, dudoso, y *u*, suspenso).

El curso siguiente no lo llegó a terminar. Cuando Miguel abandonó, por causas que ignoramos —marzo de 1925—, las aulas de Santo Domingo, sus calificaciones en aquel momento eran las que siguen: Religión y Castellano, sobresaliente; Nociones y Geografía de Europa, sobresaliente con dignidad de Académico.

A partir de abril de 1925, Miguel, por designio paterno, se dedica al pastoreo y al reparto domiciliario de leche. Y el adolescente empezó entonces a recibir el magisterio de la Naturaleza: «En el campo analfabeto —dijo— es donde más se aprende»[2].

Acerca de su presencia física, apuntemos que el joven Miguel poseía un cuerpo alto, nervudo, delgado. Como precisó María de Gracia Ifach[3], sus ojos eran de color verde; sus cabellos, castaños, y rojiza la barba. Ante una fotografía del poeta, hecha a sus catorce años de edad, añade dicha escritora: «Hay melancolía y profundidad en sus pupilas, sabiduría en su amplia frente, voluntariedad en su mentón, ternura en el gesto de su boca; hay, en suma, vida interior intensa, ansiedad e inquietud».

Miguel sentíase redundado de salud: «Todo el cuerpo me huele a recienhecho»[4]. De sus propias estatura y corpulencia escribió:

---

[2] M. Hernández, *Obras Completas*, Ed. Losada, Buenos Aires, 1960, pág. 958.
[3] *Ibid.*, Prólogo, pág. 10.
[4] *Ibid.*, pág. 216.

>   Alto soy de mirar a las palmeras,
>   rudo de convivir con las montañas [5].

Su naturaleza física era exultante, con capacidad para vencer cualquier suerte de peligro:

>   Parece un trueno de hierro
>   su cuerpo de piedra brava [6].

En el poema *Oda entre sangre y vino a Pablo Neruda* hallamos el siguiente autorretrato:

>   Yo he tenido siempre los orígenes,
>   un antes de la leche en mi cabeza
>   y un presente de ubres en mis manos;
>   yo que llevo cubierta de montes la memoria
>   y de tierra vinícola la cara,
>   esta cara de surco articulado [7].

Estos versos, especialmente el último, han servido de base para trazar deformados retratos físicos del poeta, certeramente denunciados por María de Gracia Ifach.

Manuel Molina nos dice que Miguel presentaba: «boca de ruda carnosidad varonil»; «ojos de verde agua»; «tez sonrosada»; «su paso, de aire ondulante, acostumbrado a andar sin caminos, a caminar sin sendas»; «sencillo e inocente»; «muy tímido» [8].

Si fácilmente los errores surgen al querer conseguir la vera efigie de Miguel, muchos más obstáculos entraña la pretensión de captar su retrato espiritual. Recordemos que el propio poeta dijo:

>   Nadie me verá del todo
>   ni es nadie como lo miro.

───────────

[5] M. Hernández, *O. C.*, pág. 182.
[6] *Ibid.*, pág. 705.
[7] *Ibid.*, pág. 252.
[8] M. Molina, *Miguel Hernández*, ob. cit., págs. 45-46.

Somos algo más que vemos,
algo menos que inquirimos [9].

Es cierto que en cualquier personalidad existen campos inaccesibles para el más perspicaz psicólogo. Por ello, siempre hemos pensado que las más exactas etopeyas se descubren a la luz de las palabras más íntimas, más confesionales del biografiado. Creemos que, con respecto a Miguel Hernández, la síntesis autobiográfica más clarividente nos la ofreció en el verso *Del ala a la prisión* [10], ya que, en efecto, entre ambos símbolos discurrió su breve, su intensa, su dramática y gloriosa existencia. Él mismo se autodefinió «Miguel el de las tempestades» [11], revelando así la intuida y roja imagen de su destino.

Si, de una parte, él siempre deseó «un edificio capaz de lo más leve» [12], donde atesorar los más puros valores del espíritu, lo más fundamental de su realidad de hombre, no tardó, de otra, en comprobar el desmoronamiento de su anhelo, porque le sucedió lo que al albañil de su poema: que «la piedra cobra su torva densidad brutal en un momento».

La piedra, aquí, significa lo que hay de fatalismo en el existir humano: esa ignorada, misteriosa fuerza arracional que, brotando de nuestros hondísimos cauces, nos arrastra hacia horizontes no previstos y aun, si advertidos, no deseados.

La etopeya de Miguel se va forjando en atmósfera de inflexibilidades, incomprensibles de suyo. El vivir no es demostrable; se muestra, simplemente, con el poder incontrovertible de la evidencia.

---

[9] M. Hernández, *O. C.*, pág. 375.
[10] *Ibid.*, pág. 423.
[11] *Ibid.*, pág. 110.
[12] *Ibid.*, pág. 427.

Consciente, el poeta afirmó: «Yo soy fatal ante la
vida» [13], y ese designio de noche sin estrellas pesó de modo
decisivo desde que, inocente e ingenua, comenzó a brotar
la poesía en su alma. Hagamos memoria de aquellos sus
versos juveniles:

> Hijo soy del *ay*, mi hijo,
> hijo de su padre amargo.
> En un *ay* fui concebido
> y en un *ay* fui engendrado.
> ....
> Del *ay* al *ay*, por el *ay*,
> a un *ay* eterno he llegado.
> Vivo en un *ay*, y en un *ay*
> moriré cuando haga caso
> de la tierra que me lleva
> del *ay* al *ay* trasladado [14].

El *ay*, como ya veremos más adelante, es el primer
nuncio de la *pena*, sentimiento que define sentimental y
hasta metafísicamente al hombre y al poeta, simbolizado
en ocasiones por el hierro de la esclavitud: «Ya veo tu
cuerpo perseguido por las cadenas» [15].

Mas, por ahora, no salgamos del ciego, absurdo ámbito, entre cuyos negros y sordos muros se estrella y
aniquila el anhelo de nuestro vivir:

> ¿A dónde iré que no vaya
> mi perdición a buscar? [16].

De suyo, la vida humana es fracaso y negación:

> Me ofende el tiempo, no me da la vida
> al paladar ni un breve refrigerio

---

13 M. Hernández, *O. C.*, pág. 377.
14 *Ibid.*, págs. 156-157.
15 *Ibid.*, pág. 636.
16 *Ibid.*, pág. 213.

> de afectuosa miel bien concedida
> y hasta el amor me sabe a cementerio [17].

Si todo amor implica muerte y destrucción, cuanto somos se resuelve en apariencias trágicas, en fatal desengaño del espíritu:

> Mi corazón, mis ojos sin consuelo,
> metrópolis de atmósfera sombría [18].

Junto a esta especie de nihilismo ontológico, propio del ser en el tiempo, del sentirse, psicológicamente hablando, fugacidad y sombra, se alza patente en Hernández otra categoría de sustancia también fatalista, procedente del mundo de los otros, del orbe social. El hombre es nada y es noche en su individuación, y, asimismo, noche y mal en relación con el otro. La sociedad es comparable a un coso taurino, y cada uno de sus miembros es a la vez toro y torero, víctima y verdugo, sangre derramada y espada homicida:

> Como el toro he nacido para el luto
> y el dolor, como el toro estoy marcado
> por un hierro infernal en el costado.
> ....
> Como el toro me crezco en el castigo,
> la lengua en corazón tengo bañada
> y llevo al cuello un vendaval sonoro [19].

Así visto, el humano vivir se reduce en profundidad a sufrimiento y agonía; consiste en saber resistir el mal que nos acecha. El hombre destruye al hombre:

> Lo que he sufrido y nada todo es nada
> para lo que me queda todavía

---

17 M. Hernández, pág. 246.
18 *Ibid.*, pág. 228.
19 *Ibid.*, pág. 226.

que sufrir el rigor de esta agonía
de andar de este cuchillo a aquella espada [20].

De cuchillo a espada; de herida a herida; de sangre
a muerte: no otro es el camino del hombre en el tiempo.
Y, ante la omnipotencia de este misterioso mandato, nos
vemos indefensos y nada somos. Nuestro signo es el de
sucumbir al llanto y a la mortaja:

No puedo con mi estrella.
Y me busco la muerte con las manos
mirando con cariño las navajas,
y recuerdo aquel hacha compañera,

....

Ayer, mañana, hoy
padeciendo por todo
mi corazón, pecera melancólica,
penal de ruiseñores moribundos [21].

¿Ante qué clase de determinismo nos hallamos? Si el
hombre camina entre el cuchillo y la espada; si, óntica-
mente, la criatura racional es frustración; si se ve rodeada, cercada por la noche, calándole de frío hasta el alma;
si los impropiamente llamados semejantes, padeciendo de
similar naturaleza, son los verdaderos agentes del mal,
¿qué sentido tiene la libertad? ¿Qué significan autodeter-
minación y responsabilidad?

A un cierto e indudable determinismo biológico y sociológico únese otro no menos fuerte de matiz ético:

¿Qué hice para que pusieran
a mi vida tanta cárcel? [22].

----

[20] M. Hernández, *O. C.*, pág. 224.
[21] *Ibid.*, págs. 257-258.
[22] *Ibid.*, pág. 400.

Prisioneros vivimos y en las manos estamos de un ignorado carcelero. Lo único cierto para nuestra conciencia es el radical e invencible dolor que nos invade:

> Con tres heridas yo:
> la de la vida,
> la de la muerte,
> la del amor [23].

El sangriento mecanicismo de nuestra temporalidad lo expresa lúcidamente nuestro gran poeta en aquellas dramáticas palabras que dirige a su esposa, haciendo memoria del hijo muerto:

> Entre las fatalidades
> que somos tú y yo, él ha sido
> la fatalidad más grande [24].

La tiranía de la vida tanto en lo fisiológico como en lo ético, el engaño de la libertad y la nihilidad metafísica de lo humano son notas esenciales de las estrofas que componen *Sino sangriento*: «De sangre en sangre», el hombre se atropella hasta sucumbir fatalmente «en la cornada» del «sino». El poeta sabe, desde sus raíces humanas, que, como otros, cayó sobre el alba de sus días «una pincelada de ensangrentado pie», «una nube roja enfurecida», «un mar malherido».

Y, pues, un agudo «dolor de cuchillada» lo lanzó al mundo, al abrir los ojos, lo que vio primero fue «una herida y una desgracia».

El mundo, por lo tanto, se nos presenta, a la luz matineante, como *desgracia;* desde la perspectiva social, como *zarpazo.* Si contemplado como tierra, es imán «cada vez más fuerte hacia la fosa». He aquí una imagen de la sociedad:

---

[23] M. Hernández, *O. C.*, pág. 364.
[24] *Ibid.*, pág. 362.

En su alcoba poblada de vacío,
donde sólo concurren las visitas,
el picotazo y el color de un cuervo,
mi manojo de cartas y pasiones escritas,
un puñado de sangre y una muerte conservo.

No hay otra realidad:

La sangre me ha parido y me ha hecho preso,
la sangre me reduce y me agiganta,
un edificio soy de sangre y yeso
que se derriba él mismo y se levanta
sobre andamios de huesos.

Ni rebelión posible:

y nado contra todos desesperadamente
como contra un fatal torrente de puñales.
Me arrastra encarnizada su corriente,
me despedaza, me hunde, me atropella,
quiero apartarme de ella a manotazos,
y se me van los brazos detrás de ella,
y se me van las ansias en los brazos.

En cuanto hombre, Miguel Hernández tiene plena conciencia de que sus días dependen de «la sangre y su marea». Aquellas tres fundamentales heridas que dan contenido humano a las abstracciones —vida, muerte, amor—
se resuelven aquí en la suprema identidad del dolor concreto, al verse y sentirse y conocerse como «una sola y
dilatada herida / hasta que dilatadamente sea / un cadáver de espuma: viento y nada».

El destino, pues, del hombre parece ser la confusión
con la tierra. Bajo tal aspecto, y como autobiografía, se
nos revela lo hondo del alma hernandiana en el poema
número 98 del *Cancionero*, donde el amor, adquiriendo
la máxima entidad, justifica la existencia:

Por amor, vida, abatido,
pájaro sin remisión.
Sólo por amor odiado,
sólo por amor.

....

Mírame aquí encadenado,
escupido, sin calor,
a los pies de la tiniebla
más súbita, más feroz,
comiendo pan y cuchillo
como buen trabajador,
y a veces cuchillo sólo,
sólo por amor.

....

Todo lo que significa
golondrinas, ascensión,
claridad, anchura, aire,
decidido espacio, sol,
horizonte aleteante,
sepultado en un rincón.

....

Porque dentro de la triste
guirnalda del eslabón,
del sabor a carcelero
constante y a paredón,
y a precipicio en acecho,
alto, alegre, libre soy.
Alto, alegre, libre, libre,
sólo por amor [25].

Aunque ligera, esta primera incursión por el íntimo mundo hernandiano pone de relieve una acentuadísima concepción de la vida como de algo inexorable, junto al sentimiento de un existir encadenado frente a horizontes de trágicos muros. Miguel Hernández, el apasionado y luminoso cantor de la libertad humana, sufrió la hondí-

---

[25] M. Hernández, *O. C.*, págs. 404-405.

sima pena de hallarse sumergido en interna esclavitud. Tan ignorado como consciente encadenamiento ahogaba los ímpetus de su alma en un entenebrecido pozo de soledades. Y contra esta situación de vida aherrojada luchó cuanto pudo nuestro poeta a lo largo de su corta existencia, noche inexplicable. Su arma era el amor, y, sobre todo género de ser, derramó el vaso generoso de su corazón, «vestido de difunto», ya que su camino lo fue de muertos, y, «sin calor de nadie y sin consuelo», agotó heroicamente su tiempo [26].

Por todo esto, lógica nos parece la confesión que hizo a sus amigos poetas:

> ... Ya vosotros sabéis
> lo solo que yo soy, por qué soy tan solo.
> Andando voy, tan solos yo y mi sombra [27].

La adolescencia de Hernández transcurrió más en el campo que en la casa, cuya parte más importante, para él, fue el patio, transfigurado, por la virtud poética, en huerto de nobles y clásicas resonancias:

> Paraíso local, creación postrera,
> si breve, de mi casa;
> sitiado abril, tapiada primavera,
> donde mi vida pasa
> calmándole la sed cuando la abrasa.
> ....
> Adán por afición, aunque sin eva,
> hojeo aquí mis horas,
> viendo al verde limón cómo releva
> de amarillo sus proras,
> y al higo verde hacer obras medoras.
> ....

---

[26] M. Hernández, *O. C.*, págs. 228-229.
[27] *Ibid.*, pág. 336.

> Mi carne, contra el tronco, se apodera,
> en la siesta del día,
> de la vida, del peso de la higuera,
> ¡tanto!, que se diría,
> al divorciarlas, que es de carne mía [28].

En tan reducido espacio, ilusionado vergel de tantos ensueños, los «propósitos de cánticos y aves» enajenaban dulcemente sus sentidos, tesoros de hermosura que se derramaban por líricos cauces al entrar y posesionarse de las soledades campesinas. Porque si el huerto es «corazón de luz» [29], los campos se trocaron en «anchos valles virgilianos» [30], espejos para sus años y hondas razones de su ser. La tierra y la piedra constituyen en realidad y símbolo los elementos habituales y hasta creadores del joven Miguel: «Desde que tengo uso de razón —dijo—, estoy subido en el monte, y mi cuerpo conoce a maravilla sus porrazos» [31].

Como atravesando y engendrando tan íntima coexistencia de hombre y Naturaleza, la piedra y la luz, la tierra y la sombra eran manecillas que deshilaron el ovillo del tiempo:

> Aquel tajo cerril de la montaña,
> el campesino y yo tenemos por reloj:
> la una es un barranco,
> otro, las dos;
> las tres, las cuatro, otros;
> la aguja es la gran sombra
> de un peñasco que brota con pasión;
> la esfera, todo el monte;
> el tic-tac, la canción

[28] M. Hernández, *O. C.*, págs. 89-90.
[29] *Ibid.*, pág. 943.
[30] En *Literatura Alicantina*, de V. Ramos, Alfaguara, Madrid, 1966, pág. 298.
[31] M. Hernández, *O. C.*, pág. 600.

> de las cigarras bárbaras,
> y las cuerdas, la luz [32].

Los años de pastor de cabras los aprovechó para gozar de amplias e intensas y no muy ordenadas lecturas e ir convirtiendo en palabra lírica el mundo de sensaciones y sentimientos.

Muchas de aquellas primerizas emociones han quedado cuajadas en la tierna belleza del verso adolescente:

> Aire arriba, me voy por la mañana
> en busca de la hierba no mordida,
> delante de la nieve que vigilo.
> Aire abajo, me alejo de la lana,
> por la tarde a la cosa más florida,
> y la gozo pacífico y tranquilo [33].

Comenzó a forjarse en su alma el gran amor a la Naturaleza:

> El sol es un alivio para el mundo,
> para mí, una pasión [34].

objeto que estudiaremos en otro capítulo del presente libro.

Miguel observa atenta, meticulosa, enamoradamente:

> Nace la lana en paz y con cautela
> sobre el paciente cuello del ganado,
> hace la rosa su quehacer y vuela
> y el lirio nace serio y desganado [35].

Amigo, compañero de las cosas, de los animales y de las plantas, el poeta va creciendo en un mundo de senci-

---

[32] M. Hernández, *O. C.*, pág. 49.
[33] *Ibid.*, pág. 153.
[34] *Ibid.*, pág. 97.
[35] *Ibid.*, pág. 247.

llez, cuya autenticidad signará para siempre su vida y su
obra:

> Mi ilustre soledad de esquila y lana
> de hoy ha de hacer viciosas amistades
> con el higo, la pruna y la manzana [36].

Y si sus sentidos se derraman virginalmente, el espíritu, «en un hilo de desvelos», camina

> por esta luz vacante en tanta hora,
> pasturando cometa, frío y cielo [37].

Y no habrá, para el poeta, cosa mejor que su calle, su
campo y su río, a cuyas imágenes entrañables acudirá
cuando el cansancio, el hastío y el dolor —los hombres,
en suma— le muestren la falsedad y podredumbre de las
populosas ciudades:

> Lo que haya de venir aquí lo espero,
> cultivando el romero y la pobreza.
> Aquí de nuevo empieza
> el orden, se reanuda
> el reposo, por yerros alterado,
> mi vida humilde, y, por humilde, muda.
> Y Dios dirá que está siempre callado [38].

Nos hallamos ante el hontanar de su honda pasión
orcelitana: el pueblo y, sobre todo, la huerta alimentaron
los grandes vuelos de su ternura.

En el poema *La bendita tierra* explica a Juan Sansano,
«eminentísimo poeta de Orihuela», cómo, bajo los efectos de una enfermedad, se recreaba evocando las delicias
de la huerta:

---

[36] M. Hernández, *O. C.*, pág. 110.
[37] *Ibid.*, pág. 109.
[38] *Ibid.*, págs. 186-187.

¡Huerta oriolana, la que adoro!
La de la choza pintoresca;
la cruz gentil y el palmar moro.
¿Estás hermosa aún, verde y fresca?
....
¿Huerta oriolana, estás galana
y enjoyecida de flor, huerta?

El pastor, tan pronto recobra la salud, vuelve «a mirar la huerta amada», y escribe:

Con un clamor triunfal de gloria
cantan la noria y los jilgueros;
y es la amplia huerta una ilusoria
visión de cuadros placenteros.
....
Los fieros montes con sus faldas
llenas de flor de aromas hondos;
y con sus gruesas esmeraldas
esféricos los huertos blondos.
Las tiernas cañas que piropos
oyen de céfiros suaves
y que bailando sus hisopos
al día aplauden con las aves.
....
¡Oh! ¡Qué soberbia de verdura
está la huerta labradora!
¡Cómo mantiene su hermosura
salvajemente encantadora! [39]

Por aquellos años —1926 a 1930— comenzó a germinar el alma hernandiana a influjos del eterno magisterio de la Naturaleza y del riego diario de las apasionadas lecturas. Fue aquél un tiempo de geórgica y suave anunciación del espíritu, cuya ingenua voz cantaba los misterios físicos de la huerta, el rumor ancestral «del buen Segu-

---

[39] Vid. *Literatura Alicantina*, ob. cit., págs. 289-290.

ra», el cálido espanto de los gorriones, el inquieto volar de los murciélagos, los «litúrgicos sonidos lacios» de las ermitas, el aire de las palmeras que cincelan surtidores, las palpitantes estrellas, los trigales que «tejen en oro versos», las viviendas «de los heroicos huertanos», todo lo que integra la amadísima «tierra asombrosa».

Y, día tras día, sueño tras sueño, mientras la tarde se apaga,

> y cuando ya el crepúsculo traidor y huraño
> la luz se come en todos los cielos tersos,
> seguido de la cuerda de mi rebaño,
> al hogar me encamino forjando versos [40].

¿Cuándo nació el escritor Miguel Hernández? Reconstruyamos un poco imaginariamente su aurora.

En contra de su voluntad, Miguel abandona las aulas del Colegio de Santo Domingo en marzo de 1925 para dedicarse por completo al oficio del padre. Obediente, cumple el mandato; pero como su vocación le inclinaba hacia las letras, el pastor aprovecha cualquier favorable circunstancia para ir satisfaciendo su natural ansia de saber. Anarquía en sus lecturas. Confesó en 1932: «Lo primero que leí fueron novelas de Luis de Val y Pérez Escrich» [41]. Los libros, en su mayor parte, los obtenía prestados de las bibliotecas existentes en los Círculos de Bellas Artes y Católico, así como del puesto librero que una vendedora montaba en la calle de San Agustín.

Miguel cifró sus primitivas aspiraciones literarias no en la poesía, sino en el teatro, sin duda, bajo el estímulo de las representaciones que se llevaban a cabo sobre la escena de la Casa del Pueblo. Y, en este sentido, nos consta que su primer intento dramático fue una obra en cinco actos: *La Gitana*. Y, en el citado grupo teatral, dirigido

---

[40] *Ibid.*, pág. 292.
[41] En «Estampa», núm. 251, Madrid, 20 febrero 1932.

por «El Tarugo», Miguel fue uno de los actores que representaron *Los semidioses*, de Federico Oliver.

En la Casa del Pueblo, y con toda probabilidad en 1928, se conocieron Miguel Hernández y Carlos Fenoll, vecinos, por añadidura, de la misma calle. De inmediato los dos jóvenes —Miguel, con dieciocho años; Carlos, con dieciséis— se unieron en fraterna amistad.

Carlos, al igual que su padre, tenía facilidad para la versificación; Miguel ansiaba hacer teatro. Pero, al poco, éste, influido por aquél, comenzó a escribir poemas. A la par, se intercambiaban libros de Vicente Medina, de José María Gabriel y Galán, de Juan Sansano...; se leían mutua y críticamente los versos propios y, juntos, ofrecían recitales bien en el Círculo Católico —especialmente, con motivo de la fiesta de San José—, convocados por el Consiliario don Luis Almarcha, o por el también sacerdote don Ramón Barber Marco, o ya en la Casa del Pueblo, rectorada entonces por don José Cubí.

Naturalmente, ensanchan poco a poco el ámbito de sus lecturas: Marquina, Villaespesa, los hermanos Álvarez Quintero, volúmenes de la colección teatral «La Farsa», Rubén Darío, Cervantes, Antonio Machado, Gabriel Miró, Juan Ramón Jiménez... Y Miguel pasa largas, felices horas, con Carlos en la tahona de éste, alimentando ilusiones y soñando versos.

El año 1929 señala la aparición del primer poema de Carlos Fenoll: el titulado *Canto al nuevo jardín oriolano*, que podemos leer en el semanario «Actualidad», de fecha 6 de junio.

Miguel Hernández no publica hasta el 13 de enero de 1930, y lo hace en las páginas de «El Pueblo de Orihuela» con su trabajo *Pastoril*.

Pero, días antes, Carlos anuncia por vez primera a sus paisanos la presencia del poeta Miguel Hernández, mediante su poema *La sonata pastoril*, que lleva la siguiente dedicatoria: «A Miguel Hernández, el pastor que, en la paz y el silencio de la hermosa y fecunda huerta oriolana, canta las estrofas que le inspira su propio corazón».

Los versos que descubrieron a nuestro gran poeta dicen como sigue:

Cuando la tarde declina
y el sol va perdiendo el brillo
tras de la parda colina,
se siente la sonatina
de un alegre pastorcillo.
¡Es él!... Él es quien inspira
de mi huerta los cantares,
y es su cayado la lira
que suena cuando suspira
el viento en los olivares.
Sus versos son cual la brisa
que acaricia con dulzura
cuando la tarde agoniza
al agua que se desliza
silenciosa en el Segura...
Ya torna a su hogar querido
por la vereda desierta,
de su rebaño seguido
este pastor ¡que ha nacido
para cantar a su huerta!
Recoge en su seno el viento
la sonatina que canta
marchando con paso lento...
¡El cantar tiene un acento
de plegaria sacrosanta!
Ostenta el cielo un color
amarillento pulido...
¡Es el iris que al cantor
lo subraya con amor
después del deber cumplido!

El trabajo con cierto talante modernista de Carlos
Fenoll, en el que dulce y gozosamente pregona el nacimiento de un nuevo poeta en Oleza, lo acogió don Luis
Almarcha en «El Pueblo de Orihuela», de fecha 30 de diciembre de 1929, en las mismas páginas, donde, gracias
al mismo mecenazgo, apareció, el 13 de enero siguiente,
el poema *Pastoril*, que inició la obra de Miguel Hernández:

> Junto al río transparente
> que el astro rubio colora
> y riza el aura naciente,
> llora Leda la pastora.
> De amarga hiel es su llanto.
> ¿Qué llora la pastorcilla?
> ¿Qué pena, qué gran quebranto
> puso blanca su mejilla?
> ¡Su pastor la ha abandonado!
> A la ciudad se marchó
> y solita la dejó
> a la vera del ganado.
> ¡Ya no comparte su choza
> ni amamanta su cordero!
> ¡Ya no le dice: «Te quiero»,
> y llora y llora la moza!

> Decía que me quería
> tu boca de fuego llena.
> ¡Mentira! —dice con pena—,
> ¡ay! ¿Por qué me lo decía?
> Yo que ciega te creí,
> yo que abandoné mi tierra
> para seguirte a tu sierra,
> ¡me veo dejada de ti!...
> Junto al río transparente
> que la noche va sombreando

y riza el aura de Oriente,
sigue la infeliz llorando.

———

Ya la tierna y blanca flor
no camina hacia la choza
cuando el sol la sierra roza
al lado de su pastor.
Ahora va sola al barranco
y al llano y regresa sola,
marcha y vuelve triste y bola
tras de su rebaño blanco.
¿Por qué, pastor descastado,
abandonas tu pastora
que sin ti llora y más llora
a la vera del ganado?

———

La noche viene corriendo
el azul cielo enlutando:
el río sigue pasando
y la pastora gimiendo.
Mas cobra su antiguo brío,
y hermosamente serena,
sepulta su negra pena
entre las aguas del río.

———

Reina un silencio sagrado...
¡Ya no llora la pastora!
¡Después parece que llora
llamándola, su ganado! [42].

———

[42] Publicado también en la *ob. cit.* de C. Couffon.

El 7 de mayo de 1928, Miguel Hernández tuvo la primera ocasión de saludar personalmente a un poeta de cierta fama nacional. El hecho aconteció en la Casa del Pueblo, y el poeta fue Miguel R. Seisdedos, natural de Salamanca, ex seminarista, afiliado al socialismo, que visitó Orihuela con fines de propaganda política.

La amistad entre Miguel Hernández y José Marín Gutiérrez (Ramón Sijé) nació muy posiblemente a comienzos de 1930, en los locales del Círculo «El Radical», llamado con mayor propiedad «Casa de la Democracia». Este centro, inaugurado hacia 1922, se estableció en la calle Unión Agrícola, frente a la Glorieta, y estaba presidido, en 1930, por don Ricardo García López. La sociedad editaba el semanario «El Radical», defensor de la política de don Alejandro Lerroux, y a la vez recibía periódicos de Alicante y de Madrid.

Alrededor de 1930 —según testimonio de don José García Cabrera, conserje entonces de «El Radical»—, la entidad contaba con ciento ochenta y cinco socios; entre ellos, el padre de Miguel Hernández. Por ello, el joven poeta, al igual que Pepito Marín, frecuentaba aquella sala de lectura. Y allí, repetimos, se conocieron y empezaron la amistad estos dos extraordinarios hijos de Orihuela.

Aquellos primeros contactos de naturaleza política —el republicanismo era por entonces más acusado en Marín que en Hernández— adquirieron muy pronto carácter literario, lo que fraguó definitivamente tan ejemplar amistad.

Decimos que en 1930 se abre esta profunda relación espiritual. Además de lo sugerido por la declaración del señor García Cabrera, poseemos la prueba que nos proporciona la revista oriolana «Destellos», en cuyo número correspondiente al 30 de noviembre de dicho año publica el poema *Insomnio*, de Hernández, con esta dedicatoria:

«A Ramón Sijé. Por tener juventud y ser levantino y soñador como yo» [43].

De las tres justificaciones de la ofrenda, interpretamos
la de «tener juventud» como coincidencia en la ideología
política y anhelos progresistas, circunstancia que debió
valorar muchísimo Miguel Hernández, habida cuenta de
la notoria distancia social entre ambos, tan ostensible y
de tanta importancia en la Orihuela de aquella época:
uno, pastor; otro, estudiante.

A mayor abundamiento, recordaremos que, pocos meses después de la aparición de *Insomnio*, se proclama la
segunda República Española, y mientras Ramón Sijé se
manifiesta como teorizante del republicanismo federal
—exaltación, por otra parte, muy conforme con sus dieciocho años—, Hernández asume la primera presidencia
de la Juventud Socialista de Orihuela, en cuyo cargo le
sucedió, no mucho más tarde, Pedro Martínez, también
pastor de cabras.

La filiación socialista de Hernández se debió principalmente al influjo del entonces estudiante universitario
—hoy catedrático de Filosofía en la Universidad de Concepción (Chile)— Augusto Pescador Sarget, quien le in-
vistió en dicho cargo.

A nuestro criterio, el tercer y definitivo paso para la
total constitución del Grupo de la Generación Olecense
de 1930 fue la amistad entre Carlos Fenoll y Ramón Sijé,
lograda a través de Miguel Hernández. Luego, sin tardanza, se iniciaron las tertulias en la tahona de Fenoll, engro-
sadas más tarde con la presencia del oficinista Jesús Poveda, del molinero Jesús Murcia Bascuñana, Antonio Gilabert Aguilar, primo de Miguel; Efrén, hermano de Carlos, y Manuel Molina [44].

---

[43]   Este poema lo recoge también C. Couffon, *ob. cit.*, pág. 135.
[44]   Manuel Molina, *ob. cit.*, págs. 35-38, ofrece apuntes psicológicos de estos contertulios.

Hemos demostrado que fue Carlos Fenoll el primero en anunciar a Orihuela —el 30 de diciembre de 1929— la existencia del nuevo poeta, cuyos primeros versos publicados datan de enero de 1930.

Meses más tarde, José María Ballesteros, también en Orihuela, escribió el primer artículo que se conoce sobre Hernández [45], en el que, entre otras cosas, dice:

> El pastor poeta oriolano es un pastor de cabras; nació pastor, continúa siendo pastor y morirá tal vez pasturando su rebaño (...). El pastor poeta oriolano es pastor y es poeta por naturaleza. Sus versos fluyen de su imaginación viva como la leche al ordeñarla. Escribe sin esforzar la inteligencia; por eso su poesía es amena y cantarina (...). Para Miguel Hernández, que escribe como habla, que escribe porque siente en su alma la poesía, no es difícil escribir versos. Los versos del pastor poeta oriolano rebosan naturalidad, sencillez; no tienen esos rebuscamientos del lenguaje perniciosos, porque amaneran el estilo y demuestran pedantería. El pastor poeta oriolano escribe sin artificios, a la luz del sol, cara a cara con la diosa Naturaleza...

Tal es el primer enjuiciamiento crítico de la obra hernandiana. Ballesteros no se equivocaba: la poesía de Hernández revelaba los caracteres de las poéticas de Medina y Gabriel y Galán, si bien advertíanse ya reflejos modernistas.

Al mes siguiente de publicarse el mencionado artículo, los intelectuales de la capital alicantina se congregan —13 de julio de 1930— en homenaje al venerable, querido y admirado poeta Salvador Sellés, natural de Alicante (1848-1938), en cuyo acto, Juan Sansano descubre por vez primera a los alicantinos de la capital la personalidad de Hernández, absolutamente desconocida de éstos.

Dijo Sansano en su ofrenda a Sellés:

---

[45] El artículo de Ballesteros *Pastores poetas* se publicó en «Voluntad», Orihuela, 15 junio 1930.

... en este momento de emoción, consagrado a ti por los jóvenes que te rodean, yo quiero comunicarte la aparición de un astro nuevo en el cielo alicantino, un astro que aparece suavemente con la humildad de las violetas, con la sencillez encantadora de las margaritas, sin pedir sitio en el trono de los elegidos. ¿De dónde viene este espíritu mensajero de las lejanías?

A ti, maestro, te llenará de regocijo la noticia: Todas las mañanas cruza las calles de Orihuela un humilde cabrero, con su zurrón y su cayado. Va a la huerta para que pasture el ganado. Allí permanece horas y horas escuchando el chirrido de las norias y el cantar de los sembradores lejanos o de los sufridos trabajadores de la parva. ¿Sabéis quién es el cabrero? ¡Un nuevo poeta! Un recio y magnífico poeta, cantor maravilloso de las melancolías de la tarde, de las caricias frescas de las auroras en la noche. ¿Quién le enseñó a hacer versos? Nadie. Es también un caracol que recibe, por milagro del Altísimo, las armonías del Universo (...). Recibámosle con alborozo. Santifícalo tú con la gracia de la palabra bella. Los poetas somos hermanos. La música de nuestro espíritu no sabemos de qué celestes instrumentos se desprende. Venimos del misterio y no sabemos a qué regiones nos lleva el destino.

Hermano y maestro: con su túnica de resplandores ha hecho su aparición un nuevo poeta. Se llama Miguel. Tiene nombre de ángel. Saludémosle con alborozo: tú, con tu prestigio de cantor inmortal; yo, con la humilde ofrenda de mi cariño [46].

Al poeta Sansano, director de «El Día», se debe la primera publicación, en Alicante, de un poema hernandiano: *La bendita tierra,* que apareció el 15 de octubre de

---

[46] Véase el discurso de Sansano en «El Día», Alicante, 14 de julio de 1930. Tanto este texto como el artículo de Ballesteros se hallan reproducidos en mi libro *Literatura Alicantina, 1839-1939.* Ed. Alfaguara, Madrid-Barcelona, 1966.

1930 [47], precedido de las siguientes palabras del director del diario:

> Miguel Hernández ha de llegar a ser una gran figura de la literatura alicantina para honra nuestra. La dulzura y la belleza de sus composiciones —algunas de ellas impecables— son dignas de figurar al lado de las del inmortal poeta salmantino Gabriel y Galán y de las de Rey Soto, el gran artista gallego.
>
> Nos llena de satisfacción la irrupción, en el campo de la literatura alicantina, de este bravo mozo orcelitano, hijo de modestísima pero honorable y digna familia. Es una promesa en flor que dará sus frutos, enriqueciendo nuestras antologías con su claro talento, su fervoroso amor a lo bello y su vocación de altísimo poeta...

Una semana más tarde, otro escritor oriolano, Abelardo L. Teruel (1878-1944) se suma al gozo de Sansano, y escribe:

> La satisfacción que el hecho nos produce personalmente no es para descrita. No hemos sido nosotros precisamente los que hayamos descubierto a Hernández, pero sí que seremos quienes, con el más ahincado de los empeños, le ayuden a abrirse camino, precisamente por el mayor desamparo en que se ha de hallar quien, como él, está fuera de ambiente para lograr los efectos sociales que le son necesarios a tal fin.
>
> El verdadero descubrimiento de esa potencialidad productora lo ha hecho la juventud estudiosa de Orihuela, que ha abierto las columnas de sus órganos a esa gran inteligencia del mozo versificador, porque ha estimado justicieramente las facultades que en él se dan.
>
> Y nosotros, en plano un poco más elevado, porque las circunstancias en él nos colocan, contribuimos a consolidar la obra generosa de nuestros nobles paisanos.

---

[47] Poema recogido en mi *Literatura Alicantina*, ob. cit.

Por lo demás, el otro ambiente que es inherente al poeta sí que se da para él en los términos de rudeza de su vida que facilitan el medio. Favorecer la aclimatación es lo que corresponde a quienes pueden hacerlo. Eso es lo que leal y desinteresadamente hacen los periodistas de Orihuela, en este caso concreto, y, eso mismo, lo que hacemos los de aquí en radio de mayor acción...

Agrega Teruel que el loable gesto de Sansano, al publicar el poema de Hernández, fue muy bien acogido por

la opinión culta, holgándose de conocer a un bardo nuevo, fogoso, viril, fuerte, de ideas, que, a muy poca costa de refinamientos, que, más que en las sujeciones a la Preceptiva, hará el buen consejo de los documentados en poesía, será un galano escritor de los que dominan al público [48].

Tan propicios ambientes, tan cálidos recibimientos, estimularon el afán creador de Miguel, que a lo largo de 1930 y 1931 publica en «Destellos», «Actualidad», «El Pueblo de Orihuela» y «El Día», de Alicante.

En su espíritu arde una nueva llama: el amor a la mujer, visible en los poemas *A la señorita...* y *Es tu boca*, que leemos en «Actualidad» del 9 y 29 de julio de 1930, respectivamente.

El entusiasta, el optimista clima social que engendró la proclamación del régimen republicano iluminó aún más las ilusiones del poeta pastor, que acarició el propósito de editar un volumen de sus poesías, anhelo que comunica a sus paisanos, solicitándoles, a la par, ayuda:

¿Qué me decís?... ¿Que es locura?
¿Que véis muy mal que lo haga?
¿Que no puede ser? ¿Que es mucha
mi presunción y mi audacia?
¿Que me lo he creído? ¡Cierto!
¡Me lo he creído! ¡Palabra!

[48] A. L. Teruel, *Arte orcelitano*, «Actualidad», Orihuela, 23 octubre 1930.

Me he creído ser poeta
de estro tal que en nubes raya.

....

Vosotros sabéis de sobra
lo que valgo —¡Dios me valga!—.
Vosotros habéis leído
los versos que en las preclaras
—adjetivo muy malo,
pero pasa, ¿verdad?, pasa
lo mismo que otros más viejos—
revistas de nuestra patria
chica vengo publicando
con muchas y gruesas faltas
de prosodia y de sintaxis

....

Vosotros, tras de leerlos,
me habéis dicho: «Pastor, ¡vaya!,
eres ya todo un poeta».
Y así, con toda mi alma,
me lo he creído y, con toda
ella, quiero imprimir para
la florida primavera

....

un libro que me dé ánimos
para seguir mi sonata
pastoril y me dé el gozo
de unos pétalos de fama

....

Hablaré más a las claras.
Que os pido, ¡eso es!, que os pido
una peseta —no falsa—,
un duro, ¡lo que queráis!,
para poder ver mis ansias
satisfechas. ¿Me daréis
lo que, si no me causara
vergüenza, hasta de rodillas
os pidieran mis palabras?

Tales versos aparecieron en «El Pueblo de Orihuela» el 2 de febrero de 1931 [49], y si el deseo del poeta no se cumplió *ipso facto*, se logró no mucho más tarde: en diciembre de 1932.

Pero, entre tanto, Miguel, impaciente, alentado por sus más íntimos amigos y feliz por el triunfo alcanzado —abril— en Elche con motivo de la fiesta literaria que organizó la sociedad «Popular Coro Clavé», al ser galardonado su poema *Canto a Valencia* [50], emprende su primer viaje a Madrid.

Advirtamos que si, tal como se ha dicho —y es verdad—, la opinión de Ramón Sijé decidió en gran medida el viaje, no es menos cierto que, sobre el ánimo de Miguel, debió influir muy poderosamente el hecho de que su amigo Alfredo Serna profesara en una Academia en la capital de España. Y Serna, en Orihuela, prometió su hospitalidad al poeta.

Próxima la partida, Miguel Hernández pide por carta a Juan Ramón Jiménez le conceda una entrevista tan pronto llegue a Madrid.

Venerado poeta: Sólo conozco a Vd. por su *Segunda Antolojía Poética*, que —créalo— ya he leído cincuenta veces, aprendiéndome algunas de sus composiciones. ¿Sabe Vd. dónde he leído tantas veces su libro? Donde son mejores todos: en la soledad, a plena naturaleza y en la silenciosa, misteriosa, llorosa hora del crepúsculo, yendo por antiguos senderos empolvados y desiertos entre sollozos de esquilas...

No le extrañe lo que digo, admirado maestro: es que soy pastor. Soy pastor de cabras desde mi niñez. Y estoy contento con serlo, porque, habiendo nacido en casa pobre, pudo mi padre

---

[49] Reproducido en el libro cit. de C. Couffon, págs. 146-151.

[50] Publicado en «Destellos», Orihuela, 15 abril 1931. Recogido en C. Couffon, *ob. cit.*, págs. 152-156. Sobre lo anecdótico del premio —una escribanía—, ver: Martínez Marín, F., *Silbo a Miguel Hernández*, «Homenaje a Miguel Hernández», Alicante, 1971.

darme otro oficio y me dio éste que fue de dioses paganos y héroes bíblicos.

Como le he dicho, creo ser un poco poeta. En los prados por que yerro con el cabrío, ostenta natura su mayor grado de hermosura y pompa: muchas flores, muchos ruiseñores y verdones, mucho cielo y muy azul, algunas majestuosas montañas y unas colinas y lomas, tras las cuales rueda la gran era azul del Mediterráneo.

... Por fuerza he tenido que cantar. Inculto, tosco, sé que, escribiendo poesía, profano el divino Arte... No tengo culpa de llevar en mi alma una chispa de la hoguera que arde en la suya...

Vd., tan refinado, tan exquisito, cuando lea esto, ¿qué pensará? Mire: odio la pobreza en que he nacido, yo no sé... por muchas cosas... Particularmente, por ser causa del estado inculto en que me hallo, que no me deja expresarme bien y claro ni decir las muchas cosas que pienso. Si son molestas mis confesiones, perdóneme y... Yo no sé cómo empezar de nuevo. Le decía antes que escribo poesía... Tengo un millar de versos compuestos sin publicar. Algunos diarios de la provincia comenzaron a sacar en sus páginas mis primeros con elogios... Dejé de publicar en ellos... En provincias, leen bien poco los versos y los que los leen no los entienden. Y héme aquí con un millar de versos que no sé qué hacer con ellos. A veces me he dicho que quemarlos tal fuera lo mejor.

... Soñador, como tantos, pienso ir a Madrid. Abandonaré las cabras —¡ah, sus esquilas en la tarde!— y, con el escaso cobre que puedan darme mis padres, tomaré el tren de aquí a una quincena de días para la Corte.

¿Podrá Vd., dulcísimo don Juan Ramón, recibirme en casa y leer lo que le lleve?... ¿Podría enviarme unas letras diciéndome lo que cree bien?

Hágalo por este pastor un poquito poeta que se lo agradecerá eternamente [51].

---

[51] Texto, en «Poesía Española», núm. 96, Madrid, diciembre 1960, y en «Papeles de Son Armadans», Palma de Mallorca, febrero 1964.

Casi horas antes de la partida, don José Martínez Arenas entregó a Miguel una carta de recomendación para doña Concha Albornoz: «Advertí a Miguel —escribe el político de Orihuela— de los peligros del fracaso, y, previéndolo, le garanticé que, cuando se encontrara en algún trance difícil, acudiendo a mí, *en última instancia,* siempre encontraría mi ayuda desinteresada» [52].

Por fin, en la noche del 30 de noviembre de 1931, emprende Miguel Hernández su primer viaje a Madrid, con el alma rebosante de ilusiones. Sus más íntimos amigos acudieron a despedirle, y Ramón Sijé nos dejó escrita la emoción del momento:

Aquí, en este pueblo de Levante, junto a una palmera, un poeta; en el sagrado momento del crepúsculo, una pena de poeta: *Será un latido verde bien pronto la semilla,* ha profetizado en ansia de vida jocunda este poeta, que ayer nació en el Este y hoy marcha a la Meseta. Que sea un latido *azul* —aún nos acordamos de Hugo— la semilla que lleva dentro Miguel Hernández. Así se llama —nombre de huertano honrado de huerta adentro— este poeta. En Levante, junto a una bella palmera, una fresca delicia de poeta, recién nacido en la eterna mañana estética. Será un latido nuevo, *azul,* la semilla del poeta (...). Y bien pronto, al beberse el paisaje, como él mismo dice, se siente poeta (...). Ahora venimos de darle el abrazo de despedida de la estación triste, solitaria (...). Un acto histórico, éste, en la vida de ese poeta, que lloraba en las noches de luna, en el dolor de una vieja calle de su barrio (...). Y toda su poesía, en vida creciente, en descripción y giro [53].

A Ramón Sijé, el amigo-maestro del Grupo, hay que atribuir, sin duda de ningún género —ya lo hemos di-

[52] J. M.ª Martínez Arenas, *De mi vida,* ob. cit., pág. 170.
[53] R. Sijé, *Miguel Hernández,* «Diario de Alicante», Alicante, 9 diciembre 1931.

cho—, el estímulo mayor que actuó en esta primera aventura hernandiana. Sijé estaba convencido —tanto por razones del corazón como del cerebro— del seguro triunfo del poeta. Por ello, nos parece interesante traer aquí el juicio que al portentoso ensayista merecía nuestro poeta en prodigioso crecimiento:

> Miguel Hernández —escribió Sijé—, hijo de padres cabreros de origen y de oficio, vive unos años, hasta que es recio y fuerte de cuerpo, en un colegio de jesuitas como alumno de bolsillo pobre. Sale a la vida —al campo y al camino— como pastor. Al abrir una página del *Ingenioso Hidalgo,* evoca a sus antepasados cabreros en un ruego estupendo a Don Quijote. Y, bien pronto, al beberse el paisaje, como él mismo dice, se siente poeta —todo es sentirse en la vida y sentirse con dudas y angustia— (...). Despierta más poeta, concibiendo a la poesía como su hablar necesario —iba entrando en el supremo gozo de la gracia estética—, como Ovidio, el romano (...). Y llega un momento en que se ahoga —porque no va a estar siempre ordeñando cabras para sacar la leche que regodea a los ricos—, en que sufre de angina de pecho espiritual: deseo de ser, de mostrarse un poco rasgando sus vestiduras, de cantar cabe a Castilla con voces calientes de Mediterráneo. Ir un poco oloroso de naranjos mozos, de buen aceite, de perfumes secretos de mujeres levantinas. Que se nos muere el poeta. ¡Que se ahoga!... Y, con su cara de adolescente, de aquellos que pintaba Cézanne, toma una determinación: irse, irse pronto.

Y, al modo de Giménez Caballero, Ramón Sijé traza la siguiente *radioscopia* literario-psicológica de Miguel Hernández:

Personalidad	250
Gabriel Miró	100
Poetas españoles (Jiménez, Guillén) ...	60
Franceses (parnasianos y simbolistas)...	35
Rubén Darío	40

Con su millar de versos, si modernistas —a la luz de la fórmula de Sijé—, eminentemente personalistas, Miguel llega a la capital de España, y se hospeda en un piso de la casa número 6 de la Costanilla de los Angeles [55].

Como se sabe, Concha Albornoz dirige los pasos del poeta hasta el despacho de Ernesto Giménez Caballero, director de «La Gaceta Literaria», y la entrevista se publica en dichas páginas el 15 de enero de 1932:

«Su cara, muy ancha y cigomática —declara Giménez Caballero—, clara, serena y violenta, de ojos extraordinariamente azules, como enredilando un ganado ideal».

Habla también de sus manos —«fuertes, camperas y tímidas»—, y, al querer saber de sus amistades, Miguel responde: «Sijé».

El pastor de Orihuela desea trabajar en Madrid: «Comprendí su angustia —dice Giménez Caballero—, su ansia, su sueño. Simpático pastorcito, caído en esta Navidad por este nacimiento madrileño».

A continuación el director de dicha revista inserta la siguiente carta, que, días después de la conversación referida, le envió Hernández:

Admirable, admirado Robinsón: Comprendiendo que no puede usted desperdiciar un átomo de tiempo, no he querido visitarle otra vez. Lo que había de decirle se lo escribo para que lo lea cuando quiera. Además que, dada mi maldita timidez, no le hubiese dicho nada en su presencia. La vida que he hecho hasta hace unos días, desde mi niñez, yendo con cabras u ovejas, y no tratando más que con ellas, no podía hacer de mí, de natural rudo y tímido, un muchacho audaz, desenvuelto y fino o educado. Le escribo, pues, lo que había de decirle, que es esto: Las pocas pe-

---

[54] *Ibidem.*
[55] J. Guerrero Zamora, *Miguel Hernández*, ob. cit., pág. 45.

setas que traje conmigo a Madrid se agotan. Mis padres son pobres y, haciendo un gran esfuerzo, me han enviado unas pocas
más para que pueda pasar todo lo que queda de mes. He pedido
también a mis amigos de *Oleza*, que pueden bien poco, algo. Me
lo han prometido... Lo que yo quisiera es trabajar en lo que fuera
con tal de tener el sustento. La señora Albornoz no puede hacer
por mí nada, aunque lo desea vehementemente. La visité ayer y la
saludé en su nombre. Dice que se verá si sale algo... Yo no puedo
aguardar mucho tiempo. Si usted no me hace el gran favor de
hallar una plaza de lo que sea, donde pueda ganar el pan, aunque sea un pan escaso, con tristeza tendré que volverme a *Oleza*,
a esa *Oleza* que amo con toda mi alma, pero que asustaría de ver
de la forma que, si no se interesa usted por que me quede, tendré
que ver. Haga lo posible por que no sea y cuente con mi agradecimiento.

Este primer viaje de Miguel a Madrid, realizado en
pos «de una mentira bella» [56], finalizó en mayo de 1932.

Y, pues, los biógrafos del poeta muestran algunas in-
certidumbres, procuremos disiparlas en lo que podamos.

Ciertamente, aquellos cinco meses y medio de estancia
en Madrid no fueron fáciles para Miguel, pero tampoco
desesperados. Sufrió grandes escaseces; tuvo que pedir
dinero a familiares y amigos, y, cuando ya no pudo resistir más, se declaró vencido, mas demostrando que supo
aguantar y agotar todas las esperanzas.

Concha Albornoz, frustrados otros intentos, consigue
que su padre, ministro a la sazón de Gracia y Justicia,
interceda con la Diputación alicantina y Municipio oriolano al objeto de que se otorgara a Hernández becas y
estudio; mas la petición del ministro no había de llevarse
a efecto —si la cursó, ya que, empero nuestras investiga-
ciones, no hemos encontrado ninguna referencia oficial—

[56] M. Hernández, *La palmera levantina*, «El Día», Alicante, 24
febrero 1932. Poema recogido en mi *Literatura Alicantina*, ob.
cit., pág. 298.

hasta que Francisco Martínez Corbalán no hablara de tal iniciativa en las páginas de «Estampa».

Y Miguel alimentó nuevas esperanzas, compartidas, sin embargo, con muy hondas melancolías. Sentíase sin raíces en aquel Madrid de asfalto y rascacielos, asfixiante:

> ¡Ay, no encuentro, no encuentro
> la plenitud del mundo en este centro!
> En los naranjos dulces de mi río,
> asombros de oro en estas latitudes,
> oh ciudad, cojitranca, desvarío,
> sólo abarca mi mano plenitudes.
> No concuerdo con todas estas cosas
> de escaparate y de bisutería:
> entre sus variedades procelosas,
> es la persona mía,
> como el árbol, un triste anacronismo.

Así dice el poeta en *El silbo de afirmación en la aldea*, espíritu que se refleja también en carta a Ramón Sijé, escrita el 22 de enero de 1932:

Hermano: No te he escrito antes porque aguardaba que apareciera «Estampa». ¡Aunque lo hubiese hecho!... Me sigue la mala suerte. Yo creí que saldrían en este sábado las dos poesías y la foto que me hicieron y otra que dejé al director de la revista, y nada. Para esto, toda la semana diciéndome: ya faltan cinco días, cuatro, tres..., y tanto latido precipitado del corazón. Ahora, a esperar otra semana más, a desesperar... Porque, hasta que no aparezca eso, no puede escribir Albornoz a la Diputación alicantina para pedir la pensión... Y que se la den... Y que, entre tanto, llegue una resolución... Y yo debo aquí, en la academia, siete días de sustento... Y me hacen cara fea. ¿Qué me aconsejas, hermano? Los seis duros que me ha traído Pescador (estuve toda la tarde del jueves con él y tal vez lo busque yo mañana) se los tragó ya el bolsillo del señor Morante. ¡Increíble! ¿Qué hago? ¿Qué hago?

Junto a tales preguntas, dirigidas a la inteligencia, Hernández ruega al amigo consiga para él del alcalde orio-

lano quince o veinte duros: «Cree que me avergüenza pe-
dirte tanto (¡Oh, qué poco hermano tuyo soy!). Pero sé
que a mi familia le es imposible y bien imposible hacer
más esfuerzos. Haz tú otro, hermano. Ve el modo de sa-
carle a Oleza algo más...».

Y el atribulado Miguel revela a Sijé su propia situación moral, reflejada en el poema XXV de *Cantos de vida
y esperanza,* de Rubén Darío: «Lee este soneto —le escribe— que he conocido y aprendido hace unos días. Es del
Cisne Rubén, y dice tanto mío».

El soneto, dedicado por su autor a Domingo Bolívar,
es como sigue:

> Hermano, tú que tienes la luz, dime la mía.
> Soy como un ciego. Voy sin rumbo y ando a tientas.
> Voy bajo tempestades y tormentas,
> ciego de ensueño y loco de armonía.
>
> Ese es mi mal. Soñar. La poesía
> es la camisa férrea de mil puntas cruentas
> que llevo sobre el alma. Las espinas sangrientas
> dejan caer las gotas de mi melancolía.
>
> Y así voy, ciego y loco, por este mundo amargo;
> a veces me parece que el camino es muy largo,
> y a veces que es muy corto...
>
> Y en este titubeo de aliento y agonía,
> cargo lleno de penas lo que apenas soporto.
> ¿No oyes caer las gotas de mi melancolía?

Ciertamente, los versos del gran nicaragüense expre-
saban de modo perfecto el mundo de tristezas del gran
alicantino.

Por fin, aparece la entrevista de Hernández con Francisco Martínez Corbalán en «Estampa» —Madrid, 20 de
febrero de 1932—, donde nuestro poeta declara su pre-

ferencia literaria —«Miró es el escritor que más me gusta y el que acaso haya influido más en mí»—, así como sus más recientes lecturas: Góngora, Rubén Darío, Gabriel y Galán, Machado y Juan Ramón Jiménez. Aunque no flota explícitamente queja alguna por su precaria situación económica, sí, en cambio, se muestra la prevista solicitud a las mencionadas autoridades alicantinas y oriolanas para que «le tiendan la mano, le ayuden a estudiar, a prepararse para ser...».

Parece casi seguro que Miguel, a lo largo de aquellos meses, dormía en la citada pensión de la Costanilla de los Ángeles y comía en la academia, cuyo director era Francisco Marí Morante. También es seguro que cambió de casa, pues advertía que cualquier envío le fuera dirigido a la dirección donde se hospedaban sus paisanos y amigos Augusto Pescador y Juan Bellod —en Altamirano, número 23—, según leemos en esta otra carta, enviada a Sijé:

> Tengo el presentimiento de que voy a salir premiado en Murcia: Si me mandas (¡ojalá!) algo: noticias, dinero..., antes del jueves, hazlo a la dirección de hasta ahora. Si es después, espera a que te diga dónde es. Si es la noticia de que me han premiado la poesía, cuanto antes y a casa de Pescador, Altamirano, 23, primero derecha, a su nombre. Estoy viviendo de milagro. Bellod te daría unas cuartillas con versos y felicidades. Escríbeme pronto, rediós.
>
> Mi madre ya me ha escrito. Es que se creía que yo había mudado de casa.
>
> ¿Le han dado a Alfredo la máquina fotográfica que se llevó Bellod? Dile que haga por mí todo lo que pueda ahí. Se lo agradezco. Abrazos.

Creemos que esta carta fue escrita en la segunda quincena de marzo, pues Juan Bellod entregó a Ramón Sijé, con motivo de su onomástica (José), los versos y la prosa que, para él, escribió Hernández, el 17 de dicho mes. La felicitación está mecanografiada en el original:

A TI, RAMÓN SIJÉ

Amigo, cuando pienso en tu lejana
figura, te recuerdo en tu balcón [1]
con un lado de faz en la mañana
y otro en la habitación.
Tu mirada magnífica y caliente
(de tan caliente parece que quema)
desciende sobre mi libro. Espesamente
suena tu voz recitando un poema.
Tu tez atardecida lo es aún más
bajo el sol que se vuelca en ti con brío,
y, como de ella misma, por detrás
de la frente te brota tierno el río.
....

Felicidades. Y que la blanca vara de tu primaveral santo acaricie tu frente de caoba pulida.

(1) De tu primo. Pero no iba a ponerlo, ¿verdad?

El resto de esta cuartilla y toda la que sigue se hallan manuscritas:

Espero con impaciencia que me digas que ya has enviado el pliego a Alicante. Son desesperantes estos días que pasan inútilmente. También aguardo dinero. He tenido que pedir a nuestros amigos Bellod y Pescador para el tranvía de algunos días; pero para Morante (que espera con ansia) necesito de ahí. De mi casa aún no sé nada. He visto de nuevo a Caballero: ha leído tu carta y me ha dado las gracias por el artículo que piensas dedicarle. Cree que me ha emocionado la lectura de tu carta. Has leído a Wilde, amado tanto por ti, que conoces casi toda su obra, y por mí, que apenas la conozco...

En la segunda cuartilla leemos:

A mí me han dejado Pescador y Bellod un puñado de libros de los que llevo leídos: *Una noche en el Luxemburgo,* de Gourmont; varios de Andreiev; *Un corazón virginal,* también de Remy; y el segundo tomo de *El espectador,* de Ortega y Gaset *(sic).* Un libro precioso. Comprende casi todo él un tema sobre el amor (para ti hoy de doble interés) y un magnífico estudio sobre Azorín. ¿Te lo mandamos? No he podido oír a García Lorca. No leas hasta las tantas de la noche que ya ves cómo te perjudica. Te repito: espero con impaciencia noticias tuyas y la de que has mandado el pliego y de lo otro, ¡maldito!...

(Que lea esto Fenoll).

Carlos: ¿Te acuerdas de la niña aquella que vi la última tarde de mi estancia en Orihuela? Pienso en ella a todas horas. No te rías. Aunque te parezca absurdo, estoy como tú... Haz el favor de darle (lo más discretamente que puedas y a solas, si es posible) ese sobrecito.

Decidme si hay procesiones. Aquí no se notará que es Semana de Pasión. Ved a mi madre y preguntadle por qué no recibo carta suya. Saludad a todos los amigos. Abrazos. Miguel. Madrid, 17-3-32.—Mira a César Augusto de general.

Aclaremos que el primo de Sijé, a quien alude Miguel, es Francisco Garrigós Marín. En cuanto al «pliego», suponemos que se trata de la solicitud de beca, de la que, como hemos dicho, no hemos descubierto referencia alguna en las actas de la Corporación Provincial alicantina. Caballero —ya lo supone el lector— es Ernesto Giménez Caballero, cuya amistad con Sijé debió nacer o bien personalmente en Sierra Espuña —verano de 1930— o a través de amigos comunes. El recuerdo de la «niña aquella» no se refiere a Josefina Manresa, a la que Miguel conoció en 1934. Por último, el hecho de que Alfredo Serna se encontrara en Orihuela era debido muy posiblemente a hallarse en período de vacaciones escolares. Igual se puede decir de Juan Bellod.

Mientras tanto, Hernández se mantiene en Madrid gracias a la hospitalidad de Alfredo Serna, al escaso di-

nero que le llega de sus paisanos y a la esperanza de que
el Ayuntamiento de su ciudad o la Corporación de la provincia, o ambas entidades, resuelvan otorgarle alguna
beca o ayuda. Y, cuando la espera reveló su inutilidad,
decidió el regreso.

Con fecha 10 de mayo, le escribe a su íntimo Sijé:

> Querido hermano: Si no has podido recoger hasta hoy el dine-
> ro que necesito para marchar por esos cielos, ve enseguida a Mar-
> tínez Arenas y pídeselo. Me dijo un día, antes de mi «primera
> salida», que el que me hallara en la situación de éste, acudiera
> a él. No dejes de hacerlo hoy mismo si tus estudios te lo permi-
> ten. Es de extrema importancia que reciba lo necesario esta noche
> misma. Figúrate que esta semana no me han lavado la ropa inte-
> rior y no tengo calcetines que ponerme. Además, los zapatos ame-
> nazan evadirse de mis pies; lo tienen pensado hace mucho tiempo.
> Te puedo escribir porque los sellos que me enviara mi hermana
> aún no los he agotado.
>
> Ayer he visto por fin a la señora Albornoz, y me dice que no
> han recibido contestación de Alicante. Me he despedido de ella
> definitivamente. ¿Qué esperanzas me quedan? Abrazos. Miguel.
> Madrid, 10-5-32.

(La expresión «primera salida» no indica viaje anterior, sino simple alusión a las aventuras de Don Quijote).

El 12 del mismo mes de mayo, Sijé traslada la carta
de Miguel al abogado don José Martínez Arenas:

> Admirado amigo: Nuestro poeta, enfermo y pobre en
> Madrid, me pide para venirse a Orihuela. Le adjunto la
> carta. En una esquina de Madrid perdió el poeta su entu-
> siasmo, que es pasión de dioses (Ud. es un hombre entu-
> siástico) y talento ardiente. Lo espero todo de Ud., tan
> atento a todos estos casos del espíritu...—De Ud. affmo.,
> José Marín Gutiérrez. — Nota: No voy a verle porque estu-
> dio. Temo quedar colgado de la esquina...

Como el señor Martínez Arenas contesta positivamente, Sijé le precisa la cantidad que se debe girar a Hernández:

Admirado amigo: Primeramente —aunque desde luego lo esperaba—, agradecimiento en nombre del poeta, limpio de caridad oficial. (Parece que la República de Trabajadores Española no se preocupa de los buenos trabajadores poetas españoles). Sus tumbos por Madrid, sus aventuras de Quijote-poeta, fueron guiados por Ud. Un diputado que nos representa en Cortes cerró su puerta a Hernández. ¿Y qué? —se diría Miguel—; si yo le perdono. Una vez más sé que hablar de Ud. es hablar del hidalgo (si hubiera vivido entonces, Ud. hubiera peleado en Flandes), que, por nacer en el siglo XIX, ha venido a convertirse en «liberalote» (A. M. D. G.). Un abrazo de José Marín Gutiérrez.—Necesito 42 pesetas.

A estas cartas añade don José Martínez Arenas [57]: «Envié la cantidad con una tarjeta mía pidiéndole que me dijera que las había recibido, tarjeta que guardo también con la nota firmada por José Marín, que dice: 'Recibido. Gracias de nuevo'».

Miguel tomó el tren de regreso el 14 de mayo con el fin de no gastar toda la cantidad citada. Pero, insospechadamente, nuestro poeta se vio envuelto en nuevas calamidades, y hasta sintió por vez primera el helor de una cárcel de pueblo. He aquí el relato que de su desventura hace a Ramón Sijé desde Alcázar de San Juan, el 17 de mayo, en carta cuyo membrete reza: «La Alegría. Café-Bar. Casa para viajeros. Ambrosio García Sierra. Paseo de la Estación, 25»:

Querido hermano Sijé: ¿No te han dicho que me han detenido el sábado en el tren? ¿No has recibido el telefonema que te he mandado el domingo desde la cárcel? ¿Que por qué me ha suce-

---

[57] J. M.ª Martínez Arenas, *De mi vida*, ob. cit., pág. 174.

dido esto, habiéndome tú mandado cuarenta y una pesetas para el billete? Perdóname..., perdóname... ¡Soy un necio!... ¡Un grandísimo necio! Verás: el viernes por la tarde recibo lo que me mandaste; viene Vera a la Academia, y yo, alegre porque iba a partir, le digo: ¡Mañana me marcho a Orihuela! Y entonces él —¡maldición mil veces!— me dice que tiene un billete de caridad: me lo da, y yo lo tomo pensando volverte las pesetas sobrantes. (¡Ah! Se me olvidaba decirte que el tal billete iba a nombre de Alfredo Serna). Voy a casa de Pescador el sábado; le pido su cédula; y llega la noche y salgo de Madrid..., y en seguida me detienen... Me dicen que soy un estafador; que suplanto la personalidad de otro; me escarban todos los bolsillos; me insultan y avergüenzan cien veces, y cuando llega el tren a Alcázar de San Juan, me hacen descender del tren y entrar en la cárcel escoltado, no por dos imponentes guardias civiles, por dos ridículos serenos viejos y socarrones... No te cuento ahora todo lo que he pasado, desde las dos de la mañana del domingo hasta las cuatro de la tarde del lunes, en la cárcel.

Por fin, he salido... Esta pasada noche he dormido en la casa de este papel. Necesito en seguida las setenta pesetas que te pedía en mi telefonema, que supongo no has recibido. No me quedan más que unas pesetas para poder comer y dormir hoy, martes. Pídeselas al señor Alcalde o a quien tú creas que te las dará. Enviámelas telegráficamente para poder salir mañana noche, miércoles, para Orihuela. Si no están aquí antes de las nueve, que es la hora que cierra Telégrafos, me moriré de hambre y de sueño por las calles de Alcázar. Si mi familia no sabe nada, no le digas nada. Si sabe, dile que has recibido carta mía y me hallo perfectamente. Manda a esta dirección: Sto. Domingo, es la cárcel..., pero no puede ser a otra. — Abrázame. Perdóname, hermano. Miguel.

Inmediatamente Sijé le envió la cantidad pedida y Miguel se vio, horas después, entre los suyos. Pero su vida, desde este momento, tomó otro rumbo: terminó el pastor y surgió el empleado, primero, en el comercio de tejidos «El Globo»; luego, en la notaría de don Luis Maseres.

De otra parte, el poeta había enriquecido su casi virginal mundo, al penetrar en la atmósfera literaria que se respiraba en el Madrid de 1932. Dice Juan Cano que durante aquellos cinco meses «pudo verdaderamente tomar el pulso a la vida literaria madrileña y captar la significación del movimiento gongorino» [58].

Ciertamente, esa segura influencia del mundo intelectual de Madrid —muy cercana estaba aún la celebración lírica del tricentenario de Góngora—, unida a la evidentísima de Ramón Sijé, intelectual «más al día» que Hernández, a las lecturas de Guillén, Alberti y otros, y destilado todo ello en el alambique barroco del espíritu oriolano y el del propio poeta, explica con suficiencia el origen de *Perito en Lunas*, libro que, compuesto a lo largo de 1932, se publicó en enero de 1933.

Dice a este respecto José Martínez Arenas:

> El libro *Perito en lunas* lo editó por cuenta del autor la empresa editorial La Verdad, de Murcia, a virtud de un contrato de edición, cuyo pago garantizamos Don Luis Almarcha y yo. El importe de la edición, que ascendía a cuatrocientas veinticinco pesetas, lo pagó Don Luis de su bolsillo, cantidad que luego le intentó reintegrar el poeta, que hubo de aceptar, reconocido, la generosidad de su maestro y protector, que se negó a recibirla.

Y el mismo cronista y partícipe de este suceso trae a continuación las palabras que sobre el mismo escribió el doctor Almarcha:

> Su ansia de superación sobre el grupo de sus jóvenes amigos le impulsó a publicar su primer libro, *Perito en lunas*. Mis gustos literarios no iban por ahí.
> Me dijo:
> —No le pido consejo, sino apoyo...
> —Cuenta con él.

[58] J. Cano Ballesta, *ob. cit.*, pág. 24.

Y el señor Martínez Arenas y yo le garantizamos la edición en «La Verdad», de Murcia. El día que me trajo impreso el libro, rebosaba de alegría [59].

Miguel contemplábase, jubiloso, en el camino de su vocación. En aquel 1932, el Grupo de Orihuela rindió homenaje a Gabriel Miró, cuya última junta organizadora la integraron José María Ballesteros, Ramón Sijé, David Galindo, Miguel Hernández y José María Pina Brotóns.

Además de *Perito en lunas*, el poeta da a la imprenta durante 1932 tres poemas en verso y dos en prosa. Son aquéllos: *La palmera levantina, Luz en la noche* [60] y *Limón*, éste en «El Clamor de la Verdad» (Orihuela, octubre). Escribió en prosa lírica: *Yo. La madre mía*, en la citada publicación oriolana, y *Camposanto*, en «La Verdad», de Murcia (20 de noviembre), y que, por no figurar en sus *Obras Completas*, lo transcribimos:

> ¡Válame la luna! No es una luna sin noches, o una luna devorada por las noches. Es una luna sin el más leve descalabro, ondulada, cabal, sin fin y oro, como una era cubierta de parva. Le brota el camposanto, al filo de los cipreses, a quienes sorprende en su lumbre con sus figuras como encogidas de hombros. Y es la hija del enterrador, de ese hombre que te miró el otro día detrás de la careta de hueso de media calavera y que te dijo: «Hasta luego», cuando tú le dijiste, sencillamente: «Adiós», el muerto que recibe hoy, con los dedos tropezados, a la luna, entre las melancolías plantadas por su padre. A su lado, un mantón de crespones cubre los hombros de una guitarra, que suspira de grillos vestidos de higos secos. Su frente está evitada de jazmines, y, en sus pestañas largas y verdes, carrizos a la orilla de sus ojos criados, lleva prendidos dos claveles. Y, al final de la trenza, que arrodilla sobre un hombro sus

---

59 J. M.ª Martínez Arenas, *De mi vida*, ob. cit., págs. 176-177.
60 Estos poemas, en mi libro cit. *Literatura Alicantina*.

oscuridades, un sombrero andaluz con el fondo concurrido de naranjas.

LOS GRILLOS: ¡Silencio!... Que apenas apuntan las vocecillas de los grillos...

LAS LAGARTIJAS: Las lagartijas escriben relevantes renglones tornalunados, sobre verdes, sobre las tumbas ricas de mármoles, con las orillas transparentes, como de cera encendida.

LOS GERANIOS: Se han abierto las venas en este baño de claridad los geranios, y se desangran.

LOS CIPRESES: Fluyen las barbas de chivo de los cipreses. Los cipreses despiden luna de puntillas.

LAS LUCIÉRNAGAS: Buscan las luciérnagas la sombra en punta de los cipreses para poder alumbrarse de luces de un azul y un verde frágiles.

EL RUISEÑOR: ¡Silencio! Ordeña el ruiseñor sobre la muerta plenilunada sus oros, como los de una naranja dos dedos de un niño en un vaso... Silencio.

Y EL ENTERRADOR: Cojo de dolor, el buen hombre, que hace y mulle la cama a los muertos, salta por su casa. De pronto, sus ojos ven brillar metálicamente sobre la mesa con luna un objeto corto y agudo; cree que es un cuchillo, y es una sardina, que se deshace cuando la envía contra sus sienes... Luego, yayeante, sale al jardín crucificado y, por coger el farolillo del limonero, coge la luz de un limón, con la que se va alumbrando hasta su hija...

La impronta barroca, neogongorina, es manifiesta en este bellísimo poema. Las metáforas, el hipérbaton, las humanizaciones y las sinestesias son recursos manejados con auténtica gracia: esa frente, «evitada de jazmines»; esa trenza de pelo «que arrodilla sobre un hombro sus oscuridades»; ese sombrero andaluz «con el fondo concurrido de naranjas»; el ver a los cipreses cómo «despiden luna de puntillas»; el oír cómo el ruiseñor *ordeña* sobre los muertos «sus oros»; el alumbrarnos mediante luces «de un azul y un verde frágiles», y comprobar de qué manera el enterrador, «por coger el farolillo del limonero,

coge la luz de un limón», etc., revela toda la temperatura
poética alcanzada mientras cincelaba las octavas de *Perito*.

Hay mucho Góngora, sin duda, en este poema; pero no
hay menos Miró. Y, pensando en éste, nos acordamos de
los azules «calientes» o «tiernos» [61]; de los verdes «jovia-
les» y «jugosos» [62], y de cómo Sigüenza tocaba los árboles
frutales «para recoger en sus dedos, fuera de la planta,
incorporada a su carne, el olor vegetal» [63].

Para compañero de su primera salida literaria, notario
del nacimiento de *Perito en lunas*, el poeta llama a su mejor amigo, a su mejor maestro —Ramón Sijé—, quien, en
el prólogo, presenta al autor muy bien hallado en la tercera luna de su evolución lírica, cuando «el poeta es recta
unidad y torre cerrada», de cuyo misterio estético brota
«el poema de rito inefable (...), estrella pura, en delirio
callado de tormentas deliciosas».

Perito en lunas es, con palabras de José Ballester, un
«bouquet gongorino» [64], pero en el que —añadimos— se
contiene, fragante, la rica naturaleza, esplendentemente
barroca, de la tierra oriolana, así como el alma, no menos
barroca, de Miguel. Por ello, insistimos, este primer libro
no se reduce a un mero, aunque esforzado, juego de técnica lírica de muy cultas dificultades, sino que revela, en
cabal y auténtica expresión, la personalidad hernandiana
en aquel preciso momento, su «pasión de hombre», que
dijo Federico García Lorca en carta a Hernández [65].

Las tertulias en la tahona de Fenoll y en los salones
del «Palace» arden de entusiasmo y proyectos. Renace en

---

[61] Gabriel Miró, *Obras Completas*, Biblioteca Nueva, Madrid,
1949, págs. 1101 y 1140.

[62] *Ibid.*, pág. 1071.

[63] G. Miró, *O. C.*, pág. 1124.

[64] J. Ballester, art. en «La Verdad», Murcia, 29 enero 1933.

[65] Carta de F. G. L., en «Bulletin Hispanique», t. LX, núm. 3,
Burdeos, julio-septiembre 1958.

Miguel su primitiva tendencia escénica y, de acuerdo con Sijé, decide recitar a sus paisanos, valiéndose de pizarra y tiza, su poema *Elegía media del toro*. El acto se celebró en el Casino, «ante una reducida concurrencia que escuchaba asombrada las extravagancias de aquel muchacho duro y desenvuelto, de popular pergeño, que con la tiza en la mano tiraba líneas y señalaba movimientos, tratando de explicar el gongorino y abstruso poema»[66].

El señor Martínez Arenas da a conocer esta *Elegía*, que, por no haber sido recogida en las *Obras Completas* de su autor, la reproducimos:

«ELEGÍA MEDIA DEL TORO»

Aunque no amor, ni ciego, dios arquero,
te disparas de ti, si comunista,
vas al partido rojo del torero.

Heraldos anunciaron tu prevista
presencia, como anuncian la aurora,
en cuanto la pidieron a la vista.

Tu presteza de Júpiter raptora,
europas cabalgadas acomete:
y a pesar de la que alzan picadora,

oposición de bríos y bonete,
tu inquiridor de sangre, hueso y remo,
«dolorosas» las hace de Albacete.

Una capa te imanta en su extremo,
y el que por un instante la batiera,
te vuelve con temor su polifemo.

Su miedo luminoso a la torera
salta, y por paladiones en anillo
solicita refugios de madera.

66 J. M.ª Martínez Arenas, *De mi vida*, ob. cit., pág. 167.

Invitación de palo y papelillo,
en los medios citándote, te apena
de colorines altos el morrillo.

Como tambor tu piel batida suena,
y tu pata anterior posteriorizada
el desprecio rascado de la arena.

Por tu nobleza se musicaliza
el saturno de sol y piedra, en tanto
que tu rabo primero penas iza.

Gallardía de rubio y amaranto,
con la muerte en las manos larga y fina,
oculto su fulgor, visible al canto,

con tu rabia sus gracias origina:
¡cuántas manos se dan de bofetones
cuando la suya junta con tu esquina!

Arrodilla sus iluminaciones;
y mientras todos creen que es por valiente,
por lo bajo te pide mil perdones.

Suspenso tú, te mira por el lente
del acero, y confluye tu momento
de arrancar con su punta mortalmente.

Un datilado y blanco movimiento,
mancos pide un sentido y el azote,
al juez balcón de tu final sangriento.

Por el combo marfil de tu bigote,
te arrastran a segunda ejecutoria.
¡Entre el crimen airoso del capote,

para ti fue el dolor, para él la gloria!

Valiéndose de un gran cartel, cuadriculado con esce-
nas de este poema, obra de su paisano Francisco Die, Mi-

guel «explicó» —memorando los tradicionales romances
de ciego— su *Elegía media del toro* en el Ateneo de Alicante. Pero, aquí, le precedió una conferencia de Ramón
Sijé.

Esta primera actuación pública de los dos grandes
oriolanos en la capital de la provincia se efectuó el sábado
día 29 de abril de 1933. El «Diario de Alicante» anunció
el acontecimiento dos días antes: «La personalidad nueva
y bien destacada de los dos jóvenes literatos —así decía
el periódico— es ya segura prenda del interés que el acto
ha de revestir, pero éste se abrillanta todavía a causa de
los temas interesantes que han elegido para su desarrollo
los dos artistas».

En su número siguiente, el diario concreta: «Ramón
Sijé disertará sobre *El sentido de la danza. Desarrollo de
un problema barroco en «Perito en lunas», de M. Hernández Giner.* Miguel Hernández Giner explicará, con ayuda
de un cartel de Die, una *Elegía media del toro*».

Antonio Oliver y Carmen Conde, que conocieron a Miguel en Orihuela con motivo del homenaje a Miró —octubre de 1932—, invitaron al poeta y a su inseparable
Ramón Sijé —con quien trabaron amistad en Sierra Espuña durante el estío de 1930— a repetir la velada alicantina en la Universidad Popular de Cartagena. Y el deseo
se convirtió en realidad el 28 de julio de 1933. (Al regreso,
posiblemente en el tren, se perdió el cartel de Die).

Junto al estudio de Góngora, Miguel, aconsejado en
todo momento por Sijé, dedica muchas horas al conocimiento del maravilloso mundo calderoniano, admirativo
contacto que se reflejó en la estructura del auto sacramental *Quien te ha visto y quien te ve y sombra de lo que
eras,* cuyo título primigenio fue el de *La danzarina bíblica,*
tal vez, eco del verso que inicia la octava **XXIV** de *Perito:*
«Danzarinas en vértices cristianos».

Sobre la gestación de obra tan singular, Concha Zardoya ha escrito: «Todo un proceso de crecimiento dramático se inicia a partir del auto religioso. Mas no le bastan sus lecturas ni la inspiración calderoniana, sino que ha de *vivir* su obra, convertirla en experiencia vital. Así, pasa quince días en pleno campo entre pastores. Convive con éstos —cosa que no hizo nunca Calderón— para dotar de vida a los símbolos teológicos» [67].

Y, entre sus calderonianas lecturas, nuestro poeta escribe, observa y avanza también por el seductor cielo quevedesco, al tiempo que su consejero Ramón Sijé estudia las disciplinas jurídicas, alumbra interesantísimos horizontes de la gran literatura española del XVII y proyecta el nacimiento de una revista de ideas y poesía que, en el Corpus de 1934, sale con el título «El Gallo Crisis».

El alba de 1934 señala en la vida de Miguel la de su perdurable amor a Josefina Manresa Marhuenda, su esposa, a quien conoció cuando ésta trabajaba en un taller de modista, en Orihuela. Según ha confesado Josefina [68], Miguel le entregó, sin saber aún cómo se llamaba, este soneto, primero de la incomparable serie que le inspiró:

Ser onda, oficio, niña, es de tu pelo,
nacida ya para el marero oficio;
ser graciosa y morena tu ejercicio
y tu virtud más ejemplar ser cielo.

¡Niña!, cuando tu pelo va de vuelo,
dando del viento claro un negro indicio,
enmienda de marfil y de artificio
ser de tu capilar borrasca anhelo.

No tienes más quehacer que ser hermosa,
ni tengo más festejo que mirarte,
alrededor girando de tu esfera.

[67] C. Zardoya, *Miguel Hernández*, ob. cit., pág. 17.
[68] *Ibid.*, pág. 18.

> Satélite de ti, no hago otra cosa,
> si no es una labor de recordarte.
> —¡Date presa de amor, mi carcelera!

El ardor amoroso de su corazón creció al tiempo que se afirmaba su propósito de volver a Madrid con la renovada ilusión y mayor fundamento de abrirse camino literario y de lograr una seguridad en lo económico.

Como en noviembre de 1931, ahora, sus amigos-hermanos le alientan. El poeta ha terminado su auto sacramental, y Ramón Sijé acaricia el pensamiento de que su amigo José Bergamín le dé hospitalidad en las páginas de «Cruz y Raya». Por otra parte, la evidente superación lírica de Hernández, conseguida ahondando en los magisterios gongorino, calderoniano y quevedesco, adquiere más altura y gracia, al florecer en su espíritu, la simiente poética de Garcilaso.

Marzo de 1934 es el mes fijado para emprender el segundo viaje a la capital de España. El 28 de febrero, sus amigos le ofrecen un homenaje de despedida, acto que se describe en el siguiente e inédito texto de Ramón Sijé:

UN ACTO SIMPÁTICO. DESPEDIDA DE MIGUEL HERNÁNDEZ

Miguel Hernández, serio valor levantino, vuelve a Madrid. El Robinsón literario de España saludó con un grito de esperanza al delicado poeta que Hernández lleva dentro. Cumple, pues, a sus amigos el realizar este acto de reconocimiento y admiración.

Así rezaba el programa, sencillo y simpático. Y así fue el acto —reconocimiento y admiración—, que se celebró ante un grupo selecto y escogido en el salón de actos del Círculo de Bellas Artes, a la sombra del padre Rubéns y del padre Goya.

Unos aplausos: José María Ballesteros comienza a hablar familiarmente; construye el edificio de la literatura oriolana sobre tres columnas: Clavarana, Gea, Henández (¿Y Sarget,

Ballesteros?... ¿Y Vd. mismo?, respeto su opinión, pero no la comparto).

Otros aplausos: Carlos Fenoll, poeta enlutado y blanco panadero, saluda líricamente a Hernández, al hermano; luego habla —o canta— con la voz del de Moguer.

Nuevos aplausos: *Ramón Sijé* va a pintar un retrato y a cerrar tres paréntesis —descentralización literaria, concepto de la poesía, valor psicológico de la epístola.

Comienza con la parábola del pozo, una parábola cuasi-wildeana, contraponiendo la potencia del pozo estético a la impotencia suya, del orador. Habla de la provincia y de Madrid: de su centralismo literario y de la servidumbre de la poesía. Luego, emocionadamente, subraya sus relaciones y amistad con el poeta Hernández. *Ramón Sijé* se dispone a cerrar el segundo paréntesis. Galopa a grandes zancadas sobre bellos conceptos de Platón, Manzoni y Ortega. ¡Las vestiduras y el cuerpo de la poesía! Y eclécticamente muestra su concepto de la poesía: *eco intelectual de un sentimiento.* Juan Ramón es un hito en la vida de nuestro poeta. ¡Abajo el regionalismo poético! ¡Elevad los espíritus y pronto! Miguel Hernández emproa hacia el universalismo, hacia la incircunscritez. Cierra, luego, su tercer paréntesis, mentando los epistolarios valeriano y teresiano. Lanza por los cielos de Levante una estrella de siete puntas: sus altas —las del poeta, se entiende— cualidades sentimentales. *Os pido por el poeta, tímido como Azorín, callado como Remy de Gourmont; campesino como Virgilio; sereno como Fray Luis. Os pido por él, que es pedir por Orihuela, tanto tiempo callada —cual dama viuda que no quiere nuevas bodas— en la literatura y en la Historia.*

Al terminar, Miguel Hernández, casi llorando, abraza a *Ramón Sijé.* Éste envía las lágrimas, como florido ramillete, a la madre del poeta. Suenan calurosos aplausos —en este mismo mes se mató Larra, y también en este mes se cumple el primer centenario del nacimiento de Goethe—, y Miguel Hernández canta —entre emociones y pensamientos— versos de Rubén, Alberti, Medina, Nervo, Juan Ramón, Camín. *Ramón Sijé* lee finalmente la *Muerte de Flor-de-Rocío,* de Miguel Hernández, que el poeta escribió, recordando a una hermanita suya difunta. Y termina el acto, sencillo, simpático. —R. S.— *Alcance*: El Ayuntamiento de Orihuela, a petición de nuestro querido compañero Serna, concedió una pensión de 50 pesetas para que Hernández estudie y se depure en Madrid. Muchas gracias.

En su segunda salida de Orihuela, Miguel alcanzó el triunfo y la estabilidad que necesitaba su vivir. José Bergamín le publica en «Cruz y Raya» —números correspondientes a julio, agosto y septiembre— su auto sacramental *Quien te ha visto y quien te ve y sombra de lo que eras*, obra que le granjeó merecidos elogios, y que, a juicio de Ramón Sijé,

> no es propiamente un auto sacramental escolástico: porque él ha ampliado imaginativamente el concepto del auto: merced a lo que pueda llamarse la influencia de la emoción racional del campo. Y es que el auto clásico, el auto calderoniano, tiene un marcado sabor urbano —si cabe hablar así en el puro terreno de los conceptos, producido por la depuración ascética de las imágenes (...). En el auto de Hernández —en cambio— juega un papel poéticamente decisivo el campo como mundo perfecto: como imagen, como estilo y como idea (...). El campo, en este aspecto dramático de la visión poética, es la prueba plástica de la existencia de Dios. Por la imagen se llega de nuevo al concepto, por el campo se llega a la tesis. Este auto sacramental de Miguel Hernández nos trae, pues, una tesis: una tesis sobre el problema de la gracia [69].

A lo dicho por la luminosa penetración sijeniana hay que agregar, para mejor explicarnos la singularidad y naturaleza de esta obra de Hernández, las influencias que sobre la misma se advierten: de Orihuela, en cuanto a su psicología popular, y de Fray Luis de León y de San Juan de la Cruz, éstas señaladas asimismo por Sijé.

---

[69] En «El Gallo Crisis», núms. 3-4, Orihuela, 1934, págs. 34-35.

El éxito literario justificó en Miguel la esperanza de una pronta representación de su auto en el teatro Eslava, de Madrid, sueño desvanecido.

La gran urbe cansa su cuerpo y aturde su espíritu. Todo él se enternece bajo la nostalgia tremenda de su Orihuela, y aquel corazón de poeta enamorado se derrama, evocando, anhelando, penando por la presencia de la amada. Ansía las letras de su Josefinica, el cariño de su «nena» y el hálito gozoso de su «vidica». Miguel hace memoria y *contempla* como en un presente sin ayer los ratos emocionados que vivió con ella junto a la gran puerta del Cuartel de la Guardia Civil, en la ciudad nativa, donde habitaba su «morenica» —como es sabido, el padre de Josefina pertenecía a la Benemérita—, o sus paseos por los alrededores de Oleza.

Durante el año 1934, Hernández puede mantenerse en Madrid gracias al dinero que se llevó y al que le entregó Bergamín por derechos del auto sacramental: doscientas pesetas, al decir de Manuel Molina [70].

Vivía con indudable modestia. Mientras tanto, entra en la amistad de otros escritores: Enrique Azcoaga, Manuel Altolaguirre, Eduardo Llosent... Su amiga de antaño, Concha Albornoz, le pone en contacto con Pablo Neruda y Delia del Carril [71], quienes, a su vez, relacionan a nuestro poeta con Rafael Alberti, María Teresa León, Luis Cernuda, María Zambrano, Luis Felipe Vivanco, Luis Enrique Délano, etc. [72].

Las nuevas amistades no oscurecen, al principio, el diálogo que Miguel seguía fervorosamente manteniendo con sus paisanos, bien a través de «El Gallo Crisis», ya mediante cartas o al hilo de las efusivas conversaciones personales de aquellos que iban a Madrid —su primo

---

[70] C. Zardoya, *ob. cit.*, pág. 18, nota 52.
[71] J. Guerrero Zamora, *ob. cit.*, pág. 77.
[72] C. Zardoya, *ob. cit.*, pág. 19.

Antonio Gilabert, por ejemplo—, además de los oriolanos que estudiaban en la gran capital: entre otros, el pintor Francisco Die.

El año 1935 señala la aparición de una profunda crisis espiritual en Hernández, a la vez que su nombre se cimentaba con verdadero prestigio literario y su existir hallaba solución en el orden económico, ya que José María de Cossío le llevó a su lado para la redacción de la obra *Los toros* que habría de editar Espasa-Calpe.

Durante aquel tiempo, el poeta alumbra magistrales sonetos y otros poemas de amor, que, agrupados primeramente bajo el título *Imagen de tu huella* y, luego, con el de *El silbo vulnerado*, se publicaron no mucho después, corregidos, depurados, con el ya famosísimo de *El rayo que no cesa*.

Pero la avasalladora influencia de Neruda y la posterior —en 1935— de Vicente Aleixandre determinaron el giro profundo que se produjo en la estética hernandiana. El nerudismo, de modo especial, afecta también y muy visiblemente a su ideología y a sus creencias, lo que provocó una tensión dolorosa en la médula misma de la fraterna amistad con Ramón Sijé.

En carta del 12 de mayo de 1935, Sijé, ante el entusiasmo nerudiano de Miguel, le advierte: «...acuérdate de tu nombre. Te debes y no a nadie»[73].

Por estas fechas, el poeta oriolano confiesa a Juan Guerrero Ruiz que, con respecto al auto sacramental, «ni pienso ni siento muchas cosas de las que digo allí, ni tengo nada que ver con la política católica y dañina de «Cruz y Raya», ni mucho menos con la exacerbada y triste revista de nuestro amigo Sijé. En el último número aparecido recientemente de «El Gallo Crisis» sale un poema mío

---

[73] C. Zardoya, *ob. cit.*, pág. 21.

escrito hace seis o siete meses: todo él me suena extraño»...[74].

Recordemos que, durante los últimos días de marzo o primeros de abril, Sijé y el padre de Miguel estuvieron con éste en Madrid.

Pero el momento crítico surge cuando, en octubre de este año, sale a la luz pública el primer número de la revista nerudiana «Caballo Verde para la Poesía» con el poema *Vecino de la muerte*, de Miguel.

Ramón Sijé, al comprobar el nuevo oriente lírico, humano y social de su queridísimo Miguel, le escribe una carta —29 de noviembre—, cuajada de dolor:

> He ido —dice— recibiendo tus cartas y las he guardado en el montoncito silencioso de las cartas incontestadas. Pero no por dolerme nada, como tú piensas: por resentimiento, por malhumor, por amistoso odio... Es terrible lo que has hecho conmigo. Es terrible no mandarme *Caballo Verde*... Por lo demás, *Caballo Verde* no debe interesarme mucho. No hay en él nada de cólera poética, ni de cólera polémica. Caballo impuro y sectario; en la segunda salida, juega el caballito puro y de cristal. Vais a transformar el caballo de galope y perdido en un caballo de berlina y paseo... Quien sufre mucho eres tú, Miguel. Algún día echaré a *alguien* la culpa de tus sufrimientos humano-poéticos actuales. Transformación terrible y cruel. Me dice todo esto la lectura de tu poema *Mi sangre es un camino*. Efectivamente, camino de caballos melancólicos. Mas no camino de hombre, camino de dignidad de persona humana. Nerudismo (¡qué horror, Pablo y selva, ritual narcisista e infrahumano de entrepiernas, de vello de partes prohibidas y de prohibidos caballos!); aleixandrismo, albertismo. Una sola imagen verdadera: la prolongación eterna de los padres. Lo demás, lo menos tuyo. ¿Dónde está, Miguel, el de las batallas?[75].

---

[74] J. Cano Ballesta, *ob. cit.*, pág. 37.
[75] C. Zardoya, *ob. cit.*, págs. 23-24.

Ramón Sijé, inmerso entonces en el espíritu español del seiscientos, fiscal del romanticismo temporalizado del ochocientos, no podía admitir la estética, el neorromanticismo y la técnica surrealista de los poemas hernandianos de 1935, casi ebrios de una retórica de fisiológicas grandilocuencias, tan lejanas de la categoría intelectual que el genial y aun casi adolescente Sijé demandaba de la poesía. A su juicio, carente de *cólera poética,* los versos nerudianos sólo hacían gala de cólera verbal.

Y el fundador de «El Gallo Crisis» se angustiaba por Miguel, mientras éste, situado ya en la perspectiva lírica de la otra orilla, aceptó convencidísimo el surrealismo de Neruda y de Aleixandre, que vino a liberar su caudalosa inspiración de viejas ligaduras preceptistas. A mayor abundamiento, el progresismo político que cultivaba y sembraba el poeta chileno armonizó sin dificultad con el profundo humanitarismo sociológico de Hernández, sentimiento que puso de manifiesto —según vimos— desde su temprana juventud.

Creemos, a tenor de lo dicho, que si Ramón Sijé admitió cierta y amargamente el desvarío —a su criterio— de Miguel, éste tuvo que sufrir mucho, en efecto, para no herir lo más mínimo a su entrañable amigo, y ello debatiéndose entre el seductor deslumbramiento que le produjo la personalidad de Neruda y el arraigadísimo cariño y fidelidad a Sijé.

Las palabras citadas del extraordinario ensayista, lamento y fuego en el huerto agitadísimo y contradictorio del no menos extraordinario poeta, escritas muy poco antes de su muerte, ocurrida el 24 de diciembre, debieron de trastornar profunda, indeciblemente, el alma de Miguel, desesperado dolor que se volcó en las estrofas inmortales de la *Elegía* al amigo-hermano.

Hernández supo el trágico suceso por Vicente Aleixandre. Inmediatamente después recibió la información

que le envió Carlos Fenoll: «Pienso en ti, Miguel, que
eres su hijo espiritual más querido; el que más quería,
porque se le descarriaba un poco de vez en cuando»[76]. Y,
en patética carta a Juan Guerrero Ruiz, dada a conocer
por Cano Ballesta, confiesa Miguel:

> Querido Guerrero: Estoy consternado como tú por lo inmensa-
> mente triste que acaba de pasar. Me dio la primera noticia Vicente
> Aleixandre, que la había leído en un periódico, y enseguida recibí
> una carta del hermano de la novia de nuestro trágico amigo, en
> la que apenas me decía lo sucedido. Espero con ansiedad nuevas
> noticias que me expliquen la muerte tan temprana de mi hermano
> hace diez días, porque no acierto a comprender esta verdad te-
> rrible.
> Me decía aquella carta que todo había sido rapidísimo, menos
> la agonía: entró en cama hacia el trece o catorce de diciembre,
> con un ligero malestar de estómago —no me dicen si degeneró en
> peritonitis u otra cosa—, fiebre, a las siete del día de Nochebuena
> empeoró y a las once dejó de existir. Es espantoso, querido Gue-
> rrero. Me dicen que durante las últimas cuatro horas de su vida
> se dio cuenta de que moría. Yo sé lo que sufriría en ese tiempo,
> porque yo sé el terror que tenía a la muerte. Me dicen que no cesó
> de llamar a su novia, a la que quería como nadie querrá a nadie
> en el mundo, fuera de él. Todas sus esperanzas, todas sus ambi-
> ciones, todos sus amores, muertos de repente. Yo lo venía presin-
> tiendo desde hace algunos años: siempre lo veía temeroso, huido,
> concentrado, lleno de desesperaciones, dudas y penas. Se estreme-
> cía si veía pasar un entierro, le asustaba una pequeña herida y
> pensaba escribir un ensayo que iba a llamar *El matrimonio por
> terror a la muerte.* Todo hacía pensar que no podía durar mucho
> aquella vida de tremendas tempestades consigo mismo.
> Yo estoy muy dolorido de haberme conducido injustamente con
> él en estos últimos tiempos. He llorado a lágrima viva y me he
> desesperado por no haber podido besar su frente antes de que
> entrara en el cementerio. Fíjate que me he quedado con una carta
> escrita para él, en la que le hablaba de ese triste asunto de Sevilla.

---

[76] C. Zardoya, *ob. cit.*, pág. 24.

El mismo escultor que hizo el busto a Miró ha sacado una mascarilla a Sijé para hacerle otro y colocarlo frente al de Gabriel. Creo que no ha habido ninguna persona de Orihuela que no haya sentido y llorado su muerte. Se disputaban los muchachos amigos nuestros el ataúd. Dentro de mi corazón se ha quedado vacío el rincón mejor.

Sí, hay que hacer un número extraordinario de «El Gallo Crisis», querido Guerrero. Hay que tributarle el más grande homenaje. Yo no haré nunca bastante por él.

Ve tú la manera de poder llevar a cabo eso: me encuentro en Madrid indefenso para todo. Quisiera ir a Orihuela, donde tengo una madre y una hermana que suspiran por mí también y no puedo acercarme. Pero quiero que la memoria de Sijé sea enaltecida y haré los mayores esfuerzos por llegar y sacar el número final de la revista que, hasta un mes, me decía él volver a sacar, alentado por Juan Ramón y Manuel de Falla.

Ahora mismo voy a escribir a Juan Ramón, dándole las gracias por su recuerdo de ayer en «El Sol», y a pedirle un poema para empezar a tener con qué cubrir las páginas del número postrero de nuestra muerta revista.

Escríbeme, ayúdame, abrázame. Me encuentro cada día más solo y desconsolado, Miguel [77].

Y a los padres de Sijé les escribe así: «Podéis creer que vuestro hijo está conmigo y lo tenéis en mí para desmentir a la amarga vida».

A esta carta, del 14 de enero de 1936, sigue otra del 17, en la que pide «el resguardo para recoger el ensayo» —se refiere al estudio de Sijé sobre el Romanticismo—, así como una colección de «El Gallo Crisis» al objeto de hacer «lo posible y lo imposible» por componer un volumen con la obra escogida del gran escritor y amigo. Y el 27 del mismo mes les envía la siguiente tarjeta postal:

---

[77] J. Cano, *Miguel Hernández y su amistad con Pablo Neruda*, «La Torre», San Juan de Puerto Rico, abril-junio 1968.

Queridos padres y hermanos: Tengo en mi poder el ensayo recogido en el Ministerio de Instrucción Pública. No hay que preocuparse, pues voy a pedir presupuesto a la editorial que quiero que haga el libro y se lo diré a Augusto Pescador, de quien he tenido carta, pidiéndomelo. Creo que dentro de mes y medio a lo más estará el volumen hecho. Me voy a dedicar al examen del ensayo y los publicados en «El Gallo Crisis». Todo se hará. Mi elegía va incluida en el libro que acaban de editar y se incluirá también en el suyo. Además, se publica en el próximo número de la «Revista de Occidente», que dirige D. José Ortega y Gasset. Pediré a Bergamín su colección de «El Gallo» y no hace falta que os molestéis más. Os abraza con la mayor efusión y emoción vuestro hijo, *Miguel*.

Es de toda evidencia, pues, que Hernández, profundamente dolorido, quiso reparar la crisis en la entrañable amistad que venía manteniendo con Sijé. Abunda en lo mismo el ofrecimiento hecho a Justino, hermano menor del fallecido, en carta del 17 de enero: «Ya sabes, Justino, que podemos continuar una amistad que tiene muy hondas raíces en mi sangre».

Paralelo al accidente sufrido en esta amistad, sellada por la muerte vertiginosa, se produjo el de su amor con Josefina. Distanciados durante la segunda mitad de 1935, al término de este año Miguel vuelve a la verdad de su corazón y escribe en el original de *El rayo que no cesa* esta dedicatoria: «A ti sola, en cumplimiento de una promesa que habrás olvidado como si fuera tuya», y, sin tardanza, se dirige a Josefina, arrepentido, solicitando su perdón: «Nunca te he aborrecido, Josefina. Me sentí un poco separado de ti, pero al fin he comprendido que eres tú la única mujer con quien he de vivir toda mi vida. Perdóname todo y escríbeme con la confianza de antes»[78].

Y las aguas del amor volvieron a su cauce, ya indestructible.

---

[78] C. Zardoya, *ob. cit.*, pág. 25.

Además de *El rayo que no cesa*, el poeta oriolano escribió, durante 1935, *Los hijos de la piedra (Drama del monte y sus jornaleros)*, y, en 1936, *El labrador de más aire*, drama de talante lopesco, con el que su autor se sumó a la conmemoración del tricentenario de la muerte de Lope de Vega. También, con respecto a dicha efeméride, consignemos que el 27 de agosto de 1935, e invitado por Antonio Oliver y Carmen Conde, Hernández disertó en la Universidad Popular de Cartagena sobre el tema *Lope de Vega en relación con los poetas de hoy*.

En 1936, Hernández rindió asimismo su lírica palabra a la memoria de Garcilaso de la Vega en una hermosísima *Égloga*, que publicó la «Revista de Occidente» en su número de junio.

Poco antes —por los días finales de marzo y primeros de abril—, Miguel y Enrique Azcoaga recorrieron la provincia de Ciudad Real en misión pedagógica. Al visitar la villa de Mestanza, el gran poeta de Orihuela escribió el siguiente soneto, dedicado a doña Carmen Pastrana Magariños, Maestra Nacional, con cuya autorización lo publicamos:

> A tus facciones de manzana y cera:
> Carmen, fruto a los pájaros prohibido,
> congelado en el alba y escogido
> por una mano de oro en primavera.
>
> Hueles a corazón de trigo y era,
> suenas a nido, suenas a sonido,
> sabes... no sé a qué sabes, y he sabido
> que nunca he de saber lo que quisiera.
>
> Miras como los ojos del relente:
> fríamente febril y distraída,
> entre flores y frutos la mirada.

> Hablas como el silencio y una fuente:
> calladamente, y andas por la vida
> temerosa de flechas y de nada.

Al pie del último verso dice Miguel: «A mi amiga Carmen, en espera de verla por donde sea mejor».

A partir del 18 de julio, España arde en guerra civil, y Miguel Hernández ingresa como voluntario en el ejército republicano, brotando de todo su ser la llamarada del amor al hombre y a la patria con plena conciencia de su responsabilidad:

> Tiene el mundo otra cara. Se acerca lo remoto
> en una muchedumbre de bocas y de brazos.
> ... ...
> Salí del llanto, me encontré en España,
> en una plaza de hombres de fuego imperativo.
> Supe que la tristeza corrompe, enturbia, daña...
> Me alegré seriamente lo mismo que el olivo [79].

Y de aquella cruenta, fratricida lucha que removió toda su raigambre humana, surgió, poderoso, el árbol de su nueva poesía, nacido del dolor de un pueblo:

> El 18 de julio de 1936 (...), entro yo, poeta, y, conmigo, mi poesía, en el trance más doloroso y trabajoso; pero más glorioso, al mismo tiempo, de mi vida. No había sido hasta ese día un poeta revolucionario en toda la extensión de la palabra y su alma (...). Intuí, sentí venir contra mi vida, como un gran aire, la gran tragedia, la tremenda experiencia poética que se avecinaba en España, y me metí pueblo adentro, más hondo de lo que estoy metido desde que me parieran [80].

El 13 de agosto de 1936, y encontrándose Miguel en Cubas (Madrid), atrincherando la tierra, muere, en Elda,

---

[79] M. Hernández, *O. C.*, pág. 299.
[80] *Ibid.*, pág. 807.

el guardia civil don Manuel Manresa Pamies, padre de Josefina,

> asesinado por las milicias rojas en el centro de la pobla-
> ción, frente al cine Coliseo, en la carretera general de Ma-
> drid a Alicante (...). Falleció a consecuencia de una herida
> en el cerebro producida por arma de fuego. Tenía cuarenta
> y siete años y dejó a su muerte cinco hijos menores. Junto
> con él cayeron tres guardias civiles más. Su defunción se
> halla inscrita en el folio 318, número 174 del libro 51 del
> Juzgado Municipal de Elda [81].

Miguel, que prometió su decidido amparo a la viuda e hijos del asesinado, se incorpora al frente de guerra e ingresa en el 5.° Regimiento, del que pasa a la primera Compañía del Cuartel General de Caballería, donde desempeña el comisariado de cultura del Batallón de «El Campesino» [82].

En 1937 es destinado al Altavoz del Frente en Andalucía, y el 9 de marzo contrae matrimonio civil con Josefina Manresa, en Orihuela, marchando inmediatamente después a Jaén:

> Para mía, para esposa,
> para madre te requiero.
> Eres sencilla y hermosa
> como la flor del romero.
> Sobre las demás mujeres,
> para mi mujer te escojo.
> Nata de luna eres
> entretejida en mi ojo.
> Que la vida a borbotones
> salga de nosotros y entre
> a poblar habitaciones
> con los hijos de tu vientre [83].

---

81 J. M.ª Martínez Arenas, *De mi vida*, ob. cit., págs. 182-183.
82 C. Zardoya, *ob. cit.*, pág. 31.
83 M. Hernández, *O. C.*, pág. 801.

Josefina regresa un mes más tarde, pues, en Cox, su madre cae enferma y muere, cuando en las entrañas de la hija aleteaba la vida:

> Morena de altas torres, alta luz y altos ojos,
> esposa de mi piel, gran trago de mi vida,
> tus pechos locos crecen hacia mí dando saltos
> de cierva concebida.
> ....
> Espejo de mi carne, sustento de mis alas [84].

Nuestro poeta recorre los frentes de Extremadura; asiste —julio, 1937—, en Valencia, al segundo Congreso Internacional de Intelectuales Antifascistas; enferma de agotamiento; vuelve a la capital valenciana en los días de agosto, y el 28 de este mes emprende el vuelo, acompañado de otros cuatro intelectuales —el músico Casal Chapí, el dibujante Miguel Prieto, la actriz Gloria Santullano y el periodista Francisco Martínez Allende—, a Rusia con el fin de conocer la situación del teatro soviético.

A su regreso, en octubre, ya habían aparecido los libros *Teatro de guerra* y *Viento del pueblo*.

Hagamos memoria de que una semana antes de este viaje, exactamente el 21 de agosto, Miguel Hernández recibió un caluroso homenaje en el Ateneo de Alicante [85]. La ofrenda la hizo el músico José Juan Pérez, y Miguel dijo entre otras cosas:

---

[84] M. Hernández, *O. C.*, pág. 301.

[85] Tuve, en este acto, la suerte de saludar personalmente y escuchar al poeta, a quien fui presentado por Manuel Molina Rodríguez. En su número de aquel día, «Nuestra Bandera», órgano del Partido Comunista de Alicante, afirmaba muy certeramente: «Las poesías de guerra de Miguel Hernández son, como ningunas, de una hondura humana que estremece».

Siempre será guerra la vida para todo poeta; para mí, siempre ha sido, y me vi iluminado de repente el 18 de julio por el resplandor de los fusiles en Madrid.

Habla de los comienzos de la tragedia y de la muerte de su admirado poeta y amigo Federico García Lorca, «muerto en agosto, como el *Amargo* de su romance»:

El veinticinco de julio
abrió los ojos Amargo,
y el veinticinco de agosto
se tendió para cerrarlos.

Y añade Miguel con voz quebrada, con el corazón temblando en la palabra:

La desaparición de Federico García Lorca es la pérdida más grande que sufre el pueblo de España. Él solo era una nación de poesía.

Traza luego un amplio elogio de «El Campesino», que «de miliciano que era ha llegado a ser uno de los principales jefes del Ejército popular (...). Tiene una palabra que quema, unos ojos que petrifican y una barba revuelta y negra que mete, para convencer, en todas las bocas».

Recuerda asimismo a otros combatientes:

Cinco meses estuve con «El Campesino». He tenido grandes compañeros en su tropa: el «Algabeño», Pablo de la Torriente, José Aliaga. El «Algabeño» era un madrileño de diecinueve años, que siempre me hablaba de su madre y de su hermana. Entró con miedo en las trincheras; se lo quitaba cantando por lo hondo, y sus canciones daban tristeza y alegría. Al principio, ante la muerte de algún compañero, se volvía chiquillo y me hablaba de escapar junto a su madre y su hermana. Cantaba de noche, de día, a todas horas. Aquel chiquillo era un ruiseñor entre fusiles.

En una de las forzosas retiradas que tuvimos hacia Madrid —agrega el poeta—, en la primera en que me vi envuelto, me sucedió algo significativo. La artillería, la avia-

ción, los tanques enemigos, se cebaban en nuestros bata-
llones, sin más armas que fusiles y algún que otro cañón
que nos volvía el alma al cuerpo al oírlo de tarde en tarde.
Nos retirábamos, por no decir que huíamos, dentro del
más completo desorden. Las encinas de las lomas de Boa-
dilla del Monte temblaban a nuestro paso enloquecido, y
algunos troncos se precipitaban degollados bajo las explosiones de las granadas. En medio del fragor de la huida,
de los cartuchos y de los fusiles que los soldados arroja-
ban para correr con menos impedimento, me hirió de arriba
a abajo este grito: «¡Me dejáis solo, compañeros!». Una
bala rasgó por el hombro izquierdo mi chaqueta de pana,
que conservaré mientras viva, y las explosiones de los mor-
teros me cegaban y me hacían escupir tierra. «¡Me dejáis
solo, compañeros!». Se oían muchos ayes, muchos rumores
sordos de cuerpos cayendo para siempre, y aquel grito
desesperado, amargo: «¡Me dejáis solo, compañeros!» ¡A
mí me falta y me sobra corazón para todo!

En aquellos instantes sentí que se me desbordaba el
pecho; orienté mis pasos hacia el grito y encontré a un
herido que sangraba como si su cuerpo fuera una fuente
generosa. «¡Me dejáis solo, compañeros!». Le ceñí mi pa-
ñuelo, mis vendas, la mitad de mi ropa. «¡Me dejáis solo,
compañeros!». Le abracé para que no se sintiera más solo.
Pasaban huyendo ante nosotros, sin vernos, sin querer vernos, hombres espantados. El enemigo se oía muy cercano.
«¡Me dejáis solo, compañeros!». Le eché sobre mis espaldas; el calor de su sangre golpeó mi piel como un martillo
doloroso. «¡No hay quien te deje solo!», le grité. Me arras-
tré con él hasta donde quisieron las pocas fuerzas que me
quedaban. Cuando ya no pude más, le recosté en la tierra,
me arrodillé a su lado y le repetí muchas veces: «¡No hay
quien te deje solo, compañero!».

Y ahora, como entonces, me siento en disposición de no
dejar solo en sus desgracias a ningún hombre.

(He aquí —glosamos brevemente— la concepción profundamente humana que ardía en el espíritu de Miguel

Hernández: «no dejar solo en sus desgracias a ningún hombre»).

Al cabo de los cinco meses transcurridos a las órdenes de «El Campesino», el poeta oriolano recuerda que marchó «a la Andalucía con el comandante Carisa. Allí hice vida de poeta por los frentes y poco de soldado. Conocí a *Parrita*, un banderillero sevillano que era teniente en el batallón de Villafranca: uno de esos españoles que mueren sonriendo, si les da tiempo la bala».

Relata Miguel la conquista del Santuario de la Virgen de la Cabeza, así como su tiempo por los frentes de Extremadura. Y, después de recitar algunos poemas de *Viento del pueblo*, dijo:

> El poeta es el soldado más herido en esta guerra de España. Mi sangre no ha caído todavía en las trincheras, pero cae a diario hacia dentro, se está derramando desde hace más de un año hacia donde nadie la ve ni la escucha, si no gritara en medio de ella [86].

El mismo número del diario alicantino que recogió la conferencia hernandiana dio a conocer el poema *Fuerza del Manzanares*, precedido de la siguiente declaración de su autor:

> Nací en Orihuela hace veintiséis años. He tenido una experiencia del campo y sus trabajos penosa, dura, como la necesita cada hombre. Cuidando cabras y cortando a golpe de hacha olmos y chopos, me he defendido del hambre, de los amos, de las lluvias y de estos veranos levantinos, inhumanos, de ardientes. La poesía es en mí una necesidad y escribo porque no encuentro remedio para no escribir. La sentí, como sentí mi condición de hombre, y, como hombre, la conllevo, procurando a cada paso dignificarme a través de sus martillazos.

---

[86] Texto completo de la conferencia en «Nuestra Bandera», Alicante, 22 de agosto de 1937.

Me he metido con toda ella dentro de esta tremenda España popular, de la que no sé si he salido nunca. En la guerra, la escribo como un arma, y, en la paz, será un arma también, aunque reposada.

Vivo para exaltar los valores puros del pueblo, y, a su lado, estoy tan dispuesto a vivir como a morir.

Al regreso de la misión artística que le llevó a Rusia, Miguel Hernández disfrutó de un corto descanso en Cox, junto a su esposa. En este pueblo escribió el artículo *La U. R. S. S. y España, fuerzas armadas,* en el que leemos:

Salir de España, donde vivir es vivir en carne viva, y más hoy que nunca; atravesar los Pirineos, fue para mí arrancarme de un mundo cálido, desnudo, hirviente de pasión dentro de la paz y de la guerra, y hacerme pasar ante una humanidad de cartón, sentada en una comodidad de trenes de primera clase y un silencio de pobres fieras aisladas: hienas leyendo el periódico, sapos eructando chocolate, zorros y lobos mirándose de reojo y gruñendo tener que rozarse. Cuerpos humanos aficionados a no serlo y propensos a ser larvas, moluscos, carne de pulpo y caracol, viscosa, lenta.

Esta mala impresión recibí al pasar por Europa camino de la U. R. S. S. Peor había de ser la que recibiera a mi regreso de la U. R. S. S., atravesando la isla de Europa, Inglaterra, donde vi a los hombres más encerrados en un egoísmo de aguiluchos rapaces y en una elegancia monótona, uniforme, llena de bombines, cuellos duros y hoteles como cárceles de recreo; una elegancia de presidiarios capitalistas, que es elegancia, si lo es, por el traje, no por la anatomía, todo rigideces y composturas [87].

En este periódico de Alicante, y con fecha 21 de noviembre, se publica una entrevista con Miguel. El anóni-

[87] M. Hernández, *La U. R. S. S. y España, fuerzas armadas,* «Bandera Roja», Alicante, 10 de noviembre de 1937.

mo redactor describe así al poeta: «Su cara morena y roja, de campesino del Segura, ríe, mientras nos va contando con su hablar rudo, tallado por el sol de Levante...» Y el periodista transcribe estas palabras: «Traigo más cariño que nunca a Levante, a estas montañas que parecen montones de trigo en pie, a la vida que nos rodea».

Asimismo, y en dichas páginas, se imprime el artículo *Hay que ascender las artes hacia donde ordena la guerra*, en el que Miguel expone este pensamiento:

> La guerra, el grave acontecimiento, ya lo he dicho, desnuda tanto al hombre que se le ve transparente en sus menores movimientos y rasgos. Ninguna materia tan perpetua para el hombre que hace arte como la de una Humanidad en plena conmoción, emoción, revolución de todos sus valores morales y materiales.
>
> Los hombres de la pintura, la escultura, la poesía, las artes en general, se ven hoy en España impelidos hacia la realización de unas obras profundamente humanas que no han comenzado a realizar todavía.

Poco tiempo después el poeta pasa de las secas montañas de Cox a las nevadas de Teruel, en cuyos inhóspitos parajes supo el nacimiento —19 de diciembre— de su hijo Manuel Ramón, fallecido el 19 de octubre de 1938, a los diez meses de su vida:

> ¡Ay!, breve vida intensa
> de mi día de rosales sembrar,
> pasaste por la casa
> igual, igual, igual
> que un meteoro herido, perfumado
> de hermosura y verdad.
> La huella que has dejado es un abismo
> con ruinas de rosal
> donde un perfume que no cesa hace
> que vayan nuestros cuerpos más allá [88].

---

[88] M. Hernández, *O. C.*, pág. 366.

Con los primeros meses de 1938, Miguel, enfermo de anemia cerebral, alterna descansos en Cox con viajes a Madrid y Valencia, tiempo que también aprovecha para escribir nuevos poemas y el drama en cuatro actos *Pastor de la muerte*.

El 22 de septiembre de este año dirige a los padres de Ramón Sijé la siguiente carta:

Academia de la 6.ª División, 22 de septiembre de 1938.

Queridos padres: Por fin os escribo. Ya era hora, ¿verdad? Pero lo hago interesadamente, casi obligado por las circunstancias. Perdonadme.

¿Qué tal va la salud vuestra? Me imagino que mamá y Justino son los eternos convalecientes de una enfermedad más imaginaria que real, por lo menos la de Justino, que se curará en cuanto le digan a su corazón: ánimo, vamos a vivir con alegría, ya que así lo quiere la vida.

A mí me ha visto el médico en Madrid nuevamente y me ha mandado nuevas medicinas. Iré a tratar de restablecerme un poco a Cox dentro de una semana o dos, cuando haya solucionado mi difícil situación económica. Y esto es lo que me trae la pluma a la mano hacia vosotros principalmente. (Perdón otra vez y mil veces). Quiero que, si os es posible, mandéis a Josefina algún dinero. Sé que está casi sin ninguno y que no es capaz de pedíroslo por nada del mundo. Hacedme ese favor, entretanto trato de arreglar mi economía de la mejor forma posible, porque se aproximan días de gastar mucho y no veo de qué gastar.

En Madrid no hay papel para editarme otro libro y, con lo que cobro en el Ejército no me es posible llevar los gastos que mi casa exige ahora. Veremos a ver qué pasa. Creo que todo se arreglará y siento tener que recurrir a vosotros, padres. En Madrid he vuelto a ver a Cossío y he vuelto a preguntarle por la copia de la obra de Pepito. La guarda cuidadosamente, según me ha dicho, y espera su edición con el mismo deseo que nosotros.

Dad abrazos a mis otros padres y hermanos. Justino, pronto iré por ahí y hablaremos y nos curaremos juntos. Marilola: qué, ¿ha vuelto el oscuro golondrino de tu balcón sus nidos a colgar? Madre: ánimo, ánimo, ánimo. Pedro, ¿hay apetito y trabajo, verdad? A mí no me falta ninguna de estas dos cosas, pero escasea el pan también. Muchos abrazos para todos de vuestro Miguel.

Con las vivas huellas del llanto por Manuel Ramón, nace, el 4 de enero de 1939, también en Cox, Manuel Miguel:

> Eres mañana. Ven
> con todo de la mano.
> Eres mi ser que vuelve
> hacia su ser más claro.
> El universo eres
> que guía esperanzado.
> ....
> Asciende. Rueda. Vuela,
> creador de alba y mayo.
> Galopa. Ven. Y colma
> el fondo de mis brazos [89].

Durante los primeros meses de 1939, coincidiendo con los últimos de la guerra, Miguel se traslada a Valencia, donde se estaba componiendo su libro *El hombre acecha*, en cuya *Canción última* expresa un vago sentimiento de optimismo, luz en el duelo que le produjo la derrota de los ejércitos republicanos:

> El odio se amortigua
> detrás de la ventana.
> Será la garra suave.
> Dejadme la esperanza. [90].

Desde Madrid, el 27 de febrero, nuestro poeta envía a los padres de Sijé esta inédita carta:

Mis queridos padres: Hace unos días estuve en Cox, pero no pude saber si Justino estaba en Orihuela o en Murcia y bien colocado. Creo que no habrá resultado lo contrario, y que habrá

---

[89] M. Hernández, *O. C.*, pág. 381.
[90] *Ibid.*, pág. 343.

ganado en salud y en alegría de vivir. Tú, madre, tienes que resignarte a tenerle un poco alejado de la falda, que eso conviene y beneficia a Justino, aunque te parezca otra cosa. ¿Cómo vas de salud tú? Me figuro que como siempre, unos días mejor que otros y otros peor que aquéllos. Ánimo y a defenderse de las cosas malas con energía y entereza.

Padre, te pido que si yo tardara en ir por ahí, procures que Josefina no pase apuros económicos. Por ahora anda bien en este aspecto, pero es posible que algún día necesite de vuestra ayuda.

Dad muchos abrazos a Mari Lola, para ella y para vosotros es la vida. A Justino, cuando le escribáis, le mandáis muchos abrazos míos.

Estoy en Madrid, creo que por unos días. Después volveré a Valencia.

Recibid grandes abrazos y el cariño de vuestro hijo Miguel.

A la destrucción de los frentes de batalla, Miguel se hallaba seguramente en Madrid, desde donde, desorientado, se trasladó a Orihuela, y, desde aquí, a Sevilla.

Su fugaz paso por la ciudad nativa lo testimonia el doctor Almarcha, Obispo de León:

> La guerra —dice éste— y los días turbulentos que le precedieron cortaron nuestra comunicación. Cuando regresé a Orihuela, terminada la guerra, me visitó en un atardecer, como en tantos atardeceres de antaño. *Don Luis, nos ha podido separar la política, pero la religión, no.* Fue breve la entrevista, pero sincera y cordial. Me comunicó su decisión de marchar a Sevilla... y allá llegó.
>
> Un día recibí una tarjeta postal. Era de Miguel. No había tenido paciencia para esperar. Intentó pasar la frontera hacia Portugal y había sido detenido [91].

Efectivamente, apresado, se le conduce —18 de mayo— a la prisión de Torrijos, en Madrid, de donde salió con libertad provisional en septiembre siguiente.

---

[91] Declaraciones del Dr. Almarcha, en el vol. *De mi vida*, ob. cit. de J. M.ª Martínez Arenas, pág. 185.

Retorna a Cox y a Orihuela, y el 29 de este último mes citado es detenido en la calle y se le encierra en el edificio del Seminario, convertido en cárcel. A comienzos de diciembre es llevado a la madrileña prisión de Torrijos. Y desde este momento su vida, en su último tramo de dolor, transcurre, hasta la muerte, entre hierros y muros carcelarios:

Cuando están las perdices más roncas y acopladas,
y el azul amoroso de fuerzas expansivas,
un hombre hace memoria de la luz, de la tierra,
húmedamente negro.
Se da contra las piedras la libertad, el día,
el paso galopante de un hombre, la cabeza,
la boca con espuma, con decisión de espuma,
la libertad, un hombre.
Un hombre que cosecha y arroja todo el viento
desde su corazón donde crece un plumaje:
un hombre que es el mismo dentro de cada frío,
de cada calabozo.
Un hombre que ha soñado con las aguas del mar,
y destroza sus alas como un rayo amarrado,
y estremece las rejas y se clava los dientes
en los dientes de trueno [92].

Septiembre de 1940. Miguel Hernández conoce la Prisión Provincial de Palencia; luego pasa al Penal de Ocaña (Toledo), y, por último —junio de 1941—, al Reformatorio de Adultos de Alicante:

Las cárceles se arrastran por la humedad del mundo,
van por la tenebrosa vía de los juzgados:
buscan a un hombre, buscan a un pueblo, lo persiguen,
lo absorben, se lo tragan [93].

---

[92] M. Hernández, *O. C.*, pág. 332.
[93] *Ibidem.*

El poeta, venciendo las naturales dificultades, escribe, mientras su corazón espera y sufre. La llegada a Alicante le despierta íntima alegría, pues le depara la posibilidad de ver a su esposa, a su hijo, a sus familiares y amigos. Es la realidad del hijo, especialmente, el indecible motivo que aumenta su agonía entre rejas y su ansia de libertad para mejor abrazarlo y fundirlo en su vida:

> Alondra de mi casa,
> ríete mucho.
> Es tu risa en tus ojos
> la luz del mundo.
> Ríete tanto
> que mi alma al oírte
> bata el espacio.
> Tu risa me hace libre,
> me pone alas.
> Soledades me quita,
> cárcel me arranca.
> Boca que vuela,
> corazón que en tus labios
> relampaguea.
> Es tu risa la espada
> más victoriosa,
> vencedor de las flores
> y las alondras.
> Rival del sol.
> Porvenir de mis huesos
> y de mi amor [94].

Pero el trágico destino del hombre se acerca a su final: enferma —noviembre de 1941— de tifus, luego de pleuresía y, por último, de tuberculosis pulmonar, que le llevó a la muerte el 28 de marzo de 1942.

Ante su cadáver, bien se pudo decir lo que Miguel escribió ante el de Pablo de la Torriente:

---

[94] M. Hernández, *O. C.*, pág. 418.

Ante Pablo los días se abstienen ya y no andan.
No temáis que se extinga su sangre sin objeto,
porque éste es de los muertos que crecen y se agrandan
aunque el tiempo devaste su gigante esqueleto[95].

Los restos mortales de Miguel Hernández Gilabert fueron inhumados en el cementerio de Nuestra Señora del Remedio, de Alicante.

B) SU PUEBLO

No incurrimos en contradicción alguna si afirmamos que la universalidad de una obra literaria está en razón directa a la vinculación del autor a un concreto lugar y a un determinado tiempo. Cuanto más se sienta el escritor penetrado de la sustancia de una tierra y de un pueblo, tanto más ahondará en la sustancia de otras tierras y de otros pueblos. El amor a lo concreto fundamenta el amor a lo abstracto. De lo particular vamos a lo general. Y no se puede uno enternecer ante los problemas de la Humanidad si la ternura no se experimenta y se derrama en los individuales seres humanos.

Miguel Hernández, que tanto y tan caudalosa y auténticamente amó a su pueblo oriolano, a la tierra nativa, sintió aquella profunda vivencia, expresada así por Miró: «Hay que echar raíces en un rincón del mundo. Y, desde él, irradiar hasta donde sea posible»[96].

Glosando ese hondo arraigo del hombre en la tierra nativa, Pedro Salinas pudo decir de Miró —igual se puede aplicar a Hernández— que su obra «es profundamente humana sin estilización pintoresca o costumbrista», tesis que fundamentó acudiendo al hecho incuestio-

---

[95] *Ibid.*, pág. 277.
[96] B. Jarnés, *De Sigüenza a Belén*, «La Gaceta Literaria», Madrid, 15 noviembre 1927.

nable de que «lo humano, lo vital, se le entra a un artista de extraordinarias cualidades receptivas, como es Miró, siempre bajo una serie de formas concretas, de paisajes, de figuras, de rostros, de modos de hablar. La vida no es un concepto abstracto y con mayúscula, sino una realidad más o menos amplia, realidad palpitante que nos circunda y se nos impone» [97].

Al igual que en Miró, el fabuloso poder aprehensivo de Hernández se alimentó de lo concreto, de esa intensa y viva y hasta mágica realidad del mundo olecense. Y desde tal raigambre, con lejanía de muchos siglos, su luz —el verso de Miguel— irradia hasta los más distantes, insospechados horizontes.

Y así como la obra de Miró es inexplicable sin el previo desvelamiento del ser y del existir de Alicante y de su Marina, lo mismo acontece con la obra de Hernández: Orihuela está en él y en su producción de tal modo que el separarlos o desconocerla supone desaviar la palabra poética, oscurecer el pensamiento y arrancarle su singular y más significante contenido.

Miguel dedicó a su Orihuelica las más encendidas alabanzas: «tierra asombrosa», «tierra de encantos», «bendita tierra», tierra «de abundosa hermosura», etc. En *El silbo de afirmación en la aldea*, la exalta hasta lo paradisíaco:

> Con una paz de aceite derramado,
> enciende el río un lado y otro lado
> de su imposible, por eterna, huida.
> Como una miel muy lenta destilada,
> por la serenidad de su caída
> sube la luz a las palmeras: cada
> palmera se disputa
> la soledad suprema de los vientos,
> la delicada gloria de la fruta

[97] P. Salinas, *Prólogo* al vol. VII de la Ed. Conmemorativa de las obras de G. Miró, Madrid, 1936.

y la supremacía
de la elegancia de los movimientos
en la más venturosa geografía [98].

Si buscáramos un símbolo de tal sentimiento de amor, sería suficiente acudir al «limón amarillo», mágico ser, «patria de mi calentura» [99].

Todo cuanto abarca la mirada es digno de elogio. Desde la tierra, el cielo nos cubre con tan «diáfana hermosura» [100] que su transparencia es, de suyo, inverosímil joyel:

Cielo tan hermoso que de terciopelo,
de cristales límpidos y turquí parece:
cielo-maravilla, cielo-asombro, cielo
que como ascua viva de oro resplandece [101].

En su vasta, infinita, clarísima mano, el sol asoma desde las profundidades de la noche «bordado de oro» y con aliento tal que a «la huerta satura y crea» [102].

Esa luz, tan abierta, emperatriz de lo diáfano, que arde suavemente en los aires aromados, imprime, a lo largo de casi todo el año, una inmensa placidez en el encantado ambiente:

No hay viento que divorcie en las horquetas
el trigo de la paja,
y la parte del todo más ligera
aún resulta pesada.

....

la unidad refulgente ha prorrogado,
hasta después, su idilio [103].

---

[98] M. Hernández, *O. C.*, págs. 185-186.
[99] *Ibid.*, pág. 35.
[100] M. Hernández, *El palmero*, en C. Couffon, *ob. cit.*, pág. 144.
[101] M. Hernández, *Contemplad*, en C. Couffon, *ob. cit.*, pág. 134.
[102] M. Hernández, *Nocturno* y *Marzo viene*, en C. Couffon, *ob. cit.*, págs. 79-80.
[103] M. Hernández, *O. C.*, pág. 106.

Si mágico mar de lumbre acariciante es el día oriolano, la noche cala en la sensibilidad del poeta cual música «maga y buena, cálida y risueña», entre cuyas alas

> siéntese el continuo resbalar del río,
> el gallardo ondeo de la enhiesta palmera,
> el murmullo dulce del moral sombrío [104].

En cuantos matices denotan las calidades de «continuo resbalar», «gallardo ondeo» y «murmullo dulce», en ellos, cifra el poeta la íntima misteriosidad de la noche olecense, beso, ritmo y canción.

En su bruna faz, las estrellas se estremecen «como lágrimas enormes» [105], y la luna, «pura y marfileña» [106], se derrama cual

> ... blanco capullo
> de la callada corriente,
> en el agua transparente
> su forma gentil retrata
> y arroja chorros de plata
> sobre la negra durmiente [107].

En unidad lírica, en síntesis de impresiones, mañana, tarde y noche se resuelven siempre en asombro y delicia de los sentidos:

> Con luna y aves, las noches
> son vidrio de puro claras;
> las tardes de puro verdes,
> de puro azul, esmeraldas;
> plata pura las auroras
> parecen de puro blancas,

---

[104] M. Hernández, *Horizontes de mayo*, en Couffon, *ob. cit.*, pág. 90.
[105] M. Hernández, *El Nazareno*, en Couffon, *ob. cit.*, pág. 82.
[106] M. Hernández, *Horizontes de mayo*, en Couffon, *ob. cit.*, página 90.
[107] M. Hernández, *Nocturno*, en Couffon, *ob. cit.*, pág. 77.

y las mañanas son miel
de puro y puro doradas [108].

Fácil es observar que, para Hernández, la nota más entitativa, más definitoria de la atmósfera oriolana es la pureza. Todo se acendra en la luz, y, con tal virginidad, así se ofrece sin cansancio de tiempos.

Y si del cielo bajamos para tomar contacto con la tierra, la primera impresión que nos domina es la que nos llega de su olor: la tierra olecense «hace un olor a madre que enamora» [109].

Ante los ojos del poeta, la naturaleza de su pueblo se transforma y categoriza en «altar de luz y flores», índice bello de su armónico conjunto:

Los fieros montes con sus faldas
llenas de flor de aromas hondos;
y con sus gruesas esmeraldas
esféricos los huertos blondos [110].

Verdaderamente, para Miguel, que tanto penetró en el secreto ser de su realidad circundante, la huerta posee el cuasi-sobrenatural carácter de «milagrosa» [111]. Y, en tal renacido edén, el mineral, el vegetal y el animal cierran, con el poeta, el mágico círculo que trazó el visible Dios:

Jaulas destapadas son de verderoles
los gozosos huertos colmados de nieves
de azahares de plata como esquilas breves,
donde son badajos de mieles bermejas
millones sonantes de áticas abejas [112].

---

108 M. Hernández, *O. C.*, pág. 697.
109 *Ibid.*, pág. 201.
110 M. Hernández, *La bendita tierra*, en Ramos, *ob. cit.*, páginas 289-290.
111 M. Hernández, *A todos los oriolanos*, en Couffon, pág. 146.
112 M. Hernández, *Siesta*, en Couffon, *ob. cit.*, pág. 160.

Repárase en el continuo vocabulario afectivo que usa Hernández al tratar las cosas de su tierra: «aceite derramado», «miel muy lenta destilada», «delicada gloria de la fruta», «elegancia de los movimientos», «terciopelo», «cristales límpidos», «cielo-maravilla»: pureza, repetimos, en todo; resplandor en todo; ternura: «¡Huerta oriolana, la que adoro!». Y añade:

> Lienzo que engarza entre sus hilos
> jardines ebrios de albahacas,
> álamos claros y tranquilos,
> olmos, morales y barracas.
> El no común festón de oro
> del río sonoro y variable;
> y el envidiable y gran tesoro
> del palmar moro incomparable [113].

Mucho y muy tierno corazón puso Miguel en sus palabras adolescentes al contemplar la triste decadencia, irreparable agonía, de la barraca. Canta su pasado, se duele de su melancólico presente y la sube a los cielos de lo poético:

> lo mismo que un ave que ansiosa de vuelo,
> desciende del cielo,
> repliega sus alas
> y ceja gallarda en sus vuelos
> bajo unos naranjos para darles mayores encantos
> y galas [114].

Innumerables son los versos que inspira al poeta

> la sin par hermosura
> de la vega de Oleza,
> que junto a Murcia empieza
> y hasta el mar azulenco se dilata,

---

[113] M. Hernández, *La bendita tierra*, en Ramos, *ob. cit.*, pág. 289.
[114] M. Hernández, *El alma de la huerta*, en Couffon, *ob. cit.*, pág. 106.

> y que huella el Segura
> describiendo, gentil, eses de plata[115].

De entre todos los elementos huertanos, el río es, acaso, el predilecto del poeta, pues su resbaladora, somnolienta presencia «nos sigue arrullando desde lejos», según dijo a los hermanos Fenoll en carta que fechó en la cárcel de Torrijos, Madrid, el 31 de mayo de 1939[116].

El río olecense ahíla y hermana las existencias de todas las generaciones nacidas de esta tierra. Ese río, «facultado de párpados de junco»[117], «ministro de fomento de hermosuras»[118], convierte en «mago» al pueblo, sabe de su profunda intrahistoria y es fuente y espejo de las más perdurables tradiciones. Incluso su normal flema refléjase en el acaecer de las cosas y de las criaturas:

> Nada verá presuroso
> mirando estos andurriales:
> son en ellos naturales
> la lentitud y la paz,
> del haz de la tierra al haz
> de los cielos celestiales.
>
> ....
> Aquí se nace despacio,
> se vive y se muere igual[119].

Mundo de purezas y beldades, orbe del ser virgíneo, no podría sostenerse ni explicarse sin la majestad de unas reinas: las huertanas

> ... de su honra guardadoras,
> con blancas mantillas, con áureas peinas,

---

115 M. Hernández, *Canto a Valencia*, en Couffon, *ob. cit.*, página 155.
116 Carta de M. Hernández, en Couffon, *ob. cit.*, pág. 186.
117 M. Hernández, *O. C.*, pág. 103.
118 *Ibid.*, pág. 48.
119 *Ibid.*, págs. 692-693.

con prietos corpiños, con sayas airosas:
con algo de reinas
y mucho de rosas [120].

La fragante y seductora presencia de estas mujeres
inspiró a Miguel este bello apunte de talante gongorino:

Bajo la luz plural de los azahares
y los limones de los limoneros,
tú, la huertana de los tres lunares,
vas aún sobre un cultivo de luceros [121].

La estampa femenina se perfecciona por vía barroca
en el poema *Égloga menor*:

Tu sonrisa no urbana,
tus tórtolas de luna, la armadura,
si de tu corazón, de tu blancura;
los tres soles lunares
en que la morenez de tu ascendiente
se resume en tu frente
y en tu carrillo albares;
tus ojos, promotores de zafiros,
el ormuz de tu boca, de tu oriente
eclipsar plenamente... [122].

Y si, en su lozanía, las muchachas rondan

... huecas y ufanas
bajo las ropas ebrias de esencias
por la alameda de las mil vanas
palmas que erizan sus eminencias,

las que, en la vejez, doblan sus vidas, semejan dormir
sobre el tiempo

---

[120] M. Hernández, *El alma de la huerta*, en Couffon, *ob. cit.*,
pág. 108.

[121] M. Hernández, *O. C.*, pág. 52.

[122] *Ibid.*, pág. 111.

... con el rosario
en los umbrales de las barracas [123].

Todo el contenido —tanto espiritual como existencial— del pueblo de Orihuela se hizo vida en la sangre de Miguel Hernández, donde alentó como realidad, unas veces, esperanza, otras, y nostalgia, las más, a lo largo de sus inquietos y penados años:

En mi tierra moriré,
entre la raíz y el grano,
que es tan mía por la mano
como mía por el pie.
....
Es mi madre y es mi amiga
desde siempre, sí, y por eso
ando en ella siempre preso
y le doy diariamente
un manantial con la frente
y con las plantas un beso.
....
Vivo con la tierra, y sueño
con la tierra y el trabajo:
y si la tierra me trajo
a darle el barro de mí,
bien dirá que se lo di
cuando me coja debajo.
....
Por ella soy un arroyo
de sudor amargo y lento,
ella es mi solo sustento,
y tan de mi sangre es
que debajo de mis pies
rodar sus árboles siento [124].

[123] M. Hernández, *Tarde de domingo*, en Couffon, *ob. cit.*, página 137.
[124] M. Hernández, *O. C.*, págs. 762-763.

C) EL CONTENIDO POÉTICO

Toda poesía lírica —la de Miguel Hernández no es excepción— responde a las más personales vivencias —quiero decir, auténticas— del poeta, de donde poesía, bajo tal contemplación, es esencialmente autobiografía.

Salvo muy escasos poemas, en los que predomina lo descriptivo-objetivo —unos cuantos escritos en la adolescencia y otros fundamentados en la guerra civil—, la obra hernandiana nos muestra el intenso y rapidísimo despliegue existencial del hombre y estético del escritor. Y no salió jamás de lo concreto, de lo individual.

La voz poética de Miguel no ofició en altares de culto abstracto, sino que, subiendo las patéticas gradas de la confesión o bajando hasta las más profundas galerías del alma, verso a verso, se nos revela la encendida etopeya de un dramático destino personal, que brota de la tierra y en la tierra se sume. Dijo: «¡Será un latido verde bien pronto la semilla!» [125], y el pulso no tardó ciertamente en dar fe de vida del árbol frondosísimo de su personalidad:

> A la margen risosa del buen Segura,
> que murmura palabras de dulce amigo,
> el grandioso misterio de la Natura
> contemplando arrobado sigo así, sigo [126].

Observando este «grandioso misterio», se produjo con toda evidencia el despertar artístico de Hernández: la faz polícroma del paisaje, los verdes mundos del vegetal, los otros instintivos de los animales... La vida, en suma, se le abrió rudimentariamente como objeto del quehacer poético, aunque su palabra titubeara y hasta careciera

---

[125] M. Hernández, *Lluvia*, en Couffon, *ob. cit.*, pág. 139.
[126] M. Hernández, *Atardecer*, en Ramos, *ob. cit.*, pág. 292.

entonces del temple que, sin tardanza, habría de adqui-
rir:

> Tal vez las notas de los cantares
> de las acequias y los huertanos,
> de las olmedas y los cañares;
> tal vez la esencia de los azahares,
> tal vez la seda de los gusanos
> van en mis cantares [127].

Al amanecer, con el día, su alma alboreaba, enamorada, ante el mensaje de la Naturaleza, manantial de religiosidad y de los más acendrados sentimientos:

> En la alábega fresca donde brilla el rocío
> hundo el rostro que se unge de perfume bravío...
> Luego trazo en mi pecho la señal de la cruz.
> Y el ventano abandono porque el alba no vea
> que un raudal de poesía por mi boca chorrea
> y los ojos dos lágrimas me salpican de luz [128].

Amor a la Naturaleza, devoción, vivencias religiosas:
tales fueron las primeras coordenadas estéticas y emocio-
nales del gran poeta de Orihuela. Sus poemas eran a
modo de

> lirios que brotan sobre el barbecho;
> sanos botones
> que estallan riendo; locos gorriones
> que para nido buscan tu pecho.

Así dice con tono filial y humilde a los pies de la imagen de la Virgen de Monserrate, Patrona de todos los
oriolanos.

Mas al trazar el canto al día o a la noche; al revelar
líricamente el misterio frutal o animal; junto a las estrofas dedicadas al «Abuelo» o a la «Señora», supremos

---

[127] M. Hernández, *Plegaria*, en Couffon, *ob. cit.*, pág. 124.
[128] M. Hernández, *Insomnio*, en Couffon, *ob. cit.*, pág. 136.

ejes de la fe olecense, Hernández escuchó las angustias
de la madre que llora ante la hija muerta; percibió la
melancolía de la novia que se marchita en la desesperan-
za y fue brasa del fuego que arde en el corazón del mozo
enamorado. Miguel es, en una de sus dimensiones, el poeta
de la huerta y de los huertanos. Su raigal sentido de la
fraternidad alboreó junto al labrador, entre pastores. Y,
por ello, Miguel, al cantar, no empuñó «el arpa de oro»
de Apolo,

> sino el guitarro moro
> que el áspero huertano,
> el de jubón y polícroma manta,
> al expirar las tardes, en la puerta
> de su barraca, pulsa, cuando canta,
> los melódicos aires de tu huerta.
> Con emoción agarro
> el musical guitarro,
> que, sobre un limonero florecido,
> está callado y trémulo
> como a la noche un pájaro en el nido.
> Y, aunque en el arte de cantar, no ducho...[129].

Tales son los temas fundamentales de la poesía hernandiana entre los años 1930 a 1932. Su palabra sencilla,
dulcemente sentimental, fue captando y penetrando en
el mundo circundante con la desnudez que le caracterizó
siempre. La calidad del producto lírico no atañe, bajo el
aspecto aquí considerado, a la pureza y sinceridad del
espíritu que lo engendra.

Hay que pensar también que en aquella época los mo-
delos líricos del poeta hablábanle con el mismo tono de
dulzuras geórgicas. Y cuando, por entonces, se preguntó,
no por el misterio de la Naturaleza, sino por el de la

---

[129] M. Hernández, *Canto a Valencia*, en Couffon, *ob. cit.*, página 152.

misma poesía, muy ingenuamente —quiero decir original-
mente— dijo:

> Sé que es hálito que viene cual insólito cometa
> por los mundos siderales del aliento del Señor
> y se prende en el espíritu-luz del bíblico Profeta
> y en el alma sensitiva del poeta
> soñador.
> Sé que es ángel esplendente; sé que es fuente de suspiros.
> ....
> Sé que espejo es de la vida
> ....
> Sé también que es de Natura la ideálica pintura [130].

Veamos: «hálito sideral», «ángel esplendente», «espejo», «ideálica pintura»..., conceptos todos que se adecuan
de manera cabal con el modo de ser del poeta en sus
comienzos o de aquel que, con indudable experiencia lírica, no traspasó los límites de la estética regional y modernista. Recordemos que Juan Sansano, de segura influencia sobre Hernández, sostenía la cuasi-divina naturaleza del verso, y que «es Dios el que lo saca de ignotos
manantiales» [131].

En su virtud, era lógico que Miguel pensara así y que
sus poemas fueran total o parcialmente —ya por su forma o por su fondo— panochos:

> ¡Probe Juanica! ¡Probe güertana!
> Por la sendica pal cementerio la han llevao muerta
> esta mañana...
> ¡Sa queao el cielo sin resplandores, sin luz la güerta!
> Fue la mocica noble y bravía...
> ¡Fue la alegría
> de este partío!

---

[130] M. Hernández, *Poesía*, en Couffon, *ob. cit.*, págs. 128-130.
[131] V. Ramos, *Literatura Alicantina*, ob. cit., pág. 244.

El capullico más campanero que s'abre al día
y del almendro reflorecío,
rama pulía [132].

La cordialísima amistad con Ramón Sijé provocó un
cambio decisivo en la evolución poética de Miguel. Sijé
sentíase muy entrañado en la literatura española del XVII,
por lo que fue él quien, en mayor grado, aceleró la entra-
da de su amigo en el florido y complejo huerto gongorino,
así como en la mansión alegórica calderoniana y en la
honda gracia del pensamiento quevedesco.

Los homenajes a la memoria de don Luis de Góngora
(1927), los libros líricos y los de ensayo en torno al estilo
y a la vida del poeta cordobés influyeron naturalmente
en Hernández, aunque, insistimos, las causas más deter-
minantes de su culteranismo procedieron del consejo de
Ramón Sijé y de la propia sustancia olecense, de suyo
barroca.

Por lo dicho, los poemas *Abril-gongorino* y las *Octavas*
—donde nace el título de su primer libro: «¡Oh, tú, perito
en lunas: un día estepas!»— y el volumen *Perito en lunas*,
toda esta fase poética supone una evidente superación
estilística, simiente de su futura obra. Por ello, rechaza-
mos sin la menor vacilación el juicio de nuestro admirado Arturo del Hoyo: «Jamás un poeta se ha mentido tanto a sí mismo como Miguel Hernández en *Perito en lunas*» [133].

Muy al contrario, sostenemos que el poeta oriolano ni
se mintió escribiendo a la luz gongorina ni cuando lo hizo
bajo la nerudiana, ya que, por cualquier camino, Miguel
daba testimonio de su tono personal, ofrecía aire y pai-

---

[132] M. Hernández, *Al verla muerta*, en Couffon, *ob. cit.*, página 75.
[133] A. del Hoyo, Prólogo a la *Obra Escogida*, de M. Hernández,
Ed. Aguilar, Madrid, 1952, pág. 12.

saje de su mundo y avanzaba hacia el irrevocable y total descubrimiento de su personalidad. La sinceridad para consigo mismo fue algo indeclinable en nuestro poeta.

Ya en las *Octavas*, bien en *Perito*, Hernández, si por cielos culteranos, sigue ofreciendo lo más real de su mundo: ovejas, acequias, río, monte, palmera, labrador, segador, gallo y culebra, sandías y granadas, toro y torero, agua y vino, plantas silvestres, luna, día y noche, hombre, muerte..., y hasta la explícita confesión —octava XXXV de *Perito*— o, mejor, pregunta que el poeta dirige a Ramón Sijé —como bien ha visto Marie Chevallier— en demanda de urgente respuesta:

> Una imposible y otra alcanzadiza,
> ¿hacia cuál de las dos haré carrera?
> ¡Oh, tú, perito en lunas, que yo sepa
> qué luna es de mejor sabor y cepa! [134].

Ostensible está su vida de pastor.

> Por donde quiso el pie fue esta blancura,
> no por ingeniería, en evasiva;
> cuya copa de lana dulce, apura
> la que con sus pezuñas más la activa [135].

o bien:

> Esta blanca y cornuda soñolencia
> con la cabeza de otra en lo postrero,
> dócil, más que a la honda, a la paciencia,
> tornaluna de música y sendero [136].

Directas alusiones a motivos tan hernandianos como los del cuchillo —«fría prolongación, colmillo incluso»—, el hambre —«Este paisaje sin mantel de casa»—, el toro

---

134 M. Hernández, *O. C.*, pág. 72.
135 *Ibid.*, pág. 65.
136 *Ibid.*, pág. 69.

—«por el arco, contra los picadores, / del cuerno, flecha, a dispararme parto»—, el torero —«¡Ya te lunaste! Y cuanto más se encona, / más. Y más te hace eje de la rueda»—, la muerte —«Patio de vecindad menos vecino, / del que al fin pesa más y más se abisma»—, etc., muestran con absoluta claridad que esta fase gongorina significó un importante progreso en el curso poético hernandiano o, como bien dice Concha Zardoya, en el discurrir de estos versos, «se percibe el aliento de un poeta auténtico e indudablemente bien dotado, en proceso de crecimiento interno» [137].

A esta época pertenecen también varias prosas igualmente gongorinas. En mayo de 1932, Hernández rinde homenaje a la memoria de Gabriel Miró, «ruyseñor mayor de edad», cuyas manos, hábiles en «escarbar el perfume de las flores», con cuerpo, «todo tacto», sentía el pulso más íntimo de las cosas. Miró, «el perfecto de vida de hermosuras», se hallaba, en el recuerdo, perfeccionándose «de fealdad entre dos entretierras». El gran escritor era ya eternidad, cuajada quietud, que «se ha quedado limitando eternamente al norte con tu obra, al sur con tu tristeza y al este y al oeste con toda la belleza».

En aquel recobrar el tiempo ido, trae también a su amigo Carlos, cumpliendo entonces el servicio militar. Eran días navideños y la ausencia era más notoria: «tu pala, tu remo navegante en pan, tu pavo, tu calle, tu Virgen...».

Y, con el admiradísimo prosista y con el querido amigo, aparece el canario de su patio, que cantó, tras una enfermedad de silencios, y lo hizo, «golpeando su voluntad de ser libre contra nuestro propósito realizado en la jaula de que sea esclavo: porque está en amor».

---

[137] C. Zardoya, *ob. cit.*, pág. 52.

Asimismo, la prosa de *Campo Santo*, de noviembre de 1932, ya transcrita en este libro, revela la innata capacidad de Miguel para la consecución de imágenes en marco de poesía culterana: «... su frente está evitada de jazmines, y en sus pestañas largas y verdes, carrizos a la orilla de sus ojos criados, lleva prendidos dos claveles. Y al final de la trenza, que arrodilla sobre un hombro sus oscuridades, un sombrero andaluz con el fondo concurrido de naranjas».

El barroquismo, pues, de Hernández no sólo hay que estudiarlo en *Perito en lunas*, sino en poemas muy anteriores a este libro y en otros versos y prosas posteriores. Abundando en esta tesis, léase el poema *A Don Juan Sansano*[138], escrito en abril de 1931, en el que leemos:

> Verdece Koré que el reino del dios Plutón ha dejado;
> Pomona cansa de frutos las tiernas ramas amigas;
> y Flora, de rosas cálidas, su bella sien ha incendiado,
> en tanto que su oro ofrecen a Deméter las espigas.

Lo barroco es —lo hemos repetido— nota constitutiva del espíritu oriolano, y, por tanto, del de su ilustre hijo. La fase poética de *Perito*, si, en efecto, es formalmente transitoria, materialmente considerada responde a unas constantes estéticas indeclinables, pensamiento que corrobora el propio poeta, al afirmar que «el limonero de mi huerto influye más en mi obra que todos los poetas juntos»[139].

Acierta, consecuentemente, Gerardo Diego, cuando, meditando en las octavas de *Perito*, escribe:

> Pero Miguel se incorpora toda inicial influencia con tal asumidora personalidad, que queda su poesía triunfante y

---

[138] En mi *Literatura Alicantina*, ob. cit.
[139] M. Hernández, *Arte poética y aforismos*, «Ágora», Madrid, noviembre-diciembre 1960.

novísima, su metal de voz hirviente y sonoroso, su ritmo propio y restallante campeando en el cielo de la mejor poesía española [140].

Entre 1931 y 1934 se extiende el tiempo de sello gongorino en el quehacer lírico de Miguel Hernández, así como el de talante calderoniano, meramente formal de su auto *Quien te ha visto y quien te ve y sombra de lo que eras*, obra que limita dos básicos períodos tanto de la vida como de la obra de nuestro poeta y en la que queda muy patente su significativa carga humana.

Quien te ha visto y quien te ve y sombra de lo que eras es un perfecto auto sacramental, según el patrón que se forjó en el siglo XVII, tomando lo eucarístico como el más sustantivo tema. Sin embargo, en Hernández, con estar muy visible este enfoque hacia lo comulgatorio, la obra deriva y se acerca a la definición lopesca —comedia «a honor y gloria del pan»—, cuyas alegorías palidecen y, en muchas ocasiones, se esfuman ante el imperio de lo real concreto. Quiero decir que el auto de Miguel implica un maravilloso traslado del vivir en el mundo nativo con alas metafísicas y tópicamente teológicas. La importancia de esta obra reside en lo que en ella hay de realidad existencial y de pensamiento auténtico del autor, además, claro es, de su belleza lírica.

Habida cuenta del realismo del auto que comentamos, nos parece acertadísimo el juicio que el mismo le mereció a Ramón Sijé:

> ...no es propiamente un auto sacramental escolástico; porque él ha ampliado imaginativamente el concepto del auto, merced a lo que puede llamarse la influencia de la emoción racional del campo. Y es que el auto clásico, el auto calderoniano, tiene un marcado sabor urbano —si cabe hablar así en el puro terreno de los conceptos—, producido por

---

[140] En la revista «Ágora», núm. cit.

la depuración ascética de las imágenes, la ausencia del paisaje vivo y el archiescolasticismo poético. En el auto de
Hernández —en cambio— juega un papel poéticamente decisivo el campo como mundo perfecto: como imagen, como
estilo y como idea. El campo existe, aun cuando, considerado
de manera abstracta, sea una proposición escolástica, una
categoría racional. O meta-racional: porque el campo no cabe
en la cabeza; de tan cristalino —que es la forma conceptual
de la luz, el volumen y el color—, el campo no cabe en la
razón.

Al término del auto hernandiano se consuma esa novísima incorporación de la naturaleza física y social en el
orbe hasta entonces cerrado de la lógica y de la fe. Hernández ha perfilado la tragedia humana en el ámbito de
la alegoría, por lo que nuestro poeta —dicho con palabras
de Sijé—

vive y muere su estilo personal en un estilo —en una tradición—, cuya práctica supone constante martirio. Él es un lírico en agonía. Porque el poeta que siente tras de sí los muertos es como pájaro que vive en la jaula de un determinado
estilo histórico. Porque el estilo no es nada, si no es la penitencia del mismo estilo [141].

Hacia el acabamiento de esta etapa, el escritor da testimonio de su credo poético —ya no tan ingenuo; ahora
algo más racional—, diciendo que el poema es

verdad insinuada (...). Se necesita ser minero de poemas
para ver en sus etiopías de sombras sus indias de luces. Una
verdad verdadera que no se ve, pero se sabe, como la verdad de la sal en situación azul y cantora (...). El poema no
puede presentársenos venus o desnudo. Los poemas desnu-
dos son la anatomía de los poemas. ¿Y habrá algo más horri-
ble que un esqueleto? Guardad, pues, el secreto del poema:

---

[141] R. Sijé, *El Comulgatorio Espiritual*, «El Gallo Crisis», números 3-4, Orihuela, 1934.

esfinge. Que sepan arrancárselo como una corteza. ¡Oh la naranja: qué delicioso secreto bajo un ámbito de mundo! Salvo en el caso de la poesía profética en que todo ha de ser claridad —porque no se trata de ilustrar sensaciones, de solear cerebros con el relámpago de la imagen de talla, sino de propagar emociones, de avivar ideas—, guardaos, poetas, de dar frutos sin piel, mares sin sal [142].

A nuestro juicio, estas palabras, en las que se revelan ecos sijenianos, fijan la nueva frontera de la poesía hernandiana: la que separa el verso que alumbra cerebros «con el relámpago de la imagen de talla», del que propaga «emociones» y arde en ideas. Se trata de un paso más en el camino de la plena y consciente humanización de su poesía, de su poesía abierta, aún celosamente guardada.

A lo largo de estos años, además de la pureza y hondura metafóricas, se enriquece el contenido poético, ya que, a la dicha temática rural, brotan, apuntan cuestiones y problemas religiosos y metafísicos, psicológicos y sociológicos, entre cuya cosecha se recogen de vez en cuando estrofas de contenido amoroso, materia que se impondrá para el alumbramiento de *El rayo que no cesa*.

Cuando Miguel volvió a probar suerte en el ruedo literario y social de Madrid, hallábase en las más óptimas condiciones para conseguir el triunfo. Entre julio y septiembre de 1934, «Cruz y Raya» publica el auto sacramental, que causa lógica sorpresa y merecido elogio. El éxito le abre más las puertas de los círculos literarios, singularmente el que giraba en torno a Pablo Neruda y Vicente Aleixandre, amistades e influencias que desvelan nuevos caminos para el gran oriolano.

---

[142] Este texto lo dio a conocer Leopoldo de Luis en «Papeles de Son Armadans», número XXIII, Palma de Mallorca, 1961.

El influjo nerudiano en Hernández ha sido estudiado. Sus secuelas aparecen explícitas en la carta de éste a Juan Guerrero Ruiz, de fecha 12 de mayo de 1935, dada a conocer por Juan Cano Ballesta. Dice el poeta, después de glorificar el nombre del chileno:

> Tiene que perdonarme que no le enviara mi auto sacramental: no lo hice a nadie en absoluto; vendí todos los ejemplares que me regaló *Cruz y Raya* porque necesitaba, como siempre, dinero.
>
> Ha pasado algún tiempo desde la publicación de esta obra, y ni pienso ni siento muchas cosas de las que digo allí, ni tengo nada que ver con la política católica y dañina de *Cruz y Raya*, ni mucho menos con la exacerbada y triste revista de nuestro amigo Sijé (...). Estoy harto y arrepentido de haber hecho cosas al servicio de Dios y de la tontería católica. Me dedico única y exclusivamente a la canción y a la vida de tierra y sangre adentro: estaba mintiendo a mi voz y a mi naturaleza terrenas hasta más no poder, estaba traicionándome y suicidándome tristemente.

Y comenta Cano:

> Su temperamento de entrañables raíces terrestres romperá la cáscara de normas tradicionales, arrastrado por una intensa emoción artística. Con ímpetu de labriego embestirá contra los obstáculos impuestos por los cánones. Ha vencido su timidez demasiado respetuosa de las formas, de los temas tradicionales, del vocabulario castizo, del acervo metafísico clásico. He aquí para Miguel la gran lección de Pablo Neruda...

Sin embargo, no nos parece lícito pensar que Miguel Hernández se entregara entonces a poetizar al estilo de Neruda. Como bien ha visto Cano, «una honda afinidad interna» se estableció entre ambos poetas, comunión que es de índole racional: similitud de concepciones últimas, raigales, del mundo y del hombre, con la notabilísima diferencia, empero, de que el pesimismo nerudiano tiene su hontanar en el materialismo de Schopenhauer, mientras que la visión pesimista de Hernández brota de su tragicismo fatalista, sin total hundimiento en el materialismo, del que siempre le salva su inextinguible —oculta, como entonces— fe en la Trascendencia.

> Y veo entre nosotros coincidencias de barro,
> referencias de ríos que dan vértigo y miedo
> porque son destructoras, casi rayos,
> sus corrientes que todo lo arrebatan [143].

Poemas hernandianos, escritos bajo este clima espiritual, son, entre otros, *Mi sangre es un camino, Sino sangriento, Vecino de la muerte,* las *Odas* a Pablo Neruda y a Vicente Aleixandre, *Sonreídme,* etc.

Entre los raudales humanísimos de aquella poesía «impura» se acentúa la denuncia social y se ilustran actitudes de signo político. Poesía testimonial, «comprometida», elevada a la punta del grito y a la proclama bélica, tras el estallido sangriento de julio de 1936.

> Si yo salí de la tierra,
> si yo he nacido de un vientre
> desdichado con pobreza,
> no fue sino para hacerme
> ruiseñor de las desdichas,
> eco de la mala suerte,
> y cantar y repetir
> a quien escucharme debe
> cuanto a penas, cuanto a pobres,
> cuanto a tierra se refiere [144].

La guerra española alumbró violentamente su desgarrado y profundo amor al pueblo, en cuyo destino mile-

---

[143] M. Hernández, *O. C.,* pág. 254.
[144] *Ibid.,* pág. 269.

nario se sintió identificado con toda la potencia de su corazón:

> Aquí estoy para vivir
> mientras el alma me suene,
> y aquí estoy para morir
> cuando la hora me llegue,
> en los veneros del pueblo
> desde ahora y desde siempre[145].

La poesía es amor, es belleza y es también poderosa arma de combate, «porque yo empuño el alma cuando canto»[146]. Y, de este modo, registrando en su sangre muertes sucesivas, ahogándose en oleadas de odio, amor y tristeza, luchando desde las auténticas raíces del ser humano, con el corazón a flor de piel, a flor de tiro, inclinado hacia una tumba de inmensas dimensiones, se forja, en el espíritu de Miguel, la verdadera actitud histórica del poeta, su misión indeclinable entre los hombres desde los orígenes de la humanidad y hasta el fin de los tiempos:

> Siempre fuimos nosotros sembradores de sangre.
> Por eso nos sentimos semejantes al trigo.
> No reposamos nunca, y eso es lo que hace el sol
> y la familia del enamorado.
> Siendo de esa familia, somos la sal del aire.
> Tan sensibles al clima como la misma sal,
> una racha de otoño nos deja moribundos
> sobre la huella de los sepultados.
> Eso sí: somos algo. Nuestros cinco sentidos
> en todo arraigan, piden posesión y locura.
> Agredimos al tiempo con la feliz cigarra,
> con el terrestre sueño que alentamos[147].

---

[145] M. Hernández, *O. C.*, pág. 270.
[146] *Ibid.*, pág. 282.
[147] *Ibid.*, pág. 337.

Y, con aquella su voz, «templada al fuego vivo» [148], Miguel combatió por la justicia, la paz y el amor, por el hombre, en definitiva. Mas la palabra, si no perdió el temple, sí transformó la hacienda temática a lo largo de un vertiginoso proceso de autoexigencia hasta verla discurrir tan serena como trágica, tan lúcida como estremecedora, por los cauces del *Cancionero y romancero de ausencias*, «verdadero diario íntimo: las confesiones de un alma en soledad (...). Su dolor solo: el dolor del hombre» [149].

Muy lejos ya de su palabra el culteranismo, el surrealismo, el nerudismo... Ningún *ismo* —a no ser el más acendrado humanismo— turbó el río limpísimo de su última meditación lírica. Pastor, al fin, de su propia alma, Miguel Hernández alcanzó la cumbre de su vida apacentando su personalidad de elegido.

D) TEORÍA DE LA NATURALEZA

1. CREACIÓN Y CRIATURA

La Naturaleza, el Universo todo, es obra creada, surgida del insondable misterio divino, ya en el tiempo o desde la misma eternidad. Miguel Hernández, claro es, no se plantea problema teológico alguno, ni tampoco filosófico, sobre esta cuestión metafísica. Su pensamiento, su concepción del mundo, va desarrollándose naturalmente, diríamos, sobre la base de la observación minuciosa, enamorada, de los fenómenos de la Naturaleza, apoyada, trascendida, mejor y en algunos aspectos, por la fe religiosa, sentimiento, cuya raíz jamás desapareció de su alma.

---

[148] *Ibid.*, pág. 308.
[149] C. Zardoya, *ob. cit.*, pág. 76.

Así, pues, Hernández, sobre el fundamento de la creencia religiosa, acepta la creación divina de la Naturaleza: «Dios me ha dado un mundo», dice en el poema *Silencio divino*, donde al Ser Supremo le llama «Dios de lo creado» [150].

En otro lugar, define a los existentes «cosas de Dios» [151]. Tales son, verbigracia, «la nube, la manzana, el borrico, las piedras y los ríos».

El multiforme, armónico ser creado, una vez convertido en criatura independiente por el Sumo Artífice, no queda del todo desvinculado de Él, sino religado de modo indisoluble a través, acaso, del alma universal:

> Idioma pleno,
> ¡oh silencio! Alma
> de las cosas, cuerpos [152].

El hilozoísmo —así lo hemos demostrado en otros libros [153]— es una constante metafísica y estética del escritor alicantino, cuyo remoto antecedente es, sin duda, el pensamiento griego clásico. El hilozoísmo y vitalismo, el pensar que la materia no es inerte, sino que se halla espiritualizada, animada, y que, en última instancia, materia y espíritu se confunden e identifican, muéstrase en muchos pasajes de la obra hernandiana, como tendremos ocasión de probar. Mas, ahora y aquí, traigamos una prosa, en la que nos habla del hondo vivir de las piedras:

> La piedra sabe amenazar y castigar cuando la empuja la pólvora del barreno. La piedra se enfurece cuando la maltratan el sol y el pico. La piedra silba colérica y peligrosa manejada en la honda. La piedra se desploma poderosamente

---

150 M. Hernández, *O. C.*, pág. 147.
151 *Ibid.*, pág. 184.
152 *Ibid.*, pág. 148.
153 Vid. mis libros cit. *El mundo de Gabriel Miró* y *Literatura Alicantina, 1839-1939.*

sobre los pueblos cuando la recoge el rayo. La piedra se re-
vuelve contra quien la golpea rugiendo y bramando [154].

El conocimiento que el hombre llega a poseer de la
Naturaleza no lo alcanza por vía especulativa, sino aban-
donándose en acto de amor, entregándose a sus misterios
con desnudez total:

> Desnudos: se comienza
> de nuevo la creación y la sonrisa,
> sin vicio ni vergüenza
> íntimamente unidos con la brisa.
> Nuestra planta, gozando con el tacto
> más que el cordero hambriento con el gusto,
> en el forzoso acto
> del paso —o compromiso,
> siente una sensación de paraíso.
> ....
> Éste es el primer día.
> Todo recobra la categoría,
> la personalidad, la arquitectura
> de los puros momentos principales [155].

Actitud vital, con la que no sólo llegamos a la máxima
perfectibilidad de nuestro ser, don de la Naturaleza, sino
que nos permite descubrir, gozar de los más auténticos
matices sensoriales:

> Desnudos, sí, desnudos:
> el verde es más suave,
> los guijarros más rudos.
> Aspira los olores campesinos
> de par en par el poro [156].

---

154 M. Hernández, *O. C.*, pág. 655.
155 *Ibid.*, pág. 100.
156 *Ibid.*, pág. 101.

Así, la criatura, sintiéndose en contacto directo con la Naturaleza, aprende lo que podríamos denominar método de la contemplación, senda que, una vez abierta, nos proporciona el sublime ascenso de nuestro ser:

> Entre las hojas brotan nubes, naves,
> espacios reducidos
> que ¡a cuánto amor! elevan mis sentidos [157].

Hijos y alumnos somos de la Naturaleza, cuyo magisterio nos puede revelar el máximo secreto de la existencia:

> Aquí se aprende que la vida es inmortal como la muerte (...). Aquí no se tendrá el sentido de las cosas, pero se tiene el sentimiento (...). Mis llagas son ya llagas dulces, que no me duelen... Soy yo ¡tan interior! por este frío, por este campo, por esta senda, por estas nubes, por este Dios [158].

Si la vida es inmortal, como paradójicamente se predica de la muerte —puerta de la eternidad para el espíritu religioso—, ambos y sustantivos conceptos pierden de inmediato su contenido individualizador, resolviéndose en el más comprehensivo de permanencia sobre el tiempo. Todo es vida, por lo que aparece como un imposible epistemológico la idea —absurda, de suyo— de la muerte.

Y agrega el poeta que esta supuesta inmortalidad universal conlleva lógicamente la anulación del tiempo —«se quedan las horas sin relojes»— y el principio desvelado de toda sabiduría: «Pensamientos más altos que palmeras me alejan de mi cuerpo, accidente mío (...). Aquí lo advierto: la soledad aparta más que la distancia...».

Por todo ello, comprendemos con facilidad aquella profunda animadversión que Miguel patentizaba ante la ciudad como insalubre ámbito de vida. La ciudad es lo

---

[157] M. Hernández, *O. C.*, pág. 90.
[158] *Ibid.*, págs. 938-939.

artificial, lo antinatural. En sus calles, en su atmósfera, el hombre se va alejando, tal vez de modo inconsciente, de su autenticidad. Al faltar naturaleza, falta vida. Acaso, el concepto de muerte sea de procedencia urbana.

En la ciudad «no coincide ningún reloj, ningún amor». Sus gentes, desnaturalizadas, intentan enviciar, aniquilar la espontaneidad, la sabiduría del hombre que llega del abierto campo:

> Los hombres urbanos, cultos, pero sin cultura campesina, introdujeron en nuestras funciones las arañas que no pueden vivir si no es atadas a sus vicios brillantes, sus hilos, que impiden el desarrollo de las plantas. Os han destetado del campo. Os han expropiado la inocencia. Os han desintegrado de vuestro cariño. Os han arrebatado la sabiduría del no querer saber... [159].

Conocidísimo es *El silbo de afirmación en la aldea*, donde el autor nos ha dejado evidentes testimonios de aquel verdadero desasosiego e incomodidad que se le adueñó, viéndose, desnortado, por las calles madrileñas:

> Iba mi pie sin tierra, ¡qué tormento!,
> vacilando en la cera de los pisos,
> con un temor continuo, un sobresalto,
> que aumentaban los timbres, los avisos,
> las alarmas, los hombres, el asfalto.
> ....
> Árboles, como locos, enjaulados.
> ....
> ¡Ay, cómo empequeñece
> andar metido en esta muchedumbre!
> ¡Ay!, ¿dónde está mi cumbre,
> mi pureza, y el valle del sesteo
> de mi ganado aquel y su pastura?
> Y miro y sólo veo

---

[159] M. Hernández, *O. C.*, pág. 939.

> velocidad de vicio y de locura.
> Todo eléctrico: todo de momento.

Y como, en la urbe, el poeta no encuentra «la plenitud del mundo», y sí, en cambio, cabe su río y entre los naranjos, donde «sólo abarca mi mano plenitudes», decide regresar a la Naturaleza, a su ser, vivo en lo que Miró definió «verdad rural»:

> Haciendo el hortelano,
> hoy en este solaz de regadío
> de mi huerto me quedo.
> No quiero más ciudad, que me reduce
> su visión, y su mundo me da miedo.
> ....
> Lo que haya de venir, aquí lo espero
> cultivando el romero y la pobreza [160].

Compadeciéndose con tal actitud vital y aun moral, Miguel Hernández no puede concebir la perfección humana al margen de la Naturaleza. Por el contrario, en ese vivir de espaldas a la «verdad rural» se engendra el mal:

> Se ha retirado el campo
> al ver abalanzarse
> crispadamente al hombre.
> ¡Qué abismo entre el olivo
> y el hombre se descubre! [161].

Sostiene el poeta que «el campo nos serena y pacifica» [162], infundiéndonos el goce de vivir, la alegría en la sangre y en el corazón:

---

[160] M. Hernández, *O. C.*, págs. 182-186.
[161] *Ibid.*, pág. 315.
[162] *Ibid.*, pág. 938.

que siempre en mi alma se despierta
en cuanto bebo, en cuanto rozo
las dulces brisas de la huerta [163].

Este profundo, inexplicable a veces, júbilo que nos llega de la Naturaleza a través de nuestra propia raigambre física, es tan radical que, en *El labrador de más aire*, ante la muerte de Juan, Encarna anhela trocarse en todo, en nada:

Quiero quitarme esta pena,
y vestirme la mortaja,
y esparcirme como arena,
y aventarme como paja.
Molerme como semilla,
perderme en el polvo vago [164].

La tendencia natural del ser humano no es otra que la de alcanzar la fusión con las demás «cosas de Dios», resolviéndose las partes en un todo:

Como después de vivos,
nos hacemos terrestres, vegetales
en esencia, en presencia y en potencia [165],

Terrestres y vegetales: así somos sustancialmente hoy, aun bajo distintas apariencias; tal seremos definitiva, eternamente, mañana. Y no sólo las fuerzas terrestres y vegetales nos arrebatan, sino también y con igual ímpetu el deseo de convertirnos en ave:

Me da el viento, Señor, me da una gana
el viento de volar, de hacerme ave
de lo más viva, de lo más lejana [166].

---

[163] M. Hernández, *La bendita tierra*, en V. Ramos, *ob. cit.*, página 287.
[164] M. Hernández, *O. C.*, pág. 803.
[165] *Ibid.*, pág. 99.
[166] *Ibid.*, pág. 108.

Esa única e indefinible percepción que nos inclina o nos eleva a la identidad última de todas las criaturas, ese todo en el que se refundirá, no panteística, sí hilozoísticamente, la multitud de individualidades fenoménicas, la sintió ardorosamente Miguel, en contacto su piel con la higuera de su patio:

> Mi carne, contra el tronco, se apodera,
> en la siesta del día,
> de la vida, del peso de la higuera,
> ¡tanto!, que se diría,
> al divorciarlas, que es carne mía [167].

He aquí la más profunda lección de la muerte: identidad con el ser universal. Hombre y Naturaleza hechos uno: creación, cópula infinita de todas las «cosas de Dios» en Dios. Amor y eternidad. Vida, en suma:

> Mi cuerpo pide el hoyo que promete la tierra,
> el hoyo desde el cual daré mis privilegios de león y nitrato
> a todas las raíces que me tiendan sus trenzas.
> ....
> En esta gran bodega donde fermenta el polvo,
> donde es inútil injerir sonrisas,
> pido ser cuando quieto lo que no soy movido:
> un vegetal, sin ojos ni problemas;
> cuajar, cuajar en algo más que en polvo,
> como el sueño en estatua derribada;
> que mis zapatos últimos demuestren ser cortezas,
> que me produzcan cuarzos en mi encantada boca,
> que se apoyen en mí sembrados y viñedos,
> que me dediquen mosto las cepas por su origen [168].

Si, desde esta perspectiva general y ontológica, pasamos a la concreta admiración de la hermosura femenina,

---

[167] *Ibid.*, pág. 90.
[168] *Ibid.*, pág. 244.

nuestro poeta, al trazar el laude, fundamentará dicha belleza en tanto en cuanto participa de la divinidad, de los elementos naturales:

> Ojinegra la *oliva* en tu mirada,
> boquitierna la *tórtola* en tu risa,
> en tu amor pechiabierta la *granada,*
> barbioscura en tu frente *nieve* y *brisa.*
> Rostriazul el *clavel* sobre tu vena,
> malherido el *jazmín* desde tu planta,
> cejijunta en tu cara la *azucena,*
> dulciamarga la voz en tu garganta [169].

Con toda diafanidad, se establece, en estos cuartetos, la correspondencia entre las cualidades físicas y morales de la mujer con los demás seres de la Naturaleza.

2. LA TIERRA

Dentro del supremo concepto de Naturaleza, el de tierra ocupa un lugar cimero, idea que, en la poética hernandiana, adquiere a veces tanta excelencia que se identifica con aquél. Desde luego, no sólo es el ente más vinculado a lo humano, sino que hasta lo sustenta, confiriéndole destino y trascendencia.

El ser humano, no ya como noción, sino como vida, lo es en y por la tierra. El hombre es tierra. (Recordemos ahora y siempre que el pensamiento de Hernández, en este sentido, se nutre de la tesis animista, por lo que el ser tierra es sinónimo de ser vida.)

El descubrimiento axiológico de la tierra, su nostalgia, se impuso a nuestro poeta con el sufrir la artificiosidad urbana madrileña:

---

[169] M. Hernández, *O. C.*, pág. 148. (Los subrayados son nuestros).

Yo te tuve en el lejos del olvido,
aldea, huerto, fuente en que me vi al descuido:
huerto, donde me hallé la mejor vida,
aldea, donde al aire y libremente,
en una paz larga y tendida.
Pero volví en seguida
mi atención a las puras existencias
de mi retiro hacia mi ausencia atento,
y todas sus ausencias
me llenaron de luz el pensamiento [170].

Así, pues, mirando desde los lejanos cielos, la tierra nativa duele como un amor, al tiempo que su contenido puebla la memoria con la luz cordialísima de aquellas amadas y «puras existencias». La evocación alumbra también viales del conocimiento. Entonces, la melancolía invade, oscureciendo, los paisajes del alma, y tira de ella tan fuertemente que la vida en su hondura sabe a sangre de antigüedad remotísima:

La fuerza que me arrastra
hacia el mar de la tierra
es mi sangre primera [171].

A Miguel Hernández se le puede dar con plena justicia el título de poeta de la tierra, pues, complacida, muy acendradamente, se sintió hombre por, en y para la tierra. Así lo declara a sus amigos poetas, entre los que tomó «silla en la tierra»:

tal vez porque he sentido su corazón cercano
cerca de mí, casi rozando el mío [172].

Armonizando nuestro latido con el de la tierra, percibiendo claramente la vida de esa raíz que nos alimenta

---

170 M. Hernández, *O. C.*, pág. 182.
171 *Ibid.*, pág. 384.
172 *Ibid.*, pág. 336.

y, a la vez, nos desangra, fue cómo el lírico pastor oriolano intuyó su indestructible amistad con la tierra, su
constitutivo terreno, aunque otro nombre tuviera:

> Me llamo barro aunque Miguel me llame.
> Barro es mi profesión y mi destino.
> ....
> Barro en vano me invisto de amapola,
> barro en vano vertiendo voy mis brazos
> ....
> Antes que la sequía lo consuma,
> el barro ha de volverte de lo mismo [173].

Su destino es el de la tierra, y el barro funde y tras-
pasa su existencia, se despliega por los cauces de sus
venas, le cubre el corazón y le llena la garganta, le inun-
da todo, haciéndolo suyo, siendo barro:

> Llueve como una sangre transparente, hechizada.
> Me siento traspasado por la humedad del suelo
> que habrá de sujetarme para siempre a la sombra,
> para siempre a la lluvia [174].

Del agua es hijo el barro desde la entraña terrestre,
y la lluvia, el agua, esa «sangre transparente», a los muertos eleva sobre la superficie de las cosas, desvelándolos
de su dormición al margen del tiempo.

¿Qué hay, qué puede haber dentro de los horizontes
de nuestro conocimiento, fuera de la tierra, más allá del
barro? Miguel Hernández escribe con palabras categóri-
cas que «nuestro cimiento será siempre el mismo: la tierra» [175]. Y no tan sólo en cuanto a lo biológico, sino también en orden a la estética. La voz del artista, lo que cali-
ficamos de inspiración y su producto, en el humano barro
se engendra, de la tierra surge.

---

[173] M. Hernández, *O. C.*, págs. 220-222.
[174] *Ibid.*, págs. 415-416.
[175] *Ibid.*, pág. 263.

La relación vital hombre-tierra la simboliza Hernández, valiéndose de las fases de novia, esposa y madre, proceso que culmina en el amor totalizador, sinónimo de la nada.

En *El labrador de más aire*, dice Encarnación, refiriéndose a Juan:

> La tierra se descubría
> y abría su espesa rosa,
> y al preparar una fosa
> para la lluvia y la mies
> le tiraba de los pies
> como una novia celosa [176].

Tal es el principio de la invencible atracción de la tierra, novia del hombre, bajo cuya seducción éste se va hundiendo lento, con movimiento definitivo y eterno

> para que la tierra inunde
> de paz y panes su frente [177].

El segundo y superior grado amoroso es la consideración de la tierra como esposa:

> Hombres de la tierra: no les hablo a los muertos: vuestra vida, como vuestra muerte, es de la esposa oscura del arado [178].

La tierra es la misma y universal exigencia, el imperio de la necesidad, dueña de los existentes. Así lo expresa el Hombre-Niño en el auto sacramental hernandiano:

> Que la tierra, siempre arada,
> para mí, ha de ser, ahora

---

[176] M. Hernández, *O. C.*, pág. 686.
[177] *Ibid.*, pág. 273.
[178] *Ibid.*, pág. 959.

> siempre por arar, señora
> de mis más breves minutos [179].

Si somos siervos de la tierra, también de su voluntad depende nuestro tiempo. La tierra y nosotros, íntimamente enlazados:

> Vivo con la tierra, y sueño
> con la tierra y el trabajo:
> y si la tierra me trajo
> a darle el barro de mí,
> bien dirá que se lo di
> cuando me coja debajo.
> Sobre su vientre me apoyo
> para que con pan me pague:
> no dirá cuando me trague
> que no he cultivado el hoyo [180].

Pero, antes de que el hombre caiga definitivamente, antes de que su ser en el ser de la tierra se articule y se confunda, la «oscura esposa» se transforma maternalmente:

> Es mi madre y es mi amiga
> desde siempre, sí, y por eso
> ando en ella siempre preso
> y le doy, diariamente,
> un manantial con la frente
> y con las plantas un beso [181].

La significación maternal de la tierra, aquí simplemente señalada, aparece rotunda en muchos textos hernandianos. Por ejemplo:

Madre: abismo de siempre, tierra de siempre: entrañas donde desembocando se unen todas las sangres:

---

[179] *Ibid.*, pág. 489.
[180] *Ibid.*, pág. 763.
[181] *Ibid.*, pág. 762.

donde todos los huesos caídos se levantan:
madre.
Decir madre es decir *tierra que me ha parido;*
es decir a los muertos: *hermanos, levantarse;*
es sentir en la boca y escuchar bajo el suelo
sangre.
La otra madre es un puente, nada más, de tus ríos.
El otro pecho es una burbuja de tus mares.
Tú eres la madre entera con todo tu infinito,
madre [182].

Vientre inmenso; entraña eternamente paridora; centro y manantial de la sangre; fuente de la vida: es la tierra:

Tierra: tierra en la boca, y en el alma, y en todo.
Tierra que voy comiendo, que al fin ha de tragarme.
Con más fuerza que antes volverás a parirme,
madre [183].

Pero si el hombre es ente que se temporaliza al surgir, formado potencialmente, de la tierra, ese éxtasis de la libertad puede proporcionarle una cierta atemporalización o inmortalización del hombre —mediante la virtud, la verdad o la belleza—, aunque el hombre, atraído por las telúricas fuerzas del amor absoluto —la tierra en su plenitud—, se hunda y se disuelva, y se convierta en nada y todo en el fondo, donde todas las «cosas de Dios» se han convertido en una: tierra.

La tierra es un amor dispuesto a ser un hoyo,
dispuesto a ser un árbol, un volcán y una fuente [184].

En su ontológica realidad, nuestro vivir es una pregunta:

---

[182] M. Hernández, *O. C.*, págs. 341-342.
[183] *Ibid.*, pág. 342.
[184] *Ibid.*, pág. 244.

¿Cuándo caeré, cuándo caeré al regazo
íntimo y amoroso donde halla
tanta delicadeza la azucena?
Debajo de mis pies siento un abrazo,
que espera francamente que me vaya
a él, dejando estos ojos que dan pena [185].

Por este proceso, la tierra se nos va revelando como
Amor, tal vez, Dios. En *Los hijos de la piedra*, el Pastor
pronuncia estas palabras sobre el cadáver de Retama: «A
la tierra, Retama mía, a la buena tierra llena de abrazos» [186].

Y, como Amor, la tierra es el último destino de toda
especie de vida:

Después del amor, la tierra.
Después de la tierra, nadie [187].

3. LA LUNA

Aunque toda la obra hernandiana nos conduce al mágico y fatalista dictado de la Luna sobre la humana criatura, empero, en una escena del auto sacramental, el autor
se olvida de esa malquerencia y enaltece el virginal acento, la pureza de la Luna. Dice la Carne, refiriéndose a las
cualidades de la Pastora:

A todo lo que toca
virginidad le imprime. Y hasta creo
que de su blanca planta,
cuya blancura la blancura altera,
huella en pompa, la luna se levanta [188].

---

[185] M. Hernández, *O. C.*, pág. 201.
[186] *Ibid.*, pág. 660.
[187] *Ibid.*, pág. 400.
[188] *Ibid.*, pág. 514.

Pero esta ascensión desde la misma blancura, tal carácter de virgíneo, es excepcional en la simbología hernandiana. Lo cierto, para el poeta, es que la luz del satélite terrestre ejerce tan poderosa como maléfica influencia en todo orden de cosas y no únicamente en el hombre:

> Cuando la luna vierte su influencia
> en las aguas, las venas y las frutas [189].

Ese poderío es acuciante sobre la potencia del sexo. Así, en *Los hijos de la piedra*, confiesa el Pastor:

> Me paso las noches deseando una compañera, ahora que
> la luna altera y enamora el ganado y me crecen los labios [190].

Mas, a la par, dicha lumbre nocturna dispone de facultades suficientes para hacer germinar la enfermedad en el cuerpo humano, según declara María en *Pastor de la muerte*, mientras se hallaba contemplando a su hijo:

> ¿Qué mal menguante de luna,
> entonces, te ha poseído? [191].

Bien puede afirmarse que nuestro *Perito en lunas* temió el maleficio de esa luz, admitiendo que, en el rodar de sus diversas fases, se encierra el enigma de muchos desamores e impaciencias:

> Pero transcurren lunas y más lunas,
> aumenta de mirada mi deseo
> y no crezco en espigas o en pescados.
> Lunas de perdición como ningunas,

---

[189] M. Hernández, *O. C.*, pág. 284.
[190] *Ibid.*, pág. 601.
[191] *Ibid.*, pág. 846.

porque sólo recojo y sólo veo
piedras como diamantes eclipsados [192].

Todo se derrumba, oscurece, aniquila, aun semejando fuertemente hermoso, bajo el implacable aojamiento lunar. Y así se explica el misterio de los trágicos destinos, entre los que destacamos el de nuestro gran poeta:

Nacimos en mala luna y no tiene remedio nuestra desgracia [193].

El tragicismo de origen lunar mina despiadadamente el arriesgado existir del torero:

¡A la gloria, a la gloria toreadores!
La hora es de mi luna menos cuarto [194].

En cambio, el sol vivifica y siembra la alegría en toda la extensión de su universo:

Besarse, mujer,
al sol, es besarnos
en toda la vida.
Ascienden los labios
eléctricamente
vibrantes de rayos,
con todo el fulgor
de un sol entre cuatro.
Besarse a la luna,
mujer, es besarnos
en toda la muerte.
Descienden los labios
con toda la luna
pidiendo su ocaso,

---

192 M. Hernández, *O. C.*, pág. 228.
193 *Ibid.*, pág. 650.
194 *Ibid.*, pág. 61.

> **gastada y helada**
> y en cuatro pedazos [195].

4. ESTACIONES DEL AÑO

Época «florida» [196] es la primavera, cuyo ser se anuncia como fragilísima espiritualidad, transformándose, al término de su camino solar, en llamas de lujuria:

> No seas, primavera; no te acerques,
> quédate en alma, almendro;
> sed tan sólo un propósito de verdes,
> de ser verdes sin serlo.
> ....
> Conflicto de mi cuerpo enamorado,
> lepanto de mi sangre [197].

Porque, si la primavera llega a ser, añadimos, el espíritu se habrá trocado en carne y en carne abrasadora.

Es, pues, la primavera tiempo cultor de la pasión amorosa y de la varia belleza, a cuyo secreto genesíaco nos conduce:

> Con luna y aves, las noches
> son vidrio de puro claras;
> las tardes de puro verdes,
> de puro azul, esmeraldas;
> plata pura las auroras
> parecen de puro blancas,
> y las mañanas son miel
> de puro y puro doradas [198].

En tal ámbito de limpidez, de máxima pulcritud de la Naturaleza, se desata la fuerza sobrehumana del amor:

195 M. Hernández, *O. C.*, pág. 372.
196 *Ibid.*, pág. 495.
197 *Ibid.*, pág. 129.
198 *Ibid.*, pág. 697.

> el amor ronda majadas,
> ronda establos y pastores,
> ronda puertas, ronda camas,
> ronda mozas en el baile
> y en el aire ronda faldas... [199].

Y nuestra vida, a tenor de lo expuesto, retorna cada año al sabor del encantado fruto del amor:

> Vendrá otra vez —¡que voy!— la Primavera
> a darnos un pecado en una rosa [200].

Si «florida» es el más exacto calificativo de la Primavera, «brillante» [201] lo es del Verano, en tanto en cuanto se convierte en fruto aquello que era esperanza y flor. Y si, en la época primaveral, despierta la fiebre de los sexos, en la estival, la carne, abrasada, se arroja de modo inevitable a su propio aniquilamiento:

> Estío, estío, estío,
> espigador de sexos, y del mío.
> Cohetes de sangre se remontan solos,
> mudos acordeones, a gavillas,
> viendo abusar de aquélla a tus mejillas.
> ....
> ¡Inquisición de agosto!
> Arruga arrope el sol, higos consuma,
> análogas delicias achicharra.
> Cuando no se es esclavo de la espuma,
> se es mártir de la carne y la cigarra [202].

La circulación fecundante del verano se cuaja, frutal, en la dorada plenitud del Otoño, «estación henchida de

---

[199] M. Hernández, *O. C.*, pág. 698.
[200] *Ibid.*, pág. 109.
[201] *Ibid.*, pág. 495.
[202] *Ibid.*, págs. 103-104.

todo»[203]. Mas, por las hondas galerías de tal abundancia, fluye una típica inquietud que, trastornando a todo ser, aniquila el orden:

> Todo es alacridad, desasosiego:
> no se entretiene nada, ni la brisa,
> ni los besos besados por los besos
> en su lugar. Distancias escatiman
> nieblas y auroras, luces menoscaban,
> la pulcritud solar deslustran, sisan[204].

A la luz hernandiana, el Otoño se presenta como paradoja, ya que, si de un lado, «renueva la vida de los manantiales», de otro, «baja el calor a los pozos y sube el frío a los cántaros y las llaves y las aldabas», y, ello, porque el Otoño todo lo cubre con su «lepra verde»[205].

Sobre cielos de nostalgia y melancolías, de tristezas en las miradas de las cosas, de insatisfacciones en las almas, llega el Otoño, «traído por el pico de las grullas» y «pone amorosos de humedad los campos y las bodegas y, acallando las chicharras, endulza y enluta la tierra con el poco arrope que queda en la higuera»[206].

Por último, el Invierno, la «estación nevada»[207], supone la culminación de una medida de la temporalidad, símbolo asimismo de la cima alcanzada por la existencia humana.

Idas las épocas de la fecundidad y de la plenitud frutal, el Invierno abre capítulos de ascetismo, vías de perfeccionamiento espiritual:

---

[203] M. Hernández, *O. C.*, pág. 495.
[204] *Ibid.*, pág. 96.
[205] *Ibid.*, pág. 630.
[206] *Ibid.*, págs. 629-630.
[207] *Ibid.*, pág. 495.

eneros virtüosos,
donde mis fuegos imposibilito
y sereno mis ojos [208].

Por la difícil senda de la renuncia y del apagamiento
de los sentidos, la breve luz del invierno nos lleva a la
contemplación de lo fenoménico y, por consiguiente, a
la triunfal verdad, en cuyo seno todo se define:

Ya el castillo del árbol se desploma
poco a poco, hoja a hoja, nido a nido,
y el esqueleto vegetal asoma.
¡Qué mondez! Lo engañoso derretido,
ya triunfa la verdad, vástago eterno,
la savia muerta y el vigor caído [209].

No olvidemos aquí a esa criatura de la Naturaleza
que denominamos viento, «palabra misma de Dios» [210],
ser, que en la concepción del mundo de nuestro poeta,
adquiere importancia.

He aquí las notas esenciales del viento:

Un elemento
de inacabable caudal,
transparente, celestial,
que ni es vidriera ni es fuente,
siendo como ésta corriente
y como aquélla cristal.
Pero cristal sin presencia;
sólo espíritu sonante
de cristal, de esencia errante
de cristal: ¡sólo potencia! [211].

---

[208] M. Hernández, *O. C.*, pág. 129.
[209] *Ibid.*, pág. 108.
[210] *Ibid.*, pág. 469.
[211] *Ibid.*, pág. 439.

El pensamiento metafísico de Miguel muestra una vez más su finura: el viento es «espíritu sonante de cristal». Se trata, pues, de un ente destinado a la suma movilidad: «esencia errante».

Mas el viento, esta potencia de cambio, puede presentársenos con talante de brisa o de tempestad. Si de brisa, los seres, entre sus alas suaves, dialogan en clima de «apacibilidad»; si lo segundo, las cosas se entregan, enloquecidas, al odio, enzarzándose en «luchas furiosas» [212].

Hay ocasiones en que el viento, trascendido de vida animal, se desborda en arrebatos demenciales: es el «que se queja en el esparto y el romero, aúlla en el pino, arde en la higuera, se rasga en el cardo y la zarza, solloza en la retama y pierde la dirección y el ímpetu en los tajos y quebradas» [213].

5. MUNDO VEGETAL

Si bien en otro lugar de este libro estudiaremos las sensaciones, aquí nos disponemos a recoger la realidad y el símbolo de las criaturas vegetales en la poesía de Miguel Hernández, ya que el gran poeta atribuye a tales seres cualidades de índole espiritual:

> la azucena es un vicio.
> La naranja, un pecado.
> ¡Oh virtud del olivo!
> ¡Oh alma en pie del almendro!
> ¡Oh grandeza del trigo! [214].

Aunque parezca increíble, no abundan, en los versos del inmortal olecense, las referencias líricas a flores. De

---

[212] M. Hernández, *O. C.*, pág. 440.
[213] *Ibid.*, pág. 635.
[214] *Ibid.*, pág. 127.

tal escasez, destaca el azahar. Su trasparencia y blancura derraman en su torno una especialísima «luz plural» [215], tan perfecta que puede hasta corregir la naturaleza de la misma luz del día, pues es «libre alquitara» [216].

El azahar del almendro es, para Miguel, índice de espiritualidades, de cuerpo tan delicado que bien se confunde con un límite existencial entre el ser y la nada:

> A punto de ser flor y no ser nada
> está tu flor, almendra,
> en amor, concibiendo la enramada,
> la madre de la tierra [217].

También los claveles, que alzan

> su pompa genuflexa
> pesando olor: los hueles
> por ponerte bigotes de belleza [218]

gozaron de la palabra-caricia de Miguel. Así, en el poema *Huerto mío* habla

> de los altos claveles,
> espigas injertadas en pinceles [219].

Y en *Primavera celosa*, esta flor despierta en los sentidos un aire de pasión:

> Como de un fácil vergel,
> se apropian de ti y de mí
> la vehemencia del clavel
> y el vellón del alhelí [220].

---

[215] M. Hernández, *O. C.*, pág. 52.
[216] *Ibid.*, pág. 88.
[217] *Ibid.*, pág. 129.
[218] *Ibid.*, pág. 81.
[219] *Ibid.*, pág. 90.
[220] *Ibid.*, pág. 154.

El lirio —a Miguel le placía más la denominación de lilio— suele llamarnos, si el corazón está propicio, «con su pañuelito cano» [221]. El lirio es símbolo de la candidez, «a veces puro, a veces cárdeno» [222]. Si puro, decimos azucena, «airosa maravilla» [223]. Desde otra perspectiva, esta flor simboliza lo celeste, lo radicalmente acendrado:

> Ya se desembaraza y se desmembra
> el angélico lirio de la cumbre,
> y al desembarazarse da un relumbre
> que de un puro relámpago me siembra [224].

Si en la rosa pensamos, el autor de *Perito en lunas* afirma que es flor con un carácter «callado y manso» [225], mientras los geranios, «por lo rojos, criminales», pueden ser considerados «émulos, vasallos» de quienes han hecho de la muerte profesión.

Por último, las flores del trébol de tres hojas son muy apetecidas de los pastores, quienes las

> cogen por la ladera,
> remitiendo honda y piedra a lana y monte
> y amor a galatea [226].

Más atención que a la flor dedicó Miguel al fruto. Tal vez la preferencia responda, de una parte, al mayor interés bio-metafísico —permítaseme el vocablo— en orden al concepto de la fecundidad, y, de otra, al seductor espectáculo frutal de la huerta oriolana, ámbito de la niñez y de la juventud del poeta.

---

[221] M. Hernández, *O. C.*, pág. 188.
[222] *Ibid.*, pág. 444.
[223] *Ibid.*, pág. 291.
[224] *Ibid.*, pág. 192.
[225] *Ibid.*, pág. 118.
[226] *Ibid.*, pág. 83

Si a lo dicho agregamos la permanente y querida presencia de la higuera en su propia casa, nada nos puede extrañar que el fruto más estudiado líricamente en sus fases —breva e higo— y especies —de la higuera y del nopal— sea el que observaba día y noche en el patio casero.

La breva, fruto primerizo de la higuera, es «madrastra del higo» y

> su luto condecora
> con la interior blancura que la cubre,
> por tanto arrope rota [227].

Vistos, admirados en el árbol, los higos se ofrecen

> abiertos, dulces sexos femeninos,
> o negros, o verdales;
> mínimas botas de morados vinos,
> cerrados: genitales
> lo mismo que horas fúnebres e iguales [228].

Estos versos nos descubren el hondo, específico matiz sexual que tal árbol y su fruto tienen en la palabra hernandiana, sin menoscabo de que, en ocasiones, defina el fruto, valiéndose de imagen barroca, según leemos en la octava IX de *Perito*:

> El maná, miel y leche, de los higos,
> llueve sobre la luz, dios con calzones [229].

Al alcanzar su plenitud, este «dios con calzones» endulza entrañable y pegajosamente la diafanidad de los días:

---

[227] M. Hernández, *O. C.*, pág. 83.
[228] *Ibid.*, pág. 85.
[229] *Ibid.*, pág. 63.

> Contrito el higo de su mismo peso,
> volcán de oscuro y grana
> con erupciones puras de oro grueso,
> envisca la mañana
> destrozando de un golpe su sotana [230].

Es el estallido de su melosa naturaleza: desgarra la piel («sotana») y el día se convierte en arrope por virtud del tacto: «volcán de oscuro y grana».

El chumbo, hijo del nopal —«clueca amarilla»—, desencadena, en la sensibilidad de Miguel, una serie de metáforas neogongorinas sobre apoyatura de vocablos y conceptos actuales:

> Cadena de lunados eslabones:
> con pelota real, tenis de espina:
> «dolorosa» de muchos corazones,
> émula madurez plural de China.
> Contra el viento, rotundas conjunciones,
> bofetadas en círculos coordina:
> plenilunios de espejos de verdura,
> donde se ve Albacete en miniatura [231].

La granada connota un significado de realeza, de aristocracia. Y, por ello, califica de «imperial» [232] este fruto de «turbación almenada» [233], o lo define «reales alcancías de collares» [234], cuya sangre «recomendable» es «enciclopedia del rubor» [235].

Junto a la mirada del poeta —al igual que los frutos anteriores—, los dátiles, «proyectiles de oriámbar» [236],

---

[230] M. Hernández, *O. C.*, pág. 117.
[231] *Ibid.*, pág. 56.
[232] *Ibid.*, pág. 47.
[233] *Ibid.*, pág. 102.
[234] *Ibid.*, pág. 68.
[235] *Ibidem.*
[236] *Ibid.*, pág. 112.

contienen tan especial naturaleza «que el otoño convierte en primavera»[237]. Por ellos, en su gracia, jamás se cierra el paraíso oriolano.

También Miguel, que veía en el almendro un casi alado nuncio espiritual, alumbra en su fruto, en la almendra, «llena de oro picado», nada menos que el «molde encinta / de un regalado cuerpo»[238]. Pero de cuantos intentos hizo por desvelar el secreto de la almendra, fue en el soneto *Rosa de almendra*, donde, a nuestro juicio, más cabalmente lo consigue:

> Propósito de espuma y de ángel eres,
> víctima de tu propio terciopelo,
> que, sin temor a la impiedad del hielo,
> de blanco naces y de verde mueres.
>
> ¿A qué pureza eterna te refieres
> con tanta obstinación y tanto anhelo?
> ¡Ah, sí!, tu flor apunta para el cielo
> en donde está la flor de las mujeres.
>
> ¡Ay!: ¿por qué has boquiabierto tu inocencia
> en esta pecadora geografía,
> párpado de la nieve, y tan temprano?
>
> Todo tu alrededor es transparencia,
> ¡ay pura de una vez cordera fría,
> que esquilará la helada por su mano![239].

Lo traslúcido del azahar; esa como diáfana esmeralda que viste tan frágil cuerpo; todo este delicadísimo fruto, trascendido nos llega con la palabra adolescente —de leve matiz religioso— de Miguel.

---

[237] Couffon, *ob. cit.*, pág. 144.
[238] M. Hernández, *O. C.*, pág. 106.
[239] *Ibid.*, págs. 153-154.

Recordemos que la uva, «luz comba»[240], deseada en el parral más que en la viña, consiste en una cierta «asiduidad de peso y transparencia»[241]. Y si la sandía, «parábola vernal», se abandona a nuestro gusto «con nocturnos botones de semillas / en ojales de frescos carmesíes»[242], los melones se definen por su «mezcla de arrope asible y nieve atemperada»[243].

Hagamos también memoria del fruto que al canario alimenta —el citro, dicho en valenciano—: el *erucastrum obtusángulum*:

> Frontera de lo puro, flor y fría.
> Tu blancor de seis filos, complemento,
> en el principal mundo de tu aliento,
> en un mundo resume un mediodía.
> Astrólogo el ramaje en demasía,
> de verde resultó jamás exento.
> Ártica flor al Sur: es necesario
> tu desliz al buen curso del canario[244].

Campesino por hábito de su dedicación y hasta por natural tendencia de su sangre, Miguel Hernández buscó, halló, mantuvo amistad con los árboles, no sólo porque suponen «verdes figuras de paz»[245], sino porque fundamentalmente ejercen el señorío en la tierra y fomentan la fraternidad entre los humanos:

> Corpulencia de Dios, sobre alegría,
> ocupas de verdor la geografía,
> robusteces el viento,
> y a su corriente muda

---

[240] M. Hernández, *O. C.*, pág. 61.
[241] *Ibid.*, pág. 84.
[242] *Ibid.*, pág. 95.
[243] *Ibid.*, pág. 249.
[244] *Ibid.*, págs. 68-69.
[245] *Ibid.*, pág. 504.

imprimes voz, acento,
palabra de los cielos.
Naces con voluntad, no con ayuda;
vienes de Dios y a Él surten tus anhelos [246].

Descubrimos, clarísima, su autenticidad cuando llega a la madurez del otoño:

árbol ya de verdades, sin mentiras
de hojas ni de sombras, de las ramas,
por el frío hoy tormento, ayer caricia [247].

Lo verdadero reside en lo sustantivo; lo falso, en lo adjetivo y perecedero. He aquí la tesis hernandiana: verdad es sinónimo de desnudez. Elementalidad.

Por su belleza y abundancia, asombran los palmerales oriolanos. Miguel amó la palmera —criatura y símbolo— y la cantó de tal modo que se puede hilvanar su teoría.

Contemplada sobre el horizonte, la palmera es cual una secante, límite de tierra y mar [248]; dentro de lo hondo de los días, articula «sombra de estrellas de sus palacios» [249], y si a su talle airoso nos acercamos, se nos apodera el impulso de moverla y decir:

Anda, columna; ten un desenlace
de surtidor. Principia por espuela.
Pon a la luna un tirabuzón. Hace
el camello más alto de canela [250].

La palmera, que «viento esbelto pace», luce «gargantillas de oro en la garganta» [251].

---

[246] M. Hernández, *O. C.*, pág. 159.
[247] *Ibid.*, pág. 96.
[248] *Ibid.*, pág. 51.
[249] *Ibid.*, pág. 158.
[250] *Ibid.*, pág. 62.
[251] *Ibidem.*

Admiradas desde su base, las imaginamos «giraldadas alturas datileras» o también «magnífico incensario» que arrebata

> la primera hebra de luces
> a la aurora blanca[252].

Propiamente, la palmera es «señora de paisajes»[253], y lo más genuino de su naturaleza radica en que nace de su mismo hueso «y no a fuerza de espacio tras espacio»[254]. De ahí la peculiar animación y la insospechada gracia que adquiere y derrama su cuerpo:

> Troncos, no de madera,
> de equilibrio perfecto,
> sus cinturas prorrogan
> hasta el último viento;
> comban tribulaciones,
> puntas, y no de acero,
> puestas, para ser luz,
> a oscuro tratamiento,
> si con rigor de esparto,
> con intención de templo[255].

No dejemos en el olvido al sexo, pues también la palmera despliega y se inquieta en la vida pasional, amorosa:

> Fórmulas de giraldas y de altura,
> término de la rama:
> preñada de amenazas de dulzura,
> hembra en amor, reclama
> el macheo del polen que le ama[256].

---

252 Vid. Ramos, *ob. cit.*, pág. 296.
253 *Ibidem.*
254 M. Hernández, *O. C.*, pág. 99.
255 *Ibid.*, pág. 113.
256 *Ibid.*, pág. 117.

Y fue criatura tan tiernamente solicitada por el verso
de Miguel que le reveló la íntima desnudez de su esencia:

> Por de fuera
> tengo la corteza áspera,
> pero por de dentro tengo
> tierna de palmito el alma.
> Glorifico lo que toco,
> de altura lo animo y gracia.
> ....
> Muchos miran a mi altura,
> no por los bienes que guarda,
> sino por los que gotea,
> maná de mieles y pasta.
> ¡Bienaventurado aquel
> que, sin fijarse en mis ramas
> ni en mis frutos, llegue a mí
> sólo por amor, por ansia
> de tenerme y de mirarme
> con enamorada rabia! [257].

De donde la sustancia de la palmera, fundándose en
sí y desplegándose de sí, se basta y vale como exclusivo
objeto para el deseo amante.

«Alma en pie» [258], oliendo eternidades, el almendro es
—así lo vimos— árbol muy querido por nuestro poeta
a causa de su íntimo, indecible prodigio:

> El almendro, mágico, rompe sus botones
> y los tallos viste con sus níveas galas [259].

Y en el poema *Abeja y flor*, dirá Hernández con acento gongorino en la palabra:

> Ya el almendro temprano,
> testimonio primero

---

[257] M. Hernández, *O. C.*, págs. 452-453.
[258] *Ibid.*, pág. 560.
[259] Vid. Couffon, *ob. cit.*, pág. 81.

del abril, si no agente,
pone puros reparos al enero,
ilustrado de cano [260].

Hemos dejado escrito que la higuera es de ardiente naturaleza y su olor engendra apetitos sexuales. Por su tronco, añadimos, circulan ríos de lujuria:

¡Oh meca! de lujurias y avisperos,
quid de las hinchazones.
¡Oh desembocadura! de los eros;
higuera de pasiones,
crótalos pares y pecados nones [261].

Y en otro lugar —*El adolescente*— exclama:

Cómo escuecen las higueras...
¡ay, que sí, que cómo escuecen! [262].

Igualmente hallamos en los primeros poemas hernandianos referencias al álamo «lumínico», a la «audacia» del ciprés y a la acacia que «florece llena de albura» [263].

Dejemos constancia también de otras anotaciones líricas concernientes al mundo vegetal: de las pitas, escribe que tienen «zarpas de astros» [264]; la cepa es «morada episcopal» [265]; la parra,

India del grano, asociación del lujo,
vinícola paisaje,
como un mediterráneo sin reflujo,

---

[260] M. Hernández, *O. C.*, pág. 87.
[261] *Ibid.*, pág. 86.
[262] *Ibid.*, pág. 41.
[263] Vid. Couffon, *ob. cit.*, págs. 139 y 168.
[264] M. Hernández, *O. C.*, pág. 941.
[265] *Ibid.*, pág. 83.

ni flujo ni oleaje,
sólo esplendor y espuma de ramaje[266].

La espiga puede definirse «arpón de pan»[267]; las cañas,

bailando sus hisopos,
al día aplauden con las aves[268].

Los perejiles semejan «espigas injertadas en pince-
les»[269], mientras la vid es medusa de este género de vida:

Medusa vegetal, la vid rodea
la moscatel campiña.
El sarmiento, a compás, dilata, crea,
racimo y cirro en riña,
la contorsión, la gloria de la viña[270].

6. MUNDO ANIMAL

Con un estado de alma muy similar al de Gabriel
Miró, complacíase Miguel Hernández en describir con
gracia, ternura e ironía, humanizando, el vivir de los animales, seres que constituyeron motivos de fértil inspiración en muchos de los poemas de su primera época.

Para una mejor contemplación del tema, hagamos especies del bestiario.

a) *Insectos*

Entre confianza y riesgo, la abeja entra en escena como
«salvavidas de pétalo y espina»[271], orillando peligros en
su hacendoso laborar:

---

[266] M. Hernández, *O. C.*, págs. 83-84.
[267] *Ibid.*, pág. 102.
[268] Vid. Ramos, *ob. cit.*, pág. 290.
[269] M. Hernández, *O. C.*, pág. 90.
[270] *Ibid.*, pág. 117.
[271] M. Hernández, *O. C.*, pág. 48.

Pájaro orinador de orín divino,
gesto, salvoconducto
de la cera y la miel, útil desvío,
va, con inacabables advertencias,
violador de rivales inocencias,
sacándoles producto [272].

En cambio, el abejorro busca en vano su arrope o gozo, porque se pierde en su complejo carácter «sonámbulo y ceñudo», de alma torpe [273].

Más listos, galanos y avisados son los zánganos, solicitados por las reinas:

Filigranados de oro, desarrollan
círculos de amenazas
que, ¡ay de mí!, si cumplieran, y que asordan
mordazas enmeladas [274].

Miembro de esta familia, la avispa, «prima hermana de las abejas» [275], tocada a veces con indumentaria «umbría y limonada a listas» [276], reduce su ser a una cierta «inconveniencia mínima» [277].

Si los grillos, al decir de Miguel, son «voladores relojes de cabeza» [278], la cigarra es «cisne breve de cólera y de amiante» [279], en cuya vibración la luz se hace verbo y música «encalabrinadora». Tan fugaz, relampagueante vida, la dejó así descrita el poeta de Orihuela:

Barítona ignición del mediodía
siempre en la misma nota;

---

[272] M. Hernández, *O. C.*, pág. 88.
[273] *Ibid.*, pág. 105.
[274] *Ibid.*, pág. 114.
[275] *Ibid.*, pág. 114.
[276] *Ibid.*, pág. 953.
[277] *Ibid.*, pág. 114.
[278] *Ibid.*, pág. 112.
[279] *Ibid.*, pág. 91.

sonámbula de sol, su vida guía
hasta que muerte explota,
de la monotonía galeota.

....

Sino de luz, destino de cohete

....

Prometea de agosto, encadenada
al eslabón, y chino
si verde, del nopal. Lengua y alada
del fuego más divino
en la frente apostólica del pino.
Envïada del sol, ascua mesías,
a predicar calores,
uvas —flagrantes—, eras, mediodías,
con ritmos promotores
de indolencia. Compás de surtidores [280].

Tan quemante y rápido es su día, que la cigarra no tiene conciencia de que «el requiem es su canto de muerte».

Expertos «violinistas» son los mosquitos [281], y pacientes vehículos de amor, las cochinillas [282].

Singular atención despertó en el poeta el gusano de seda, tan familiar de los hogares olecenses:

Movimiento de seda que se anilla
a fuerza de dormir y verde cama,
con espíritus de hilo celdas trama,
carcelero, después preso en capilla.
Traduce, ¡con qué fe tan amarilla!,
el oro cascabel más alto en rama,
por surgir, si no víctima de gala,
redentora semilla de ala y ala [283].

---

[280] M. Hernández, *O. C.*, págs. 91-92.
[281] *Ibid.*, pág. 955.
[282] *Ibid.*, pág. 117.
[283] *Ibid.*, págs. 47-48.

b) *Arácnidos*

Las arañas, que, en *Torre-mejor*, «zurcen sus redes, pescadoras de moscas», pueden compararse a «venenos salteadores», para cuyo maléfico objeto «despliegan sus sombrillas» [284].

c) *Aves*

Por su esencia, el pájaro puede ser definido «aire visual» [285]. Su naturaleza consiste en el mismo canto:

> un pájaro poeta trama, en la espesura,
> líricas estrofas con su pico de oro [286].

Su óntica simplicidad va pareja a su grácil y auténtica independencia:

> ¡Qué primor!: ¡qué pudor y qué exquisito,
> el del pájaro simple y soberano
> que ni pide ni sufre espectadores! [287].

(He aquí, deduce Miguel, una de las más notorias diferencias con el hombre, más concretamente, con el poeta, desasosegado «siempre por el vano eco».)

Dos son las aves canoras predilectas de Hernández: el ruiseñor y el canario.

Maravilloso pájaro aquél. En *Exequias al ruy-señor-al poeta*, nos dice:

> Sin temor, sin cautela, sin aliño,
> pródigo de tu pico con usura,
> tenor amartelado del cariño,
> sonabas fervorosa tu criatura

---

[284] M. Hernández, *O. C.*, pág. 111.
[285] *Ibid.*, pág. 447.
[286] Vid. Couffon, *ob. cit.*, pág. 90.
[287] M. Hernández, *O. C.*, pág. 153.

con un leve meneo,
todo afligido por la calentura
de un celestial deseo [288].

En términos generales, los ruiseñores ofician en la
obra hernandiana de «homeros de dolor» [289].

El canario, en cambio, semeja «flor de chumbo sono-
ra» [290], a la que el poeta cuidó y exaltó con verdadero
afecto:

El canario, en la tapia, gargantea
la isla de que procede:
en la púa que, al trino, cirinea,
ayuda le concede,
quiere callar limón, pero no puede [291].

Atractiva y casi inaprehensible es la presencia canora
del verderol. Sobre él recuerda Miguel que

zurce en tanto su fermata
en un chopo un verderol,
y una corriente de plata
en su temblor desbarata
la hirviente esfera del sol [292].

Más elevados en categoría artística, los jilgueros cantan «con un clamor triunfal de gloria» [293].

«Negro y brujo»: así llama el poeta al rapaz y nocturno búho [294].

Las gallináceas destacan en el verso adolescente de
Hernández sobre un mezclado horizonte de neogongoris-

---

[288] M. Hernández, *O. C.*, pág. 94.
[289] *Ibid.*, pág. 104.
[290] *Ibid.*, pág. 92.
[291] *Ibid.*, pág. 90.
[292] Vid. Couffon, *ob. cit.*, pág. 167.
[293] Vid. Ramos, *ob. cit.*, pág. 289.
[294] Vid. Couffon, *ob. cit.*, pág. 91.

mo y greguería. Así, por ejemplo, reparemos en la estampa del *Pavo-aprendiz de albóndiga*:

> Barba de nudos y amaranto indúes,
> pompa obispa, elefante a lo vïudo,
> vivo a un silbo su cántico de úes,
> su paraguas atrás de medio escudo.
> Cuando bajo albacete lo sitúes,
> enlutado el corral, por él desnudo,
> su rubor quedará quieto y redondo,
> si de frialdad de plato, de pan mondo [295].

El gallo, «pura nata de la galanía», inspira al joven poeta los más deliciosos versos cultistas, como aquellos que leemos en *Perito*:

> Arcángel tornasol, y de bonete
> dentado de amaranto, anuncia el día
> en una pata alzado un clarinete [296].

En *Estío-robusto*, observa Miguel la vestidura y el donjuanismo del gallo:

> El gallo es más frecuente caballero,
> la capa tornasol, rojo el sombrero,
> en el lugar de amor de los corrales [297].

Mas la etopeya perfecta de este animal la encontramos en *Elegía al gallo*, donde se nos muestra con

> la barba capuchina, doble y grana,
> y a lo pirata, a lo prelado el gesto.

Se reafirma su señorío sexual:

---

[295] M. Hernández, *O. C.*, pág. 56.
[296] *Ibid.*, pág. 65.
[297] *Ibid.*, pág. 104.

Intérprete feliz de los donjuanes;
sultán de los sultanes
de los patios, harenes,
en donde tú, galán entre galanes,
por turno amaste a cada concubina.

A continuación nos traza la imagen del ya frío, ya
muerto «rey galante de los gallineros»:

Afeitado el colgante que se plisa
como concha de púrpuras plurales
al pie de tu garganta,
bajo tu canto, guía de corrales;
depuesta tu soberbia, que se pisa
y tropieza en andando de ser tanta,
sobre la porcelana de los platos;
adán, sin tus ornatos,
como un triunfo en tu cola surtidores:
¡tú!, a quien avergonzaban las mejores
vestiduras, desnudo,
dejas frío el corral y el día viudo [298].

Era natural que su quehacer de pastor se reflejara en
la poesía de su juventud. Y así, verbigracia, la octava XVI
aparece motivada por el suave ganado que el poeta apacentaba:

Esta blanca y cornuda soñolencia
con la cabeza de otra en lo postrero,
dócil, más que a la honda, a la paciencia,
tornaluna de música y sendero... [299].

A esta época pertenece también la prosa *Cabra-fórmula
de feminidad,* estampa tan aguda como bella, con algunas
imágenes de talante mironiano. Así, por ejemplo, cuando
Miguel escribe «Véase la mujer a cuatro patas, con un

---

[298] M. Hernández, *O. C.,* pág. 119.
[299] *Ibid.,* pág. 69.

tacón gris en lo extremo inferior de cada una», nos acordamos de aquella frase de Miró, referida a la cordera *Paloma*: «Blanca, perfecta, graciosa; parece saberlo como una mujer. Sus pezuñas relucientes son cuatro aisladores, cuatro taconcitos de charol» [300].

Pero el texto hernandiano, salvo lo dicho, posee un inconfundible sello:

> Con una languidez de convaleciente, copiosa de suspiros, recoge su belfo de un solo golpe de dientes de leche, esta flor, ese filo de grama cambiante por escarcha, aquella porción de río (...). Obsérvese la dignidad con que practica la rumia en el sesteo. El fulgor ángel de sus ojos con el dolor del parto, que la postra y la desgarra la costura del sexo y bomba explosiva estallando en vidas (...). Repárese en su paso por el polvo, que parece que va sobre cristales, con un temor de amor de romperlos; en su mirada con dos paisajes, en su cuello ledo [301].

Entre los reptiles, cita Hernández la culebra, «malabarista del silbo» [302]; la serpiente, cuyo «angosto silbido» nos revela su «quid» [303], y el lagarto, con

> cuerpo de lentejuelas y rocío,
> comisario montés de los belmontes [304].

De la familia de los moluscos, el caracol es animal que, si llueve, *predica cuernos* «en púlpitos de lirios» [305]. En el poema *Égloga-menor*, los define «cornudos en tartana», y en la prosa *Momento-campesino*, recoge la observación de que «los cristales turbios de los caracoles se

---

300 M. Hernández, *O. C.*, pág. 952; G. M., *O. C.*, pág. 1106.
301 *Ibid.*, pág. 952.
302 *Ibid.*, pág. 39.
303 *Ibid.*, pág. 66.
304 *Ibid.*, pág. 78.
305 *Ibid.*, pág. 81.

dilatan sobre los romeros hasta transparentárseles la existencia» [306].

De los batracios, destaca Miguel las ranas, que aparecen vestidas con «elásticos de lunares» [307].

Finalmente, digamos del toro, animal fiero, de extensa y honda simbología en la obra hernandiana: el amor, el destino trágico, la virilidad, la muerte... «El símbolo del toro juega un papel decisivo en la obra de Miguel Hernández, y se va constituyendo a lo largo de toda ella en una constante poética que resume en sí todos los aspectos esenciales de su cosmovisión» [308].

En cuanto virilidad y fiereza, el toro es

> Ínsula de
> bravura,
> dorada
> por exceso
> de oscuridad [309].

Si atendemos a la carga de tragicismo que este animal contiene y desplaza, nos dirá:

> el negro toro, luto articulado
> y tumba de la espada [310].

Y como símbolo del aniquilamiento, el toro se define «muerte astada» [311].

Además de lo dicho, el toro prefigura el propio y trágico destino de Miguel Hernández:

---

[306] M. Hernández, *O. C.*, pág. 398.
[307] *Ibid.*, pág. 948.
[308] J. Cano Ballesta, *ob. cit.*, pág. 91.
[309] M. Hernández, *O. C.*, pág. 39.
[310] *Ibid.*, pág. 134.
[311] *Ibid.*, pág. 139.

Y como el toro, tú, mi sangre astada,
que el cotidiano cáliz de la muerte,
edificado con un turbio acero,

vierte sobre mi lengua un gusto a espada
diluida en un vino espeso y fuerte
desde mi corazón donde me muero [312].

También descubrimos este presentimiento en los siguientes versos:

Como el toro he nacido para el luto
y el dolor, como el toro estoy marcado
por un hierro infernal en el costado
y por varón en la ingle con un fruto [313].

Este soneto, según el certero juicio de Vivanco, «es uno de los de mayor perfección técnica en nuestra poesía contemporánea, pero eso no basta y es también uno de los que nos mide la existencia entera de un modo más absoluto» [314].

Hagamos, por último, memoria del ciervo con

su cornamenta arbolada
igual que un ramo de rayos
y una visión de navajas [315].

---

[312] *Ibid.*, pág. 223.
[313] *Ibid.*, pág. 226.
[314] L. F. Vivanco, *Introducción a la poesía española contemporánea*, Guadarrama, Madrid, 1957, pág. 536.
[315] M. Hernández, *O. C.*, pág. 697.

E) EL HOMBRE

1. Su condición

Junto al material que nos ha servido para la sistematización de una teoría de la Naturaleza, Miguel Hernández nos ha dejado un caudal de pensamientos sobre cuestiones psicológicas, éticas, sociológicas y metafísicas que nos revela su filosofía, fundada especialmente en el orden moral.

Igual que Miró, Hernández piensa que, por su condición, el hombre es inferior a la Naturaleza, de la que recibe su perfectibilidad. Y, en consecuencia, escribe:

> En el fondo del hombre,
> agua removida.
> En el agua más clara,
> quiero ver la vida [1]

Por ello, el poeta establece la sinonimia de

> Fieras, hombres, sombras

contraponiéndola a la de

> Soles, flores, mares [2].

Penetremos todo cuanto nos sea posible en el «agua removida», fondo último del ser humano. De inmediato, descubrimos no sólo la complejidad de su naturaleza, sino su evidente contradicción. Ya en 1934 dijo Hernández: «... mi alma corporal de invierno se me va poniendo

---

[1] M. Hernández, *O. C.*, pág. 368.
[2] *Ibid.*, pág. 369.

espiritual de flaca, y mi carne empieza a reinar en mí y en mi huerto»[3].

El antagonismo entre materia y espíritu se hace totalmente visible, explícito, como es lógico, en el auto sacramental, donde el Hombre confiesa:

¡Ay! No me harto de pecar,
¡siempre obediente al Deseo
y a la Carne!, y lo que veo
no es lo que quiero mirar.
Me quisiera derramar
desde aquí, Dios, hasta allí,
hasta ese Allí tuyo yo,
y aunque mi cuerpo que no,
dice mi razón que sí[4].

La pugna entre las fuerzas del acá —el cuerpo— y las del allá —el alma— fragua el conflicto de la personalidad humana, no sólo psicológico, sino también religioso. Los bandos en guerra si, desde una perspectiva, son cuerpo y alma, desde otra lo serán odio y amor, animalidad y racionalidad:

El animal influye sobre mí con extremo,
la fiera late en todas mis fuerzas, mis pasiones.
A veces he de hacer un esfuerzo supremo
para callar en mí la voz de los leones.
Me enorgullece el título de animal en mi vida,
pero en el animal humano persevero.
Y busco por mi cuerpo lo más puro que anida,
bajo tanta maleza, con su valor primero[5].

Al desgarro varonil de estos versos siguieron, no mucho después, otros, de tristeza estremecidos, un tanto filosóficos y un mucho resignados ante lo inevitable:

[3] M. Hernández, *O. C.*, pág. 941.
[4] *Ibid.*, pág. 540.
[5] *Ibid.*, págs. 326-327.

Un pie se acerca a lo claro,
en lo oscuro insiste el otro.
Porque el amor no es perpetuo
en nadie, ni en mí tampoco.
El odio aguarda un instante
dentro del carbón más hondo.
Rojo es el odio y nutrido.
El amor, pálido y solo [6].

Predestinado parece el hombre a la negación, al auto-
aniquilamiento. ¿Será la guerra su natural estado?

Llueve tiempo, llueve tiempo.
Y un día triste entre todos,
triste por toda la tierra,
triste desde mí hasta el lobo,
dormimos y despertamos
con un tigre entre los ojos.
Piedras, hombres como piedras,
duros y plenos de encono,
chocan en el aire, donde
chocan las piedras de pronto [7].

Miguel, convencido de la inutilidad, aceptó la impotencia del amor para salvaguardar la naturaleza humana
de las garras del odio:

Sólo quien ama vuela. Pero ¿quién ama tanto
que sea como el pájaro más leve y fugitivo?
Hundiendo va este odio reinante todo cuanto
quisiera remontarse directamente vivo.
Amar... Pero ¿quién ama? Volar... Pero ¿quién vuela?
Conquistaré el azul ávido de plumaje,
pero el amor, abajo siempre, se desconsuela
de no encontrar las alas que da cierto coraje [8].

---

6 M. Hernández, *O. C.*, pág. 402.
7 *Ibid.*, pág. 402.
8 *Ibid.*, pág. 423.

Contradictorio de suyo y presa fácil de las fuerzas destructoras, el constitutivo esencial humano, si espiritual en sus aspiraciones, es ser eminentemente terrestre. En cuanto a la apariencia, le acontece como a la cometa

> que a los cielos se subió.
> ¿Por eso es celeste? ¡No!
> Que está a la tierra sujeta.
> Ella tan sólo interpreta
> una voluntad extraña [9].

Entre lo real y lo anhelado media un abismo. Todos y en muchas ocasiones hemos tropezado con los mismos muros que ensombrecían la esperanza del Hombre-Niño:

> ¡Me duele
> el alma como una espada!
> Busco cielo y ¡sólo encuentro
> la tierra a mi alrededor! [10].

Habida cuenta de tan pobre condición, síguese la necesidad humana por encontrar actitud comprensiva, ternura y amparo en el otro:

> Ayudadme a ser hombre: no me dejéis ser fiera
> hambrienta, encarnizada, sitiada eternamente [11].

Innegable es, desde el horizonte moral, el anhelo de pureza que arde frecuentemente en nuestra vida; mas no es menos cierto, dicho en términos generales, que le llega muy pronto la ruina y la oscuridad:

> ¡Qué puro que no soy, ¡ay Dios!, qué puro
> que ni fui ni seré, ¡ay!, ser quisiera,
> y qué poco lo quiero y lo procuro! [12].

---

[9] M. Hernández, *O. C.*, pág. 486.
[10] *Ibid.*, pág. 485.
[11] *Ibid.*, pág. 327.
[12] *Ibid.*, pág. 109.

La inconstancia es efecto de la abulia, aunque, en Hernández, más bien parece hija de un determinismo psíquico. No olvidemos su pensamiento de que nuestra precaria naturaleza se reduce a interpretar «una voluntad extraña», tesis que, si se anuncia en el auto sacramental, se muestra explícita en el *Cancionero*:

> Yo soy fatal ante la vida [13].

Ontológicamente, pues, es imposible la conquista del grado de perfección que la razón ambiciona.

El hombre es vida, en sí contradictoria, que brota de la tierra y se hace y se despliega dialécticamente en el tiempo:

> El tiempo es sangre. El tiempo circula por mis venas.
> Y ante el reloj y el alba me siento más que herido,
> y oigo un chocar de sangres de todos los tamaños [14].

Pero el hombre no es radical individualidad, sino que en su tiempo, en su sangre, en su vida, sueñan, claman, surgen las huellas de otros tiempos y otras sangres. Y de esta profunda corriente generacional, verdadera duración humana, brota el auténtico ímpetu corporal, el valor en el más puro sentido:

> No hay quien sitie la vida,
> no hay quien cerque la sangre
> cuando empuña sus alas
> y las clava en el aire [15].

El uso de las armas para imponer un criterio, una voluntad, supone, en la ética hernandiana, impotencia, ya

---

[13] M. Hernández, *O. C.*, pág. 377.
[14] *Ibid.*, pág. 339.
[15] *Ibid.*, pág. 304.

que los hombres «se defienden y vencen con el hueso ante todo» [16].

Y con la palabra —añadimos con Miguel—, henchida de sustancia humana, palabra como la suya, en cuya génesis se ahondaba y dejaba todo el «fósforo emocionado».

La bravura que arde en la sangre se cuaja, convirtiéndose en rayo, cuando de las venas pasa a las manos:

> Entre todas las armas,
> es la mano y será
> siempre el arma más pura
> y la más inmortal [17].

Hombre, criatura terrestre, «cosa de Dios», no determinada por lo uniforme —«Es imposible igualar / la basura y las estrellas» [18]—, manantial de heroísmo; hombre es ser que fundamentalmente

> prepara el cuerpo al sudor,
> prepara el pecho a la angustia,
> prepara la mano al callo
> y a la tierra la cintura [19].

El trabajo, la angustia y la muerte definen al hombre, pensamiento de indudable matiz existencialista, más ostensible aún cuando afirma que hombre es la «gana de ser camino» [20], a diferencia del niño, todavía «nave hecha de confianza» [21].

He aquí, en su más profundo estrato, la ambición de pureza a que antes nos hemos referido. Hombre es la

---

16 M. Hernández, *O. C.*, pág. 334.
17 *Ibid.*, pág. 353.
18 *Ibid.*, pág. 556.
19 *Ibid.*, pág. 501.
20 *Ibid.*, pág. 442.
21 *Ibid.*, pág. 445.

sola criatura que ansía ser mejor de lo que es, perfeccionarse, hacerse camino. El hombre es la realización —cuando se logra— existencial de un proyecto de vida.

2. EL CONOCIMIENTO

El ser humano radica en el mundo, y esta situación existencial implica el predominio de la actividad cognoscitiva, cuya primera manifestación es de signo fisiológico:

> El hambre es el primero de los conocimientos:
> tener hambre es la cosa primera que se aprende.
> Y la ferocidad de nuestros sentimientos
> allá donde el estómago se origina, se enciende [22].

Hambre es insatisfacción instintiva y amargura fisiológica. Y si ese apetito abre las puertas del conocimiento humano, bien podemos asegurar, con Miguel, que no sólo el hambre, sino el dolor, es la causa primigenia de dicha operación humana:

> Dolor, dolor y dolor
> implica conocimiento [23].

El poeta nos habla desde su propia y sitiada existencia:

> Mi vida es una herida de juventud dichosa.
> ¡Ay de quien no esté herido, de quien jamás se siente
> herido por la vida, ni en la vida reposa
> herido alegremente! [24].

El júbilo del herido —paradoja fenoménica— es, en su significación más profunda, desvelamiento del ser:

---

[22] M. Hernández, *O. C.*, pág. 326.
[23] *Ibid.*, pág. 468.
[24] *Ibid.*, pág. 328.

conocimiento. Empero, tal apertura a la sabiduría no es ni podrá ser jamás completa. El vivir humano es tan sólo un hilo de la total madeja, y, por ello, un vivir relativo para el otro:

> Nadie me verá del todo
> ni es nadie como lo miro.
> Somos algo más que vemos,
> algo menos que inquirimos [25].

3. LA MORAL

Del relativismo gnoseológico pasamos a contemplar los fundamentos de la moral hernandiana, aspecto —especulativo y práctico— en el que con mayor claridad se patentiza su cuna: Orihuela y sus fortísimos presupuestos ético-religiosos que la condicionan. Partiendo de aquí, la voz adolescente de Hernández estableció una moral con base ascética:

> ¿Un vergel?, para el cuerpo.
> ¿Un campo?, para el alma.
>
> ....
>
> Desnudez: ¡qué verdad!
> Adorno: ¡qué ficticio!
>
> ....
>
> Los ruidos de la carne
> ahogan los dulces trinos.
>
> ....
>
> No el caos de la carne.
> El orden del espíritu.
>
> ....
>
> Sin arrimo de nadie,
> con mi fe, con mi arrimo;
> regraciado con Dios,
> con el mundo remiso [26].

[25] M. Hernández, *O. C.*, pág. 375.
[26] *Ibid.*, págs. 127-128.

Al magisterio procedente de este fondo histórico-teológico tradicional, muy bien custodiado por la sociedad oriolana, hay que agregar el nacido de la vida campestre que llevó nuestro poeta, experiencia que también orientó su conducta por los caminos de la austeridad y de la ascesis:

> Pensamientos más altos que palmeras me alejan de mi cuerpo, accidente mío. Mis ojos, nacidos para estar solos, solos los llevo, sin acompañamiento de deseos y facciones, por estos paisajes descalzos, por estos cielos de labranza [27].

A la dual base religioso-campesina vincularemos el poderío de la voluntad, sin cuyo apoyo es imposible cualquier intento de perfeccionarse. La conciencia y el acto de la facultad volitiva entrañan una lucha contra la fuerza gravitatoria del cuerpo, mejor sombra. Y de tal estado conflictivo amanecerá o no el nuevo día del futuro individual:

> Yo ya no soy ni mi sombra:
> yo quiero ser más que ella.
> Yo la he tomado conmigo,
> tema de mi mismo tema.
> Estoy, el alma en un hilo
> siempre, como la cometa.
> Sueños de pólvora son
> los sueños que me alimentan.
> Antes tenía deseos,
> ¡sólo deseos de bestia!
> Ahora deseos y ganas
> de no tenerlos siquiera [28].

La moral se alza, pues, sobre la firme decisión de querer. No hay otro soporte:

---

[27] M. Hernández, *O. C.*, pág. 938.
[28] *Ibid.*, pág. 553.

> Sin voluntad de buscar,
> nadie busca y nadie encuentra
> más que lo que encuentra yendo
> evidentemente a ciegas [29].

Sobre tal cimiento descansa la columna primera de la moralidad, o sea, la dignidad:

> No puedo aceptar un daño,
> aunque me llegue del rey,
> ni con corazón de buey
> ni con alma de rebaño.
> No soy ni fiero ni huraño;
> pero sé en mi corazón
> que a sufrir la humillación,
> el golpe y el atropello,
> prefiere mi vida el sello
> de la actitud del león.
> No se puede ser paciente
> ante nadie ni ante nada
> que nos trate atropellada,
> torcida y villanamente [30].

Mas esta cualidad, propia de los espíritus sanos, no sólo es defensiva, sino que encierra y genera notorias actitudes positivas, entre ellas la generosidad:

> El corazón mío —dijo el poeta— procura dignificarse a fuerza de ser generoso, desprendido de su sangre frente al corazón de los demás hombres. En mi poesía, en mi teatro, expongo las luchas de mis pasiones, que reflejan las de los demás y siempre procuro que venza el entendimiento puro de las mismas [31].

---

[29] M. Hernández, *O. C.*, pág. 554.
[30] *Ibid.*, pág. 722.
[31] *Ibid.*, pág. 808.

Fácilmente se desprende del texto hernandiano que la
más positiva senda de la moralidad individual es la práctica del amor al otro, ejercicio que únicamente puede
realizarse «a fuerza de ser generoso». Y al sentirnos más
plenos por ser luz y lumbre de ternura en otras vidas, se
aureola nuestro ser, aun triste, con el alba de la alegría
y el iris de la gran esperanza en el progreso ético del ser
humano:

> Sonreír con la alegre tristeza del olivo,
> esperar, no cansarse de esperar la alegría.
> Sonriamos, doremos la luz de cada día
> en esta alegre y triste vanidad de ser vivo [32].

Júbilo y amargura del viviente racional. Luz y sombra
en la conciencia de la temporalidad. ¿Qué otra herencia
se concedió, desde lo ignoto, a nuestra especie? Traigamos
las palabras de Mefistófeles a Fausto en el poema de
Goethe:

> ¡Créeme a mí: ese todo sólo se ha hecho para un dios.
> Este se baña en un fulgor eterno; a nosotros nos relegó a
> la sombra, y a vosotros sólo os concedió el día y la noche [33].

En el orbe humano, el día es el amor; el odio, la noche.
Hablemos del amor, de ese río que nos dignifica, re-
gándonos con las aguas de la generosidad y de la ternura.

Amor es fundamento de todo cuanto existe, de todo
cuanto acontece:

> Tristes guerras
> si no es amor la empresa.
> Tristes, tristes.

---

[32] M. Hernández, *O. C.*, pág. 422.
[33] Goethe, *Obras Completas*, t. III, *Fausto*, Ed. M. Aguilar, Madrid, 1951. Parte 1.ª, acto único, pág. 1202.

Tristes armas
si no son las palabras.
Tristes, tristes.

Tristes hombres
si no mueren de amores.
Tristes, tristes [34].

El amor ha de infundir todo y, como el tiempo, cate-
gorizar y extenderse a cuanto somos y a cuanto nos con-
cierne:

Un amor hacia todo me atormenta
como a ti, y hacia todo se derrama
mi corazón vestido de difunto [35].

Hablamos aquí de amor, sinónimo de fraternidad. Primero, en calidad de hombre:

Querer, querer, querer,
ésa fue mi corona.
Esa es [36].

Segundo, como miembro responsable del cuerpo social:

Aquí estoy para vivir
mientras el alma me suene,
y aquí estoy para morir,
cuando la hora me llegue,
en los veneros del pueblo
desde ahora y desde siempre [37].

Y tercero, en función de poeta:

Siempre fuimos nosotros sembradores de sangre.
Por eso nos sentimos semejantes del trigo.

[34] M. Hernández, *O. C.*, pág. 396.
[35] *Ibid.*, pág. 228.
[36] *Ibid.*, pág. 364.
[37] *Ibid.*, pág. 270.

No reposamos nunca, y eso es lo que hace el sol,
y la familia del enamorado [38].

Y pues el hombre es *humus*, nacido de la tierra, en cuya entraña su muerte se trocará en mil formas de vida, el amor es el más fuerte germen terrestre. Y Miguel así lo expresa cuando, en su corazón, convoca a sus amigos poetas:

Hablemos del trabajo, del amor sobre todo,
donde la telaraña y el alacrán no habitan.
Hoy quiero abandonarme tratando con vosotros
de la buena semilla de la tierra [39].

Sin embargo, en el cauce del existir humano acontece paradójicamente que la «buena semilla de la tierra», al desplegar sus virtudes, abre inexorablemente una herida, herida de amor, sí, labio tierno, necesario para la comprensión y el abrazo. Ese tipo de amor es preocupación y hasta culpa. Y no hay hombre, con su riguroso significado metafísico, si este ser carece de la conciencia dolorosa de su óntico *naufragio*, dicho en el sentido jaspersiano.

Y, del siguiente modo, escribió Hernández:

Mi vida es una herida de juventud dichosa [40].

He aquí la más honda, entitativa naturaleza del amor humano: sentirse alegremente herido; dolerse de sí y de los demás; compartir el sufrimiento de los otros. Y éste es el amor que realmente nos hace libres y, a mayor abundamiento, combatientes de la libertad:

Para la libertad sangro, lucho, pervivo.
Para la libertad, mis ojos y mis manos,

---

[38] M. Hernández, *O. C.*, pág. 337.
[39] *Ibid.*, pág. 337.
[40] *Ibid.*, pág. 328.

como un árbol carnal, generoso y cautivo,
doy a los cirujanos.
Para la libertad siento más corazones
que arenas en mi pecho: dan espumas mis venas [41].

También aquí, no lo olvidemos, radica la misión del poeta: misión social. Decimos social y no política, porque Miguel Hernández luchó y escribió por y para el hombre; no al dictado y para provecho de un partido. Su palabra, si de fuego, quemaba de amor a sus semejantes, para los que pidió todo el bien:

Que mi voz suba a los montes
y baje a la tierra y truene,
eso pide mi garganta
desde ahora y desde siempre.
Acércate a mi clamor,
pueblo de mi misma leche,
árbol que con tus raíces
encarcelado me tienes,
que aquí estoy yo para amarte
y estoy para defenderte
con la sangre y con la boca
como dos fusiles fieles.
Si yo salí de la tierra,
si yo he nacido de un vientre
desdichado y con pobreza,
no fue sino para hacerme
ruiseñor de las desdichas,
eco de la mala suerte,
y cantar y repetir
a quien escucharme debe
cuanto a penas, cuanto a pobres,
cuanto a tierra se refiere [42].

---

[41] M. Hernández, *O. C.*, pág. 329.
[42] *Ibid.*, págs. 268-269.

En este poema —*Sentado sobre los muertos*—, nos ofrece Miguel la clave de la humanísima dimensión social de su poesía, justificada por su origen, sello, a su vez, de su fin: cantar, dar testimonio en el tiempo de los asuntos de la pena, del vivir de los pobres y, en definitiva, de «cuanto a tierra se refiere». Y todo ello alumbrado por el supremo sol de la paz:

> Aunque vivida, no es vida
> vida que no vive en paz [43].

Hasta este momento hemos analizado el proceso del día que Dios regaló a la especie humana; digamos también de la noche, a la que Él mismo nos arrojó, al constituir esa inexplicable pecaminosidad de nuestra contradictoria naturaleza. Extraña tarea de adánico sortilegio: el pecado. Mas aquí, para Miguel, el desamor, el odio, las sombras y el frío mortal arañan, destruyen nuestro ser:

> La malicia sólo ve
> las cosas estercoladas [44].

La sequedad de corazón es efecto de un tan excesivo como nefasto autoamor. Aludo a cuantos viven dentro del egoísmo:

> Sois los que nunca abrís la mano, la mirada,
> el corazón, la boca, para sembrar verdades:
> los que siempre pedís, los que jamás dais nada,
> cosecheros que sólo sembráis oscuridades [45].

Embajadores de la noche, del pecado, del odio. El egoísmo es, por añadidura, la fuente sucia de los grandes

---

[43] M. Hernández, *O. C.*, pág. 539.
[44] *Ibid.*, pág. 837.
[45] *Ibid.*, pág. 352.

desengaños o intensos fríos que nos cortan, que nos hie-
lan el corazón:

> Es la triste basura
> de los turbios deseos,
> de las pasiones turbias [46].

Sombras que congelan vidas; mortales vientos del
desamor que nos hunden más y más en el pozo inabar-
cable de las negaciones.

Miguel Hernández experimentó, como tantos otros, los
crueles mordiscos del odio:

> Siento que sólo la sombra me alumbra.
> Sólo la sombra. Sin astro. Sin cielo.
> Seres. Volúmenes. Cuerpos tangibles
> dentro del aire que no tiene vuelo,
> dentro del árbol de los imposibles.
> Cárdenos ceños, pasiones de luto.
> Dientes sedientos de ser colorados.
> Oscuridad del rencor absoluto.
> Cuerpos lo mismo que pozos cegados [47].

Exactas, impresionantes expresiones, espejos del desamor y del odio: «Cuerpos lo mismo que pozos cegados».
Sin embargo, la fe de Miguel en el amor nunca se oscu-
reció del todo: aun en sus amarguísimas palabras rutilaba
la esperanza.

> Pero hay un rayo de sol en la lucha
> que siempre deja la sombra vencida [48].

De tan arriesgado y dramático modo vivió Hernández
aquel duro tiempo, en que su entraña era corroída por el
«mal de las ausencias», enfermedad del alma que le abis-
mó en la soledad:

---

[46] M. Hernández, *O. C.*, pág. 365.
[47] *Ibid.*., págs. 431-432.
[48] *Ibid.*, pág. 432.

Troncos de soledad,
barrancos de tristeza
donde rompo a llorar [49].

4. LA PENA

En una de sus fábulas, Higinio —poeta hispanolatino
del siglo I— imagina como sigue el origen y la naturaleza
del hombre:

> Una vez, al disponerse a cruzar un río, la Cura miró el
> barro de arcilla. Recogió un poco y se puso a modelarlo.
> Contemplaba lo que había hecho, cuando apareció Júpiter.
> La Cura le rogó entonces que infundiese espíritu a su obra,
> y Júpiter accedió inmediatamente. La Cura quiso luego darle
> su propio nombre a lo que había hecho; pero Júpiter se opu-
> so, diciendo que era el suyo el que debía dársele. Mientras
> la Cura y Júpiter discutían, apareció la Tierra, y también ella
> quiso dar su nombre al ser a quien habían dotado de cuerpo.
> Tomaron por juez a Saturno, y éste, justo, decidió así:
> «Tú, Júpiter, ya que le diste el espíritu, el espíritu recibirás
> a su muerte; tú, Tierra, ya que le diste el cuerpo, el cuerpo
> recibirás, y la Cura, ya que fue quien primera lo formó,
> téngalo mientras él viva. Pero en cuanto al nombre sobre
> el que discuten, llámenle hombre, visto que está hecho de
> humus [50].

Reparemos en la decisión de Saturno respecto a la
Cura o Preocupación:

> ya que fue quien primera lo formó, téngalo mientras él viva.

---

[49] M. Hernández, *O. C.*, pág. 383.
[50] Vid. V. Fatone, *La existencia humana y sus filósofos*, Ed.
Raigal, Buenos Aires, 1953, pág. 10.

Sabido es que Heidegger se apoyó en esta fábula para la fundamentación y desarrollo de su teoría acerca de la angustia del ser-en-el-mundo.

Miguel Hernández, naturalmente, no hizo filosofía sistemática, pero sí, en cambio, nos dejó elementos suficientes para que, valiéndonos de ellos, especulemos sobre el alcance y estructura de la *pena*, concepto y vivencia, tan íntimas y presentes en su vivir y poetizar.

Al igual que el venerable poeta Higinio, el gran oriolano también concibió al hombre hecho de tierra y sujeto a la preocupación, al cuidado. El fundamento de tal realidad psicológica y ontológica es el dolor:

> ¡Ay!, todo me duele: todo:
> ¡ay!, lo divino y lo humano.
> Silbo para consolar
> mi dolor a lo canario,
> y a lo ruy-señor, y el silbo,
> ¡ay!, me sale vulnerado [51].

Quien por todo sufre, queja constante le brota de su alma vulnerada. Precedente inmediato de esta conciencia metafísica del daño creemos verlo en el poema hernandiano de juventud, titulado *Del ay al ay-por el ay*, donde leemos:

> Hijo soy del *ay*, mi hijo,
> hijo de su padre amargo.
> En un *ay* fui concebido
> y en un *ay* fui engendrado.
> ....
> Del *ay* por el *ay*,
> a un *ay* eterno he llegado.
> Vivo en un *ay*, y en un *ay*
> moriré cuando haga caso

---

[51] M. Hernández, *O. C.*, pág. 158.

> de la tierra que me lleva
> del *ay* al *ay* trasladado [52].

Así, pues, la condición humana en un *ay* se forma y entre dos *ay* se despliega. Pero el *ay* es la preocupación del existir, el término que revela el conocimiento del ser vulnerado. El *ay* es el más profundo y definitorio de nuestros silbos.

Desde la perspectiva fenomenológica, el *ay* se reduce a lamentación, paso que nos conduce al reino de la pena, cuya ecceidad consiste radicalmente en la nada:

> una pena final como la tierra,
> como la flor del haba blanquioscura,
> como la ortiga hostil desazonada,
> indomable y cruel como la sierra,
> como el agua de invierno terca y pura,
> recóndita y eterna como nada [53].

En estos versos desvela Miguel, por añadidura, algunos de los caracteres esenciales de la pena: ser terrestre, blanquioscura, hostil, desazonada y desazonadora, indomable y cruel, terca y pura, recóndita y eterna. Todo y nada.

La pena configura moral y ontológicamente al hombre y lo define en su intimidad psicológica, en cuanto puede ser efecto de causalidad externa. En el orden metafísico, la pena es la propia sustancia.

Contemplémosla procedente de lo ajeno. Aquí, la pena es planta que se nutre tanto del amor como del desamor. Incluso podemos afirmar que, en ocasiones, es una especie de amor. Así, bajo tan elocuente título como el de *Pena-bienhallada*, dice el poeta:

---

[52] M. Hernández, *O. C.*, págs. 156-157.
[53] *Ibid.*, pág. 205.

Semiciego por ti llego a tu puerta,
boquiabierta la llaga de mi vida,
y agriendulzo la pena que la embarga [54].

También la pena revela el vacío de la ausencia:

Más triste que un cordero degollado,
de la dolencia voy a la dolencia,
por la dolencia y por la sierra arriba.
¡Ay, cuánta soledad sin la presencia
de tu compaña, nieve decisiva!
¡Ay, cuánta lana y cuánto pastoreo! [55].

Si, como consignamos, amar es sentirse alegremente herido, la pena se identifica con el amor y el abierto dolor:

Me duele el costado izquierdo
como un puñado de avispas [56].

Más abundante y furiosa surge la pena cuando es el sentimiento del desamor quien al alma anega:

¡Querido contramor, cuánto me haces
desamorar las cosas que más amo,
adolecer, vencerme y destruirme!
¡Esquivo contramor, no te solaces
con oponer la nada a mi reclamo,
que ya no sé qué hacer para estar firme! [57].

Desamor o contramor: angustia del corazón en soledad. Entonces, la congoja profunda, la pena, al no poderse contener en el pecho, silba como lamento muy agudo:

---

54 M. Hernández, *O. C.*, pág. 149.
55 *Ibid.*, pág. 177.
56 *Ibid.*, pág. 747.
57 *Ibid.*, pág. 202.

> La pena hace silbar, lo he comprobado,
> cuando el que pena, pena malherido,
> pena de desamparo desabrido,
> pena de soledad de enamorado.
> ¿Qué ruy-señor amante no ha lanzado
> pálido, fervoroso y afligido,
> desde la ilustre soledad del nido
> el amoroso silbo vulnerado? [58].

Tal es la carga de sufrimiento que ha de soportar quien en la sombra fría del amor se halla:

> Quiero decirte, amor, con sólo esto,
> que cuando tú me das a la olvidanza,
> reconcomido de desesperanza,
> ¡cuánta pena me cuestas y me cuesto! [59].

Y pues sabemos que la situación aflictiva que provoca el contramor es tierra propicia para el cultivo del odio, fácil es confundir la ausencia de amor con la presencia del odio. Un ejemplo lo tenemos en *El labrador de más aire*, donde, a la brutal declaración de Alonso:

> Me paso toda la vida
> odiándote en mis entrañas,

contesta Juan:

> Serena, Alonso, serena
> el corazón en tu pecho:
> veo que lo tienes hecho
> una larga y pura pena [60].

El análisis, basado en la causalidad externa, puede rematar con la tesis de que la pena, como forma contra-

---

[58] M. Hernández, *O. C.*, pág. 203.
[59] *Ibid.*, pág. 197.
[60] *Ibid.*, págs. 726-727.

dictoria del amor, contiene, en su ardentía aniquiladora, los sufrimientos que presupone la idea del infierno:

> Descansar de esta labor
> de huracán, amor o infierno
> no es posible, y el dolor
> me hará a mi pesar eterno [61].

La proyección ontológica de la pena me parece encontrarla cuando nos dice el poeta que, por ser «hija del alma», desordena «la paz de mis retiros» y nos manda «a la angustia» [62].

Conviene aquí insistir, a la manera que lo hace el Existencialismo en cualquiera de sus especies, que el concepto de angustia no guarda ninguna analogía con el de temor o miedo. Éste surge del posible peligro que viene del otro o de las cosas; en cambio, la angustia se alza, se nos apodera, coincidiendo con la autorrevelación del ser, con el descubrimiento de nuestro naufragio, de nuestra miseria. Es la conciencia de que somos seres arrojados a la nada, a la muerte.

La angustia es algo más que un sentimiento que podría definirse como la posibilidad de lo imposible.

> Al descender al abismo de su profundidad —explica Ferrater—, el hombre encuentra la angustia, mas tal vez este angustiarse no sea sino una de las raíces de la existencia; más allá o, cuando menos, al lado de la angustia, se halla la esperanza, un estado de expectación que se encamina, no simplemente a las cosas entre las cuales se mueve la existencia en sus momentos de *distracción*, sino a una *plenitud* que puede colmar este constitutivo vacío o crisis de la vida [63].

---

[61] M. Hernández, *O. C.*, pág. 213.
[62] *Ibid.*, pág. 202.
[63] J. Ferrater Mora, *Diccionario de Filosofía*, Ed. Sudamericana, Buenos Aires, 1951, pág. 56.

La indisoluble correlación metafísico-gnoseológica entre la pena (angustia) y la esperanza (amor) queda patente, a nuestro criterio, en estos versos de Hernández:

> Pero ¿tu elocuencia
> no es más que silencio,
> Dios de lo creado?
> Tiemblo. Peno. Espero [64].

Traigamos nuevas palabras del mismo texto citado de Ferrater:

> Acaso pueda decirse que la angustia y la esperanza se nutren una de otra; sin angustia, la existencia correría, en efecto, el peligro de perderse en lo cotidiano o de aniquilarse en lo satisfecho; sin esperanza, en cambio, la existencia podría desmoronarse, víctima de su propio interminable hundimiento.

Miguel Hernández, ante el misterio de la creación, ante el silencio divino, silencio también en su alma, confiesa su temblor, su penar y su esperanza.

Lo óntico funda la condición humana. La pena, si fugaz en la juventud, cuando

> mucho suena y poco dura,
> y consigo mismo cura,
> que va en ella la virtud [65].

desvela el sustantivo cauce de nuestra raigambre biológica y psíquica, ya que el que pena llora «tierra adentro como el pozo». Y este sumar tierra a la tierra que somos implica ir abriendo un camino, el proyecto realizable de nuestro indescriptible existir, vía sin espectáculo:

---

[64] M. Hernández, *O. C.*, pág. 147.
[65] *Ibid.*, pág. 688.

> Anda que te andarás, ir por la pena,
> pena adelante. a penas y alegrías
> sin declarar fragilidad ni un tanto[66].

La vida humana se constituye como pena, y el acabamiento de ésta se llama muerte:

> Espero, a pie parado,
> el ser, cuando Dios quiera, despenado[67].

Consecuentemente con lo expuesto, en la metafísica hernandiana, existencialista *per se*, la pena estructura al ente individual humano, determinándolo en gran medida de modo cualitativo.

> Sobre la pena duermo solo y uno,
> pena es mi paz y pena mi batalla.
> ....
> Cardos y penas llevo por corona.
> ....
> No podrá con la pena mi persona
> rodeada de penas y de cardos:
> ¡cuánto penar para morirse uno![68].

¡Cuánta preocupación —diríamos, parafraseando a Miguel— para llegar a la plenitud de la muerte!

La angustia, la pena formó al ser humano: «No podrá con la pena mi persona». No; en ella se hundirá total, irremediablemente. «Nadie me salvará de este naufragio»[69], ni siquiera la luz de la amada:

> Eludiendo por eso el mal presagio
> de que ni en ti siquiera habré seguro,
> voy entre pena y pena sonriendo[70].

---

[66] M. Hernández, *O. C.*, pág. 191.
[67] *Ibid.*, pág. 140.
[68] *Ibid.*, pág. 216.
[69] *Ibid.*, pág. 208.
[70] *Ibidem.*

La única posibilidad de evitar el naufragio es el ale-
jamiento de sí, la enajenación, hacerse como el otro, «dis-
traerse», dicho en el sentido antropológico del vocablo,
perderse en la inautenticidad:

> Me quiero despedir de tanta pena,
> cultivar los barbechos del olvido,
> y si no hacerme polvo, hacerme arena;
> de mi cuerpo y su estruendo,
> de mis ojos al fin desatendido,
> sesteando, olvidando, sonriendo
> lejos del sentimiento y del sentido [71].

Hacerse «arena»; vivir «desatendido» de los ojos, «lejos del sentimiento y del sentido»: eso es estar fuera de
la pena, raíz que nos confiere la razón de ser.

Pero el hombre, consciente de su autenticidad, no puede abandonarse en las oscuras llamadas del anonimato;
muy al contrario, su tiempo aumentará la lumbre de su
pena, de su sabida y hasta cultivada angustia para llegar
a la máxima purificación en ella y por ella:

> Criatura: ¡llega
> a lavarte los pecados
> en el río de la pena! [72].

Objetivada, en aislamiento o entre paréntesis por reducción fenomenológica, la pena se presenta de formas
diversas:

a)   Con sentido de camino:

> Anda que te andarás, ir por la pena [73].

---

[71] M. Hernández, *O. C.*, pág. 247.
[72] *Ibid.*, pág. 544.
[73] *Ibid.*, pág. 191.

b) Como luz:

> Una picuda y deslumbrante pena [74].

c) Semejante al arado:

> hecho una pura llaga campesina,
> así me quedo yo solo y maltrecho
> con un arado urgente junto al pecho,
> que hurgando en mis entrañas me asesina [75].

d) Como cuchillo:

> Un carnívoro cuchillo
> de ala dulce y homicida
> sostiene un vuelo y un brillo
> alrededor de mi vida [76].

e) Como rayo:

> Rayo de metal crispado,
> fulgentemente caído,
> picotea mi costado
> y hace en él un triste nido [77].

f) Como piedra:

> Esta obstinada piedra de mí brota
> y sobre mí dirige la insistencia
> de sus lluviosos rayos destructores [78].

g) Como garza:

---

[74] M. Hernández, *O. C.*, pág. 215.
[75] *Ibid.*, pág. 205.
[76] *Ibid.*, pág. 213.
[77] *Ibidem.*
[78] *Ibid.*, pág. 214.

Garza es mi pena, esbelta y negra garza,
sola. como un suspiro y un ay, sola,
terca en su error y en su desgracia terca [79].

h) Y hasta con naturaleza vegetal:

¡Qué dolor vuestro tacto y vuestra vista!:
intimidáis los ánimos más fuertes,
anatómicas penas vegetales [80].

5. Lo erótico

Relevante es, sin duda, la presencia de la pasión sexual en la obra de Miguel Hernández. Lo erótico no actúa en los versos de nuestro poeta con dulzuras más o menos idealistas o sentimentaloides, sino como energía arrolladora, hontanar del vivir, fecundísima semilla de lo existente. El sexo alimenta, engendra, arde en todo cuanto es:

Toda la creación busca pareja:
se persiguen los picos y los huesos,
hacen la vida par todas las cosas [81].

En virtud del sexo, el amor es río caudaloso, incesable de generaciones, por cuyo cauce llegamos y nos marchamos, dejando o no testimonio de nuestro pasar:

Lecho del agua que soy,
tú, los dos, somos el río
donde cuando más profundo
se ve más despacio y límpido [82].

---

[79] M. Hernández, *O. C.*, pág. 206.
[80] *Ibid.*, pág. 191.
[81] *Ibid.*, pág. 192.
[82] *Ibid.*, pág. 375.

La intuición, aquí entrevista, asoma con mayor pasión en el poema *Mi sangre es un camino*:

> Necesito extender este imperioso reino,
> prolongar a mis padres hasta la eternidad,
> y tiendo hacia ti un puente de arqueados corazones
> que ya se corrompieron y que aún laten [83].

Y muéstrase rotunda, esplendente, cargada de sentido y de belleza en *Hijo de la luz y de la sombra*:

> No te quiero a ti sola: te quiero en tu ascendencia
> y en cuanto de tu vientre descenderá mañana.
> Porque la especie humana me han dado por herencia,
> la familia del hijo será la especie humana [84].

La palabra de Eros suena, pues, vieja y nueva en cada momento de la Humanidad. Es instinto y semilla específica. Es voluntad, imperio volitivo de cariz schopenhaueriano, irreductible e incontenible, causa necesaria del ser en el tiempo:

> Me empuja a martillazos y a mordiscos,
> me tira con bramidos y cordeles
> del corazón, del pie, de los orígenes [85].

Es la sangre, sí, pero aquí es también el sexo: voluntad de la tierra que enloquece nuestras venas, llama en nuestra sangre e incendio en la mirada:

> ¡Ay qué ganas de amarte contra un árbol,
> ay qué afán de trillarte en una era,
> ay qué dolor de verte por la espalda
> y no verte la espalda contra el mundo!
> ....

---

[83] M. Hernández, *O. C.*, pág. 238.
[84] *Ibid.*, pág. 412.
[85] *Ibid.*, pág. 237.

Pólvora venenosa propagada,
ornados por los ojos de tristes pirotecnias,
panal horriblemente acribillado
con un mínimo rayo doliendo en cada poro,
gremio fosforescente de acechantes tarántulas
no me consientas ser. Atiende, atiende
a mi desesperado sonreír,
donde muerdo la hiel por sus raíces
por las lluviosas penas recorrido.
Recibe esta fortuna sedienta de tu boca
que para ti heredé de tanto padre [86].

Si Eros lanza rayos por los ojos, fulgurando «como nidos de tarántulas en acecho» [87], la pasión atraviesa, quemante, por la tierna cosecha de la adolescencia. El tránsito del estado paradisíaco al adánico, ya con la conciencia del sexo, lo expresa Miguel con estas palabras:

Mi ilustre soledad de esquila y lana
de hoy ha de hacer viciosas amistades
con el higo, la pruna y la manzana [88].

La relación fogosa anúnciase con la primavera del tiempo:

Vehementes frentes tremendas
de toros de amor vehementes
a volcanes me encomiendas
y me arrojas a torrentes [89].

El cuerpo, excitado por el sortilegio primaveral, muéstrase pechiabierto a la pecaminosidad [90]. Y, en cierto modo, es puerta que nos ofrece la vida:

---

[86] M. Hernández, *O. C.*, págs. 238-239.
[87] *Ibid.*, pág. 615.
[88] *Ibid.*, pág. 110.
[89] *Ibid.*, pág. 154.
[90] *Ibid.*, pág. 158.

Somos adán y eva
que ha reanudado Dios a la edad nueva [91].

La función profundamente genesíaca que se opera en las entrañas de los cuerpos amantes tiene por escena y ámbito la ardiente noche de los sexos:

Daré sobre tu cuerpo cuando la noche arroje
su avaricioso anhelo de imán y poderío.
Un astral sentimiento febril me sobrecoge,
incendia mi osamenta con un escalofrío.

El aire de la noche desordena tus pechos,
y desordena y vuelca los cuerpos con su choque.
Como una tempestad de enloquecidos lechos,
eclipsa las parejas, las hace un solo bloque [92].

Durante esa noche, «horticultora del amor» [93], la Voluntad de la especie humana se transforma en «sorda hoguera» o «nido cerrado, incandescente», que deslumbra y ciega a los amantes. Bajo su irrefrenable impulso, en manos de su vértigo, el mundo, que aún es sombra, va convirtiéndose en hijo:

El hijo está en la sombra: de la sombra ha surtido,
y a su origen infunden los astros una siembra,
un zumo lácteo, un flujo de cálido latido,
que ha de obligar a sus huesos al sueño y a la hembra [94].

El hijo, el nuevo fruto que a la especie prolonga, ilumina de vida la entraña materna, llenándola de esperanza y de futuro:

---

[91] M. Hernández, *O. C.*, pág. 102.
[92] *Ibid.*, pág. 409.
[93] *Ibid.*, pág. 112.
[94] *Ibid.*, pág. 410.

Centro de claridades, la gran hora te espera
en el umbral de un fuego que al fuego mismo abrasa
....
La noche desprendida de los pozos oscuros,
se sumerge en los pozos donde ha echado raíces.
Y tú te abres al parto luminoso, entre muros
que se rasgan contigo como pétreas matrices [95].

Ya, por fin, el hijo en el tiempo, ante los ojos, amor
humanado, amanecer de la vida, fruto de las primigenias
nupcias de la Voluntad y la Naturaleza:

Para siempre fundidos en el hijo quedamos:
fundidos como anhelan nuestras ansias voraces:
en un ramo de tiempo, de sangre, los dos ramos,
en un haz de caricias, de pelo, los dos haces [96].

El hijo es definitivamente la continuación del beso,
síntesis humana de la noche y el día, prolongación del
río, palabra victoriosa de Eros:

Con el amor a cuestas, dormidos y despiertos,
seguiremos besándonos en el hijo profundo.
Besándonos tú y yo se besan nuestros muertos,
se besan los primeros pobladores del mundo [97].

Tal es, en resumen, la visión hernandiana de lo erótico como voluntad de la especie. El amor, si, en el alba
de su concepción, muestra el sello de la experiencia personal, se transfigura de inmediato en símbolo de significado universal.

Asimismo y a esta luz, debemos contemplar la imagen hernandiana de la mujer, su prototipo de mujer,
cuyos caracteres básicos son:

---

[95] M. Hernández, *O. C.*, págs. 410-411.
[96] *Ibid.*, pág. 412.
[97] *Ibid.*, págs. 412-413.

a) **Sencilla y tierna:**

> como la tierra ha de ser
> de sencilla y amorosa,
> que así será más esposa
> y así será más mujer.
> Tendrá un corazón lozano
> y tendrá un alma pareja,
> y el alma bajo la ceja,
> y el corazón en la mano.
> Oliendo a sencilla toda,
> irá, sabiendo a sencilla,
> de su boca a mi mejilla
> y de mi amor a su boda [98].

b) **Limpia:**

> Prima de la luz parezco,
> y mis cabellos parecen
> veneros de plata oscura,
> chorros de metal perenne.
> Es de cogollos de vidrio
> mi cuerpo y casi celeste,
> mi piel de escarcha rizada,
> de estrella lanar mi especie.
> Son mis ojos oro tierno,
> oro tierno son mis sienes
> y espuma suspiradora
> mi garganta de relente [99].

Hernández se complace siempre que puede en destacar esa condición femenina de pulcritud y fragancia. La mujer, en cierto modo, es la imagen más exacta y profunda de la Naturaleza en su función creadora:

> Así pareces
> una palmera de agua,

---

98 M. Hernández, *O. C.*, pág. 668.
99 *Ibid.*, pág. 751.

así huelen a jabón
tu piel, tu aliento, tu saya
y el sudor que te humedece
de luces bellas y amargas
la pierna, el brazo, la boca
y la frente soleada [100].

6. LA SENSACIÓN

Poeta y poeta infundido de Mediterráneo, por su condición alicantina, y lírico barroco, por oriolano, Miguel
Hernández nos depara una gama riquísima de datos sensoriales, de la que ofrecemos algunas muestras. También Hernández, en este aspecto, es semejante a aquel
finísimo espíritu sensualizado de Miró, del maestro:

Eso sí: somos algo. Nuestros cinco sentidos
en todo arraigan, piden posesión y locura.
Agredimos al tiempo con la feliz cigarra,
con el terrestre sueño que alentamos [101].

Bien afirma Miguel que en el mundo estamos y, si,
en él, algo somos, a los sentidos se lo debemos: raíces
que nos implantan en la realidad y nos comunican entre
sí a su través.

a) *El color.*

Al igual que Gabriel Miró, también Miguel Hernández
se plantea el problema de la sustantividad del color:

¿Cómo son los colores? Como quieres
en tus oscuridades.

---

[100] M. Hernández, *O. C.*, pág. 773.
[101] *Ibid.*, pág. 337.

> Dios ha creado el mundo; tú lo vuelves
> a crear a tu imagen [102].

Lo dicho no presupone, aunque así lo parezca, idealismo berkeleyano —lo real es tan sólo el percibir o lo percibido—, sino la formulación de una pregunta casi cartesiana, ya que el color tiene una cuasi naturaleza física:

> ¡hacia el verde en su neta anatomía,
> zumbona traslación, voy de consulta! [103].

sobre cuyo fundamento puede el poeta hablar de un «blanco acuchillado» [104].

Los colores no son percibidos como unidades; por el contrario, se alojan en nuestra sensibilidad vinculados con otras sensaciones y emociones. En su pureza, el color es infinitud y gracia en la mirada del niño:

> Todo era azul delante de aquellos ojos y era
> verde hasta lo entrañable, dorado hasta muy lejos.
> Porque el color hallaba su encarnación primera
> dentro de aquellos ojos de frágiles reflejos [105].

Esa misma virginidad cromática que el poeta atribuye a la mirada infantil la descubre igualmente en ciertos éxtasis de la temporalidad y en la naturaleza de ciertos seres. En cuanto a la primera dimensión, el mes de abril, por ejemplo, puede ser definido como «cid ruy-díaz de colores» [106]. A veces, sobre la delicadeza de una vidriera, el sol «bisa» los colores [107], y, en el hogareño huerto del poeta, la magia colorista se despliega, gloriosa:

---

[102] M. Hernández, *O. C.*, pág. 132.
[103] *Ibid.*, pág. 87.
[104] *Ibid.*, pág. 87.
[105] *Ibid.*, pág. 422.
[106] *Ibid.*, pág. 47.
[107] *Ibid.*, pág. 52.

Luz verde al trasluz, las hojas aprendizas, la hierba prin-
cipiante, los deseos míos, espectadores, los cristales armados
de las tapias. Luz encarnada al trasluz, la flor que conozco
sin nombre, de un rojo-rojo, rojo episcopal. Luz amarilla
natural en masa, con arquitectura, los limones en el limonero, con luz pura de azahar, opaca al trasluz. Luz cárdena
el lilio. Luz turbia el caracol. Luz aflictiva y dulce la abeja.
Luz celestial el romero. Todo luz exaltada. Hasta la sombra de los árboles, menuda y sin sombra [108].

Hermoso canto a la luz, captada en sus distintas cualidades. Pero, además de lo dicho, el poeta distingue el
ser del no-ser atendiendo al contenido, en un caso, ausencia, en otro, de la luminosidad, por lo que podemos ima-
ginar la nada como «llena de luz vacía» [109]. Ahondando
en la vía metafísica, la luz muestra otros sugestivos matices, según sea el espacio y el tiempo, a ella vinculados.
Así, por ejemplo, en el espacio castellano

la luz es un ungüento
que cura la mirada del espanto [110].

Los luceros gotean luz «de un color puro escarcha-
do» [111], mientras la luna, «en pandos aguaceros», «derrama vahos de luz que los árboles azulan» [112].

Anotemos asimismo que, con la aurora, las luces se
abren en «coral» [113], y, en el monte, «moscateles son» [114].

Por último, la luz, deslumbrante herida entrañable del
relámpago, es un «resplandor lácteo de morados fines,
que desnuda espiritualmente» [115].

---

[108] M. Hernández, *O. C.*, pág. 944.
[109] *Ibid.*, pág. 444.
[110] *Ibid.*, pág. 144.
[111] *Ibid.*, pág. 153.
[112] *Ibid.*, pág. 42.
[113] *Ibid.*, pág. 71.
[114] *Ibid.*, pág. 49.
[115] *Ibid.*, pág. 951.

Con la luz, en su seno, sorprendemos la realidad de la blancura, cuyo ser parece consistir en una determinada especie de «holanda espuma» [116]. Lo blanco goza de un dinamismo interno, que el poeta recoge y transmuta en poesía:

> Por tu pie, la blancura más bailable [117].

Mas, en otro horizonte de lo real, la blancura, si nacida del mar, se nos aparece cual una «continuidad blanca de floridas cadenas» [118]; si la aprehendemos de la vasta diafanidad de la mañana levantina, entonces

> se empalman la mañana y los palomos
> en aludes de luz y de blancura [119].

Miguel Hernández sintió predilección por el azul, el verde y el amarillo. La gama del rojo apenas si tiene valor propio.

En cuanto al azul, sus tonos pueden ser: celeste, intenso, y festivo. El celeste lo es por su cualidad de «ileso» [120]; el intenso corresponde a

> los grandiosos cielos, regios pabellones
> son diáfanos, puros azules intensos [121].

Y el azul festivo se despliega, tejido a la melancolía de la tarde [122].

Relacionado con el dato espacial, digamos que, en Castilla,

---

[115] M. Hernández, *O. C.*, pág. 64.
[117] *Ibid.*, pág. 217.
[118] *Ibid.*, pág. 45.
[119] *Ibid.*, pág. 54.
[120] *Ibid.*, pág. 61.
[121] Vid. Couffon, *ob. cit.*, pág. 80.
[122] *Ibid.*, pág. 142.

sube la tierra al cielo paso a paso,
baja el cielo a la tierra de repente
(un azul de llover cielo cencido) [123].

En su vinculación con el tiempo, añadiremos que, en enero,

un exquisito verde ceniciento
y un delicado blanco casi oscuro
componen los azules del momento [124].

El verde, contemplado en las aguas marinas, es «tan verde en su blancura» como si de una ilusión óptica se tratara [125]; en cambio, tiene un gesto risueño, extendido por los sembrados [126], mientras lo es de sosiego, crecido en el alpiste [127].

El amarillo, definidor del limón, es «un relámpago en resumen» [128], y, si se duerme en la era, es color de fertilidad [129].

b) *El sonido.*

Mediante esta sensación, el mundo se reveló a nuestro poeta. El cuerpo, sumido en una «noche oscura», se despertó gracias a la finísima virtuosidad del oído:

Revelación del mundo no has tenido,
noche oscura del cuerpo,

---

[123] M. Hernández, *O. C.*, pág. 143.
[124] *Ibid.*, pág. 109.
[125] *Ibid.*, pág. 149.
[126] Vid. Couffon, *ob. cit.*, pág. 80.
[127] M. Hernández, *O. C.*, pág. 43.
[128] *Ibid.*, pág. 35.
[129] *Ibid.*, pág. 115.

y sólo por noticias, en tu oído,
el mundo fue naciendo [130].

Junto al concreto camino epistemológico de cada sensibilidad, no olvidemos que el sonido, pues califica al universo entero, puede ser captado por ciertas almas en esta su plena dimensión:

Hoy el día es un colegio
musical. Más de un billón
de aves cantan la lección
de armonía, que el egregio
profesor Sol les señala
desde su sillón cobalto,
dando vueltas en lo alto
con un libro abierto: el ala [131].

Detengámonos en la sensación misma. Analicemos, en primer lugar, la voz humana, sonido que, en gran medida, espejea nuestros sentimientos, como el ciego que sabe de su atractivo físico «por el espejo de la voz de las mujeres emocionadas y solteras, que salen del templo de confesar y hacen penitencia dando una limosna» [132].

Hernández nos dejó cumplida descripción de su propia voz, «voz de bronce» incorruptible:

Con esta voz templada al fuego vivo,
amasada en un bronce de pesares,
salgo a la puerta eterna del olivo,
y dejo dicho entre los olivares... [133].

La de Miguel es voz de luchador en pro de la justicia, voz de pobre y de perseguido, voz solar.

---

130 M. Hernández, *O. C.*, págs. 131-132.
131 *Ibid.*, pág. 54.
132 *Ibid.*, pág. 944.
133 *Ibid.*, pág. 308.

A diferencia de la voz del combatiente, la del amante semeja estar «amasada en un pan de trigo espeso» [134].

No se ocupó más nuestro poeta de las múltiples modalidades que ofrece la voz humana; sí, en cambio, registró el sonido animal, así como los que se producen en los vegetales y en los minerales. Sin embargo, dejemos constancia de sus apuntes acerca de la risa temerosa —«una risa con luna» [135]— o la que

> como un pájaro de oro que hizo el nidal
> en tu ebúrnea garganta, donde la brisa
> que la cerca perfuma su áureo cristal [136].

Asimismo habla Miguel de la sonrisa, «anochecida por una mella» de cierta muchacha [137]; recoge las voces «tristísimas» de las saetas [138], y

> algún lúgubre gemido
> que se sube hasta los labios desde un pecho de fe lleno [139].

No escapan a Miguel los matices sonoros de un pájaro anónimo, de cántico «vulgar, oscuro, inculto y chiquito. De esos que no se quieren oír, que estorban, que se odian cuando salen los ruyseñores, ya próximos a los naranjos». Mas, a falta de éstos, «el ave de hoy obtiene un éxito en mi oreja, con la soledad única, incomparable, de su voz casual» [140].

Advertimos la presencia de la cigarra por su

> ronca voz serena,
> propone amor, su arrullo a lo aeroplano

---

134 M. Hernández, *O. C.*, pág. 801.
135 *Ibid.*, pág. 948.
136 Vid. Couffon, *ob. cit.*, pág. 86.
137 M. Hernández, *O. C.*, pág. 950.
138 Vid. Couffon, *ob. cit.*, pág. 82.
139 *Ibidem*.
140 M. Hernández, *O. C.*, pág. 955.

muelles pide en la arena,
tan tórtola solar, como sirena [141].

Los canturreos monorrítmicos de estos animalitos, deshilados a lo largo de las horas caliginosas de la siesta, «siembran sueños y cuchillos» [142].

Hernández gozaba con la música de su canario, que, no obstante su enfermedad, si aquél le introducía en la jaula un limón atado, el pájaro «iza la garganta con los bultos estremecidos de la marea que le sube de canción (...), y mana su voz, su frenesí, lleno de pruritos, de incidencias vocales, chino y oscuro, romería invasora de avispas sonámbulas de siesta, hinchiendo los ámbitos de su regalada cárcel, propasándolos y dispersándose, como una fontanica en aviento, parva en halago...» [143].

En otro momento, la «fontanica» le suena a «trino gibraltar, estrecho como un cuchillo de perfil» [144].

Más aristocrático, el ruiseñor seduce con «la dulce monarquía» de su acento [145].

En su auto, el gran oriolano logra la definición, entre sensual y metafísica, del eco. Dice el Pastor al Hombre:

¿No has llegado nunca a verte
la voz? Que tengo un espejo
en cada barranco advierte,
y menos la de la Muerte
todas las voces reflejo [146].

Y como a vida de pastor se alude, recordemos que el cascabel del ganado, «tornaluna de música y sendero»

---

[141] M. Hernández, *O. C.*, pág. 91
[142] *Ibid.*, pág. 780.
[143] *Ibid.*, pág., 946.
[144] *Ibid.*, pág. 945.
[145] *Ibid.*, pág. 95.
[146] *Ibid.*, pág. 507.

derrama [147], y que las esquilas huertanas emiten «litúrgicos sonidos lacios» [148].

Del sonoro mundo vegetal, Hernández captó y describió así el de las hojas en la higuera:

> Rumores de almidón y de camisa:
> ¡frenesí! de rumores
> en hoja verderol, falda precisa,
> justa de alrededores,
> para cubrir adánicos rubores [149].

También y con giro barroco, aprehendió el rumor del ala del viento, cruzando un cañaveral:

> A la caña silbada de artificio [150]

Y si el poeta repara en el murmullo de las aguas, discurriendo durante la noche «contra nocturna luna», escribirá que

> una afila el cantar, y otra desliza
> su pleno, de soslayo, sin mudanzas [151].

Las pequeñas piedras, al salir, furiosas, suicidas, de la honda del pastor, «suben llenas de abejorros zumbantes a lo alto» [152].

Varias veces describió Miguel la compleja percepción de una tempestad en el campo. Así, leemos en una prosa juvenil que el trueno es la «Voz-de-Dios», que, «amenazadora, desbaratada, épica y torrencial, suena, resuena, retumba, respondida por los ámbitos de las montañas descompasadas y las soledades campesinas del mundo

---

[147] M. Hernández, *O. C.*, pág. 69.
[148] Vid. Ramos, *ob. cit.*, pág. 291.
[149] M. Hernández, *O. C.*, pág. 85.
[150] *Ibid.*, pág. 61.
[151] *Ibid.*, pág. 71.
[152] *Ibid.*, pág. 633.

entero». Y añade que el trueno «es una ilustración musical de las páginas sagradas. Un estado del alma y, por tanto, un estado de Dios. El aldabonazo más duro que Él da en el viento para que despierten las conciencias dormidas» [153].

Este carácter sacro-religioso de la tormenta, como liberación divina a través de las fuerzas naturales para iluminación de las conciencias humanas dormidas, desaparece totalmente en el siguiente párrafo que tomamos de *Los hijos de la piedra*:

> Los relámpagos se hacen perdurables, los truenos destrozan sus mundos, los rayos avanzan crispados y repentinos, las nubes se desangran haciendo una música bárbara en el monte, que amenaza cataclismos (...). Los barrancos se vuelcan con un clamor de espuma, tiemblan los cimientos del monte, se quiebran violentamente las estalactitas, se desploman grandes bloques de pórfido y de mármol... [154].

La visión, ahora, es de tipo naturalista, del mismo que cuando describe la cólera del viento «que se queja en el esparto y el romero, aúlla en el pino, arde en la higuera, se rasga en el cardo y la zarza, solloza en la retama y pierde la dirección y el ímpetu en los tajos y quebradas» [155].

El nítido recurso humanizador que observamos en el precedente párrafo lo usa Hernández con bastante frecuencia. Refiriéndose a una morera, dice que «mi tacto sobre su tronco siente subir líquidos los verdores negros, brazos próximos a penetrar el aire...» [156].

De una higuera testimonia que «cae retorcida de dolor por una cuesta» [157]. Y, del árbol en general, afirma:

---

[153] M. Hernández, *O. C.*, pág. 951.
[154] *Ibid.*, pág. 635.
[155] *Ibid.*, pág. 635.
[156] *Ibid.*, pág. 941.
[157] *Ibid.*, pág. 636.

> Tienes fisonomía y sentimiento;
> el sol te da tristeza
> y las aguas contento [158].

En cuanto a las cosas, a los utensilios, registramos que las hachas, en ocasiones, relampaguean de «labios feroces» [159], y que el agua del Tajo, al cubrir el cadáver de Garcilaso,

> ... se emociona
> y bate su cencerro circulante
> lleno de hondas gargantas doloridas [160].

Hasta el tren, consciente de su humanísima carga de heridos, camina con desmayo,

> agoniza el carbón, suspira el humo,
> y maternal la máquina suspira,
> avanza como un largo desaliento [161].

Otro recurso estilístico usado por el poeta de Orihuela es el de la dinamización. Gracias a él vemos cómo el cielo «se acerca gravemente» en los días de otoño [162], o contemplamos de qué modo «una inundación de sombra serrana bate» la torre de un monasterio «y ahoga toda la pompa de su arquitectura invadiendo su luz, que se deja caer de un golpe brillante, mientras la otra asciende a la orilla de los bronces, humedecida, perseguida, en medio de los huertos supuestos de aquel lado de la Iglesia» [163].

Pero volvamos a la sensación y analicemos, frente a las especies audibles, la sustantividad del silencio. Afir-

---

[158]   M. Hernández, *O. C.*, pág. 159.
[159]   *Ibid.*, pág. 550.
[160]   *Ibid.*, pág. 245.
[161]   *Ibid.*, pág. 336.
[162]   *Ibid.*, pág. 97.
[163]   *Ibid.*, pág. 956.

mamos, con Miguel, que el silencio es algo casi físico: «y en su voz el silencio entretenías» [164], dice a Josefina Fenoll, llorando la muerte de Ramón Sijé. Y añade:

> Buscando abejas va por los panales
> el silencio que ha muerto de repente
> en su lengua de abejas torrenciales.

Tal ser, desprendido de lo humano, aislado en la plenitud de la Naturaleza, lo percibió nuestro poeta con el carácter de «altísimo y picudo» y hasta «adornado de un dindalear de esquilas» [165]. Es el silencio-cumbre, silencio-amigo de los pastores. Mas, en el orbe de lo humano, el silencio suena casi siempre «a lamento», según confiesa Encarnación en *El labrador de más aire*.

Curioso es el silencio de la cigarra si una nube enluta al sol:

> un silencio de horror hierve encendido
> entre élitro y oreja [166].

Por último, traigamos la cita de lo musical, referida a la actuación de una banda pueblerina, de la que se expanden «notas de una música que oro falso siembra al viento» [167].

c) *El olor.*

Escasa relevancia tiene el olor en el cercado sensual hernandiano, donde superan los figurados a los reales. Así, verbigracia, Miguel nos habla del olor a bondad, identificado con el de la hierba [168]; el de maldad, análogo

---

[164] M. Hernández, *O. C.*, pág. 235.
[165] *Ibid.*, pág. 520.
[166] *Ibid.*, pág. 106.
[167] Vid. Couffon, *ob. cit.*, pág. 141.
[168] M. Hernández, *O. C.*, pág. 615.

al «del rabo de la zorra» [169]; el de mujer amada, de aroma
indescifrable [170], o el de Dios, perceptible en el cereal:

¡Qué olor a Dios echa el trigo! [171]

Olores reales son los del pan, que no sólo satura el
ámbito del horno, sino que trasciende

los límites del marco de las puertas,
penetra en toda casa
y panifica el aire de las huertas [172];

el de cabra, olor «barbado» [173], y el de palmera, «a polen
celeste» [174].

Destaquemos asimismo la sensación olfativo-religiosa,
bajo el estímulo de la serena contemplación de la Naturaleza:

Un religioso aroma de incensario
hace la rama, el surco y la ladera [175].

Generalizando, podemos asegurar que el olor, cualidad que «lo pone todo celeste» [176], actuó poderosamente
en la sensibilidad hernandiana:

Me inclino hacia el clavel; a la azucena
le desoigo el lamento claro y leve;
del lado de la rosa el pie se mueve,
y le doy al jazmín ¡qué pura pena!

---

[169] *Ibidem.*
[170] M. Hernández, *O. C.*, pág. 199.
[171] *Ibid.*, pág. 568.
[172] *Ibid.*, pág. 185.
[173] *Ibid.*, pág. 451.
[174] *Ibid.*, pág. 452.
[175] *Ibid.*, pág. 152.
[176] *Ibid.*, pág. 41.

Partidario del cardo antes de ahora,
esquivando su imagen de tortura,
dejo desamparados los azahares.

¡Ay!: ¡hazte de mi bando!, el lirio llora.
Y no atiendo, y asaltan mi criatura
deseos nones y malicias pares [177].

d) *El sabor.*

Nuestro poeta nos dejó la siguiente apología del higo
y de su sabor:

Es por los pruritos de delicia sonámbula, que me asaltan cuando mi mano empuña, como una bocina muda sa-
brosa, bajo mis ojos espectadores halagados; cuando mis
fauces se colman, bajo el ámbito de mi gusto saboreador,
del contorno del higo, de relieves de carmines enmelados,
de arropes criminales, que me empastan y aumentan el
volumen de los labios, con dulces viscos para ligar besos [178].

También cantó en poesía la sensación sápida del limón:

Si te hundo
mis dientes,
oh agrio
mi amigo,
me darás
un minuto
de mar [179].

Se da igualmente figurado con talante metafísico un
gusto de lo temporal, por lo que, refiriéndose al río Manzanares, dice que

---

[177] M. Hernández, *O. C.*, pág. 156.
[178] *Ibid.*, pág. 953.
[179] *Ibid.*, pág. 35.

pasa como la historia, sonando sus renglones,
y en el sabor del tiempo queda escrito [180].

e) *El tacto.*

Esta sensación, en su virtualidad más completa, aparece en el siguiente texto:

> Dejé manca la morera en octubre y a mayo no se azucarará de moras cristianas de Valencia; pero mi tacto sobre su tronco siente subir líquidos los verdores negros, brazos próximos a penetrar el aire, hasta los muñones de los que me regalaron de sombra, cuatro estíos pecadores [181].

f) *Sensaciones varias.*

En orden a las cenestésicas e internas, encontramos algunos ejemplos. Así, con respecto al calor:

> En el pico la asfixia, no el primor,
> mata al ave en la siesta:
> la desnudez del hijo, aunque en su pro,
> no puede, obra, vencerla [182].

En sentido contrario,

> Las raíces del árbol van más lejos
> por humedad del tronco;
> cubre la hoja, requiriendo fresco,
> con otra su contorno [183].

El calor se asocia al silencio en estos versos:

---

[180] M. Hernández, *O. C.*, pág. 310.
[181] *Ibid.*, pág. 941.
[182] *Ibid.*, pág. 105.
[183] *Ibid.*, pág. 106.

> Sin crótalos, sin pulsos, sí, sin sones,
> ancorará la luz en esqueleto
> junto a un silencio sin descanso quieto [184].

La sensación de bienestar por razón de la dulzura del ambiente se manifiesta en las palabras «el eterno abril de las persianas» [185], así como, en las que siguen, se revela la idea y casi la plástica de la inmovilidad:

> No hay viento que divorcie en las horquetas
> el trigo de la paja,
> y la parte del todo más ligera
> aún resulta pesada [186].

La sensación de hambre es definida «cigüeñal de ávidos cuellos» [187], y la correspondiente a la sed aparece metaforizada como sigue:

> Al polo norte del limón amargo
> desde tu arena azul, cociente higuera! [188].

g) *Sinestesias y antonimias.*

En íntima vinculación con el campo sensorial, se desarrolla la sinestesia, muy abundante en la poesía hernandiana. Traigamos algunos ejemplos:

Color-afectividad: «verdura enviudada» [189], «sombra borde» [190], «luz verduga» [191], «júbilo umbrío» [192], «luz aflictiva» [193], etc.

---

[184] M. Hernández, *O. C.*, pág. 51.
[185] *Ibid.*, pág. 61.
[186] *Ibid.*, pág. 106.
[187] *Ibid.*, pág. 73.
[188] *Ibid.*, pág. 64.
[189] *Ibid.*, pág. 82.
[190] *Ibid.*, pág. 82.
[191] *Ibid.*, pág. 90.
[192] *Ibid.*, pág. 160.
[193] *Ibid.*, pág. 502.

Color-temperatura: «blancor caliente» [194], «propenden los verdores / a plantear sus crisis de frescores» [195], «se enfrían las postreras blancuras» [196], «verdores calientes de boñigas» [197], etc.

Color-sabor: «carmines enmelados» [198].

Color-muerte: «el verdor venenoso» [199].

Tacto-color: «golpe amarillo» [200].

Tacto-afectividad: «la alegría del frío dolorosa» [201].

Tacto-espacio: «fría prolongación» [202], aludiendo a la naranja.

Sonido-afectividad: «Dale al aire, cabrero, / hasta que silbe tierno» [203].

Sonido-tacto: «Está el agua que trina de tan fría» [204], «silencio urgente frío» [205].

Sabor-tacto: «jugoso fuego» [206].

Sabor-afectividad: «arropes criminales» [207].

Asimismo se pueden rastrear muchos ejemplos de antonimias:

«Muy pobremente rica» [208], «¡No hay altura más honda!» [209], «Las batallas son paces» [210], etc., etc.

---

194 M. Hernández, *O. C.*, pág. 86.
195 *Ibid.*, pág. 117.
196 *Ibid.*, pág. 50.
197 *Ibid.*, pág. 952.
198 *Ibid.*, pág. 953.
199 *Ibid.*, pág. 955.
200 *Ibid.*, pág. 199.
201 *Ibid.*, pág. 109.
202 *Ibid.*, pág. 72.
203 *Ibid.*, pág. 76.
204 *Ibid.*, pág. 186.
205 *Ibid.*, pág. 118.
206 *Ibid.*, pág. 216.
207 *Ibid.*, pág. 953.
208 *Ibid.*, pág. 142.
209 *Ibid.*, pág. 143.
210 *Ibid.*, pág. 159.

F) SOCIOLOGÍA

1. EL TRABAJO

Fluyendo por la misma corriente de su obra lírica, desarrolla Miguel Hernández las piezas fundamentales de un mundo sociológico, honda y tiernamente humano, que, partiendo de la propia concepción del trabajo, se eleva al orden teórico-social, a su íntima estructuración y a su dialéctica.

Una fuerte raigambre moral sostiene este complejo haz de ideas y sentimientos. El predominio de lo ético no sólo es evidente de suyo, sino que anula, teorizando, las ráfagas de concreta materia política que surgen en su vida, no en su obra.

Con lo expuesto, quiero afirmar la tesis de que Miguel Hernández fue, sí, un gran poeta social, no político, no partidista. Aunque exalte a ciertas figuras destacadas de partido político, sostenemos que estos versos laudatorios, apologéticos, brotan de la fecunda y limpia raíz popular, no de un dictado.

Miguel Hernández no fue, no pudo ser, hombre de dogma, de partido, partidista: se lo impedía su fervoroso, arrebatado amor al ser humano, ser en y por la libertad. No importa su palabra juvenil, su filiación, su carné político temporal, exigido por las circunstancias. A nuestro poeta sólo se le puede adscribir al partido del hombre, del hombre libre. Y de este amor al pueblo, de esta fontana de autenticidades, surgió la norma que signó para siempre su limpia conducta, su rectilínea existencia. De su amor al pobre, al desamparado, amaneció su anhelo de justicia social; jamás de lo convenido por una facción política, aunque a ella se acercara por analogía en ideas y sentimientos.

La base de la sociedad es el trabajo, concebido por Hernández como estrella,

> de cuya luz me mantengo
> para confirmar que vengo
> con mi vida a dejar huella [1].

Es decir: el trabajo signa, justifica la existencia del hombre en convivencia y explica su penado vivir:

> Hay un constante estío de ceniza
> para curtir la luna de la era [2].

La ceniza se eleva a símbolo vital con la calidez humana del sudor:

> vestidura de oro de los trabajadores,
> adorno de las manos como de las pupilas [3].

Sudor: áureo indumento, signo moral, psicológico y hasta ontológico del hombre:

> Llega desde la edad del mundo más remota
> a ofrecer a la tierra su copa sacudida,
> a sustentar la sed y la sal gota a gota,
> a iluminar la vida [4].

Luz de nuestra existencia, el sudor o el trabajo «es la cosecha que en más abundancia recogemos» [5]; es la aurora que amanece con la conciencia, aunque de niño sea:

---

[1] M. Hernández, *O. C.*, pág. 793.
[2] *Ibid.*, pág. 71.
[3] *Ibid.*, pág. 296.
[4] *Ibidem.*
[5] M. Hernández, *O. C.*, pág. 595.

Contar sus años no sabe,
y ya sabe que el sudor
es una corona grave
de sal para el labrador [6].

Bien se comprende que para el gran oriolano el trabajar es la actividad que funda la auténtica dignificación
de la criatura humana. Y así dice a quien le quiera oír:

Pisad la tierra con fe,
que sobre la piel del mundo
luzca de un modo profundo
la forma de vuestro pie [7].

Forjar en luz la huella humana en el tiempo es alcanzar vida permanente en la buena memoria de las generaciones venideras. De ahí, por contra, que los que no
trabajan, los parásitos, los mortales de verdad, «no cono-
cen —dice Miguel— la condición de la tierra, ni la paz
del domingo y el sueño, ni el valor de un jarro de agua
o vino al final de una jornada» [8]. A éstos «es preciso gri-
tar y aguijar para que pongan la mano en sus quehace-
res», a diferencia de los laboriosos, «que van a la labor
sin necesidad de mayoral» [9].

El trabajo no sólo dignifica, sino que hace libre al que
lo ejerce. Concede el más verdadero título posesivo, pues
nadie debe llamarse señor de lo que no cuida ni trabaja:

Nadie merece ser dueño
de hacienda que no cultiva,
en carne y en alma viva
con noble intención y empeño [10].

---

[6] M. Hernández, *O. C.*, pág. 273.
[7] *Ibid.*, pág., 793.
[8] *Ibid.*, pág. 598.
[9] *Ibid.*, pág. 600.
[10] *Ibid.*, pág. 763.

El trabajo, que, además de lo dicho, es «deporte obligatorio» [11], engendra en nuestra alma un singularísimo estado de felicidad con raíces individuales y fronda colectiva: «El trabajo espanta los malos pensamientos, mantiene la paz (...), evita los crímenes y los robos y no deja crecer en la huerta la ortiga, en la casa el polvo y en el barbecho el cardo» [12].

También supone una apertura a la perfección moral del individuo. Por ello, apostrofa Miguel a los campesinos abúlicos:

> ¡Reciennacer! ¡Reciennacer precisas!
> ¡Reciennacer en estas malas brisas
> que corren por el viento,
> dando lo puro y lo mejor por nulo!
>
> ¡Volver, volver al apisonamiento
> al apisonamiento de los rulos!
> Sentir, a las espaldas el pellejo,
> el latir de las vides, el reflejo
> de la vida del vino,
> y la palpitación de los tractores.
>
> ¡Ay!, ¡ama, campesino!
> ¡adámate de amor por tus labores! [13].

Por último, el trabajo es la fuerza creadora del progreso social:

> Ya va a llegar el día feliz sobre la frente
> de los trabajadores: aquel día profundo
> en que sea el minuto jornada suficiente
> para hacer un tractor capaz de arar el mundo.

---

[11] M. Hernández, *O. C.*, pág. 958.
[12] *Ibid.*, pág. 599.
[13] *Ibid.*, pág. 163.

Ya despliega el vigor su piel generadora,
su central de energías, sus titánicos rastros.
Y los hombres se entregan a la función creadora
con la seguridad suprema de los astros [14].

Si analizamos el ser del trabajo, descubriremos que
su fundamento biológico es el hambre, «primero de los
conocimientos» [15], según vimos, y, a la par, «la injuria
mayor que se dirige a los satisfechos» [16]. Pero esta vertiente, si esencial, nos lleva a otro camino de lo sociológico.

Digamos ahora que el trabajo, además de las virtudes
que encierra y excelencias que concede, otorga también
el supremo poderío, el grado mayor en el valor:

Pero ¿qué son las armas: qué pueden, quién ha dicho?
Signo de cobardía son: las armas mejores
aquellas que contienen el proyectil del hueso
son. Mírate las manos.
....
Porque un cañón no puede lo que pueden diez dedos:
porque le falta el fuego que en los brazos dispara
un corazón que viene distribuyendo chorros
hasta grabar un hombre [17].

2. EL TRABAJADOR

Sobre el canto al trabajo, Miguel glorifica la nobleza
de las manos laboriosas:

Ante la aurora veo surgir las manos puras
de los trabajadores terrestres y marinos,

14 M. Hernández, *O. C.*, págs. 321-322.
15 *Ibid.*, pág. 326.
16 *Ibid.*, pág. 624.
17 *Ibid.*, pág. 334.

> como una primavera de alegres dentaduras,
> de dedos matutinos.
>
> ....
>
> Estas sonoras manos oscuras y lucientes,
> las reviste una piel de invencible corteza,
> y son inagotables y generosas fuentes
> de vida y de riqueza [18].

Así, pues, Hernández centró toda su amorosa atención social en el obrero, en el trabajador manual, en el campesino, para quien la mujer es «la orilla final» de su trabajo [19], y ello a causa de las trágicas circunstancias históricas que condicionaron parcialmente su poesía. Por lo mismo, sus versos se inspiran en el minero, en el pastor, en el leñador, en el segador...

Los mineros «mueven el mundo con los yacimientos de riqueza que descubren y cultivan» [20], y, en otro lugar, estos trabajadores aparecen más como víctimas que como héroes triunfadores:

> Sigue segando homero del trabajo
> y mártir de la mina,
> más que los buzos y la hormiga bajo;
> más que la misma ruina
> humana, maloliente y serpentina [21].

Incluso el minero es visto como criatura agonizante, que acaba labrando su propio sepulcro:

> Cava tu tumba más, sepulturero,
> productiva, hasta hacerte
> mineral laborable de tu muerte [22].

---

[18] M. Hernández, *O. C.*, pág. 295.
[19] *Ibid.*, pág. 605.
[20] *Ibid.*, pág. 622.
[21] *Ibid.*, pág. 98.
[22] *Ibid.*, pág. 99.

El pastor, que tiene «los ojos como nadie avezados a ver en medio de la sombra y en lo lejano»[23], y que, por añadidura, conoce «dónde ha pisado el lobo y en qué lugar del monte se juntan los vientos, los ecos y las zorras»[24], este hombre, rey de su «soledad lanar», lo encontramos

> proveyendo distancias
> de soledad, de amor, de vigilancias,
> encima de la loma
> que lo deja en el cielo que lo toma[25].

Sus virtudes, sus cualidades psicológicas y morales, son enunciadas como sigue en el auto sacramental:

> Y con mucho amor, pastor
> has de ser; que el pastoreo
> solicita mucho amor,
> mucho ojo y avizor,
> y poco, ¡ningún deseo![26].

En cuanto al oficio de leñador, Miguel subraya que ningún brazo como el suyo «puede expresar mejor el gesto del rayo», cuya fuerza se amasa «con el rumor del trueno y la firmeza del hachazo»[27].

Saludemos también al segador, que

> prepara el cuerpo al sudor,
> prepara el pecho a la angustia,
> prepara la mano al callo
> y a la tierra la cintura[28],

---

[23] M. Hernández, *O. C.*, pág. 600.
[24] *Ibid.*, pág. 600.
[25] *Ibid.*, pág. 144.
[26] *Ibid.*, pág. 508.
[27] *Ibid.*, pág. 600.
[28] *Ibid.*, pág. 501.

con lo que este trabajo puede elevarse a símbolo del
específico quehacer humano y hasta de la naturaleza del
hombre.

El segador es «terrestre remero» que nivela «cerea-
les olas», y, tras su paso, deja «un reguero malherido de
amapolas» [29].

El sentido humano del segador muéstrase en el bello
retablo neogongorino de *Perito en lunas*, donde las espigas son

> verdes sierpes ya trémulas de roces
> y rocíos. La mano que las junta,
> afila las tajadas, sí, las hoces,
> con el deseo ya, la luz en torno;
> y enarca bríos, era, masas, horno [30].

Si la siega se concreta en esta estampa,

> Arpón de pan la espiga,
> la hoz rumbo de acero
> ¿qué de choques de luz entre dos luces? [31].

la trilla queda descrita en los siguientes versos:

> Eclipse cereal: el mundo bajo
> saturnos de cosecha.
> Se persigue los rumbos, el trabajo,
> el corcel y la endecha,
> hasta dejar su huella en hoz deshecha [32].

3. LA REVOLUCIÓN SOCIAL

Bien sabido es que Miguel Hernández nació en hogar
muy humilde, que su infancia y adolescencia transcu-

---

[29] M. Hernández, *O. C.*, pág. 505.
[30] *Ibid.*, pág. 67.
[31] *Ibid.*, pág. 102.
[32] *Ibid.*, pág. 115.

rrieron en ambiente social modestísimo y que su primer
y casi único oficio fue el de pastor. Su existencia, por lo
tanto, alboreó entre escaseces, con los consiguientes con-
dicionamientos y secuelas sociales que la clase de modes-
ta economía tenía que soportar en la ciudad de Orihuela,
donde las discriminaciones por tales motivos materiales
eran entonces, y aun ahora, muy ostensibles.

Tal vez, herido por tales y tan injustas diferencias,
Miguel anatematizó el dinero:

> Enjaulado está el dinero
> como lo que es: una fiera,
> en jaulas de mármol y oro
> confusamente babélicas,
> donde se pudre aumentando
> como acre-edor de hipotecas;
> y en las aceras de enfrente
> pega gritos la miseria,
> que aun gritando nadie oye,
> todos sordos con orejas [33].

Así denunciaba el poeta un aspecto de la realidad social oriolana, mientras, en torno a su propia situación,
confesaba:

> Nunca tuve zapatos,
> ni trajes, ni palabras;
> siempre tuve regatos,
> siempre penas y cabras.
> Me vistió la pobreza,
> me lamió el cuerpo el río
> y del pie a la cabeza
> pasto fui del rocío [34].

Su tiempo discurrió entre humildades, por senda de
insatisfacciones. Y, sin embargo, su primera juventud se

---

[33] M. Hernández, *O. C.*, págs. 553-554.
[34] Vid. Couffon, *ob. cit.*, pág. 127.

desarrolla dentro de un conformismo, engendrado en los senos de la moral tradicional, que aprendió en su casa y en el «clima» oriolano. Y aquel naciente poeta, en cuya alma crecen deseos de justicia, no sólo no es revolucionario, sino que habla como enemigo de todo cuanto suponga cambios violentos. En su virtud, y en 1934, se dirige a los campesinos con el intento de apartarlos de las seducciones ciudadanas y de los seísmos sociales que se presagiaban:

> Venid aquí, hijos del surco. Vuestra vida es de la tierra como vuestra muerte. Porfiad en la espiga, no en el gorgojo negro de la envidia. Os han estragado el paladar del gusto. Habéis perdido la fe en la semilla, en el cielo que la subleva de verdor. Os inclináis al crimen, no a la tierra. Laboráis en el aire, no en el surco. (...). Habréis de purificaros en el jordán de vuestras soledades. Habréis de reintegraros a la esteva (...). Salvad vuestros pies de los zapatos. Dejad a ellos que desahoguen su rabia con las torres y arranquen la lengua a las campanas que no se saben callar, y maten a tiros a las vírgenes de los pueblos, como si María pudiera morir (...). Amenazad a la espiga y no al hombre con la hoz del filo grande. Que todo el aire sea una iluminación de cantares y azadas (...). Venid conmigo, hermanos; entre estos aires puros de almendras florecidas nos iremos robusteciendo finamente en Dios, por esta senda donde están sus huellas y sus analogías en paz [35].

Clarísimo está, en la invocación, el contenido éticoreligioso, así como el signo de cierta propaganda política, a que alude el poeta, ideología que él rechaza, porque considera que la felicidad del campesino —y de todo hombre, en general— reside en el trabajo: «No más arrimo al mundo y desarrimo al campo».

Empero el conformismo ético, Miguel no aceptaba, como es lógico, la vida mísera. Por el contrario, se rebe-

---

[35] M. Hernández, *O. C.*, págs. 939-940.

laba frente a lo injusto, contra «la trágica vida del campesino», como la que sufría Antonio, obligado a aceptar

> un jornal de siete pesetas. Para cobrarlas trabajaba desde las dos y media o las tres de la mañana hasta las diez de la noche. Diecinueve horas y media de jornada, dos de taberna y dos y media de mujer y sueño. No se quejaba por tanto trabajo (...). Pero se indignaba, echaba chispas por los ojos y los puños, comentando las palabras de un político, que había declarado por entonces que la gente del campo tiene para vivir suficientemente con tres pesetas.

Advierte Miguel que el jornal de siete pesetas era privilegio que sólo duraba dos meses. «Pasará este tiempo y vendrá el invierno y, entonces, ni siete, ni tres pesetas, ni nada» [36].

El corazón del poeta clamaba contra situación social tan inicua e inhumana, así como frente a la hipocresía de los políticos profesionales. Desconfiaba Miguel de las revoluciones, y esperaba un nuevo amanecer más humano con el proceso de una evolución fundada en principios morales. Por ello, en su auto sacramental —escrito también, como se sabe, en 1934—, pone en boca del Deseo estas palabras, dirigidas amenazadoramente al Hombre:

> Pero yo me vengaré
> de todos. ¡Venganza!, ¡ea!
> La revolución social
> he de armar en cuanto pueda.
> Voy a la *Urreseté*
> a dar de todo esto cuenta:
> alimentaré los odios,
> movilizaré las fuerzas,
> hoz y martillo serán
> vuestra muerte y nuestro lema;
> todas las malas pasiones:

---

[36] M. Hernández, *O. C.*, pág. 942.

la lascivia, la vileza
de la envidia, la ira roja,
la indignación roja y negra
y el rencor descolorido,
nuestra más firme defensa [37].

Con tales ideas, Miguel Hernández marchó a Madrid, en 1934, donde consiguió ver publicado su auto sacramental en la revista «Cruz y Raya», correspondiente a los meses julio, agosto y septiembre de dicho año.

Pero, en octubre, se desató en Asturias una revolución que conmovió la vida nacional. Y nuestro poeta, eco de aquella trágica sacudida, quiso reflejar el espíritu defensor de la justicia en el drama *Los hijos de la piedra*, donde la protesta aún está bastante literaturizada. El argumento gira en torno a la actitud caciquil de un mal señor que necesita el dinero para «amigas, viajes» y «tantas otras cosas de esa importancia».

No obstante el defecto apuntado, el drama revela ideas y sentimientos, decisivos en el inmediato futuro de su autor.

La revolución asturiana y la amistad con Pablo Neruda y su círculo determinaron la politización de Miguel y el giro en sus convicciones ético-religiosas a partir de fines de 1934 y comienzos de 1935. Mas no se debe exagerar la influencia nerudiana. A nuestro juicio, sucedió que nuestro poeta vio reforzados e iluminados sus propios pensamientos sociales en las tesis de sus nuevos amigos:

> Por ese entonces, Miguel —testimonia Raúl González Tuñón— nos escuchaba atentamente cuando discutíamos con nuestros amigos en casa de Neruda o en la cervecería del Correo acerca de la doble función de la poesía en épocas de ruptura, de transición; en épocas revolucionarias. Un día,

---

[37] M. Hernández, *O. C.*, pág. 557.

Miguel Hernández se puso resueltamente de nuestra parte.
Miguel sabía, como nosotros, que estábamos en medio de
la tempestad [38].

Aquel ponerse «resueltamente» en una parte significa,
a nuestro criterio, coincidir con la ideología social y —lo
que es más importante— sentirse alumbrada su conciencia, junto a la actitud polémica de su entraña y a la voluntad de crear nuevas formas sociales. Y, como respuesta, el poeta dijo estas palabras a González Tuñón:

> Hombres como tú eres pido para
> amontonar la muerte de gandules,
> cuando tú como el rayo gesticules
> y como el rayo al rayo des la cara [39].

De eso, efectivamente, se trataba: de dar la cara a la
injusticia y enfrentarse dignamente, como hombre, hermano de los hombres.

Se planteó entonces —1935— la necesidad de renovar
las estructuras socio-políticas de España, la urgencia de
llevar a efecto una revolución:

> Soy ante el hambre prudente
> y mudamente sufrido
> cuando el hambre me ha venido
> de un natural accidente.
> Mas no aguanto mudamente
> el hambre si me lo dan
> un corazón y un afán
> de avaricia ciega llenos.
> Para no morir, ¿qué menos
> se puede tener que pan? [40].

---

[38] Vid. *Miguel Hernández, destino y poesía*, de Elvio Romero,
Ed. Losada. Buenos Aires, 1958, pág. 75.

[39] M. Hernández, *O. C.*, pág. 251.

[40] *Ibid.*, pág. 724.

El despertar socialmente revolucionario de Miguel Hernández se debió, en su raíz más honda, al mayor conocimiento del feroz egoísmo humano: corazón y afán «de avaricia ciega llenos». Hasta entonces, el gran poeta de Orihuela soportó la pobreza como «un natural accidente»; desde entonces, con clara y resuelta conciencia, con un gran sentido de la responsabilidad, se propuso combatir con las armas de su arte

> para que venga el pan justo a la dentadura
> del hambre de los pobres... [41].

Se precipitaron los acontecimientos. La historia empezó a escribirse con fuego y muerte. Nuestro poeta, enfervorizado por el ideal de redimir de la pobreza y de la injusticia a tantos seres humanos, experimentó una romántica exaltación del alma:

> Tiene el mundo otra cara. Se acerca lo remoto
> en una muchedumbre de boca y de brazos.
> Se ve la muerte como un mueble roto,
> como una blanca silla hecha pedazos.
>
> Salí del llanto, me encontré en España,
> en una plaza de hombres de fuego imperativo.
> Supe que la tristeza corrompe, enturbia, daña...
> Me alegré seriamente lo mismo que el olivo [42].

Sin duda, la nueva posición ideológica, confirmación y clarificación de un antiguo estado de espíritu, provocó, bajo el imperio de las circunstancias, una espectacular ruptura con las formas rituales, tradicionales de su pueblo nativo, bien ostensible en el poema *Sonreídme*:

---

[41] M. Hernández, *O. C.*, pág. 325.
[42] *Ibid.*, pág. 299.

Sonreídme, que voy
adonde estáis vosotros, los de siempre,
los que cubrís de espigas y racimos la boca del que nos escupe,
los que conmigo en surcos, andamios, fraguas, hornos,
os arrancáis la corona del sudor a diario.
Me libré de los templos, sonreídme,
donde me consumía con tristeza de lámpara
encerrado en el poco aire de los sagrarios
....
Agrupo mi hambre, mis penas y estas cicatrices
que llevo de tratar piedras y hachas,
a vuestras hambres, a vuestras penas y vuestra herrada carne,
porque para calmar nuestra desesperación de toros castigados
habremos de agruparnos oceánicamente [43].

Miguel llevó al nacional holocausto su hambre, sus penas, sus cicatrices, sus versos. Miguel comprendió entonces cuánta tristeza, cuánta miseria se había ido acumulando en su Orihuela y en su España. Y su anhelo redentorista tendió no sólo a la posesión del pan, sino también de la justicia y de la libertad.

Para la libertad sangro, lucho, pervivo.
Para la libertad, mis ojos y mis manos,
como un árbol carnal, generoso y cautivo,
doy a los cirujanos.
Para la libertad siento más corazones
que arenas en mi pecho: dan espumas mis venas,
y entro en los hospitales, y entro en los algodones
como en las azucenas [44].

La rebeldía de Hernández tuvo un carácter eminentemente humano, no político en sentido partidista. En su corazón sintió el latir de millones de corazones semejan-

[43] M. Hernández, *O. C.*, págs. 258-259.
[44] *Ibid.*, pág. 329.

tes, y, en verdad, se vio con la ineludible misión de ser
el «ruiseñor de las desdichas». Su exultante juventud pro-
yectaba su sangre hacia el campo de lucha, hacia la forja
de un amanecer más justo, presentido. Y, por ello, se
dirige de nuevo —ahora, en 1935— a los campesinos, y
son éstas sus palabras:

> Es otro vuestro destino
> en la tierra, hombres pacientes.
> Sacudid de vuestras frentes
> esa pereza de vino.
> Labradores castellanos,
> enarbolad la cabeza
> desterrando la pereza
> del corazón y las manos.
> En pie ante todo verdugo
> y en pie ante toda cadena;
> no somos carne de arena;
> no somos carne de yugo [45].

Y, antes, le dijo al minero:

> Sal de las piedras éstas;
> ¡álzate en vilo, erígete en protestas! [46].

Miguel Hernández amó entrañablemente al pobre, al
desheredado de la sociedad, y el mísero fue para él un
hermano, jamás un instrumento político:

> Dulce es la sangre, dulce, la sangre de los pobres,
> la sangre de los pueblos con la que tantos juegan [47].

Así pensó, así vivió, así murió, alzado sobre la roca
inexpugnable de la dignidad humana. Ante tan abierta
y noble y generosa y varonil postura existencial, social,

---

[45] M. Hernández, *O. C.*, pág. 790.
[46] *Ibid.*, pág. 98.
[47] *Ibid.*, pág. 351.

¡qué pequeña resulta cualquier bandería política! Lo humano por encima de todo —«un amor hacia todo me atormenta» [48]— es, en resumen, de verdad, la columna vertebral de la vida y de la obra de Miguel Hernández.

> Yo voy con este soplo que exige mis cabellos,
> yo alimento este fuego creciente que me abrasa [49].

Fácil es comprender ahora con qué naturalidad, con qué necesidad, diríamos, se sintió Miguel, al estallar la guerra española, vinculado al pueblo en agonía, a la esperanza que aureolaba el sacrificio, y se alegraba con los júbilos populares y padecía con sus penas. Su firme, su total adhesión a la causa republicana no fue motivada por imperativo de una facción política —a ningún partido pertenecía en julio de 1936—, sino como radical inclinación de su vida, determinada por muy concretos —los hemos visto— factores socio-económicos. Miguel creyó de todo corazón que la derrota de las teorías fascistas engendraría el progreso material y espiritual del pueblo, del pueblo humilde. Y con esa rotunda verdad de un hombre, escribió:

> Abierto estoy, mirad, como una herida.
> Hundido estoy, mirad, estoy hundido
> en medio de mi pueblo y de sus males.
> Herido voy, herido y malherido,
> sangrando por trincheras y hospitales [50].

Desde tan dentro del pueblo habló, vivió y luchó que, en su espíritu, se le reveló la auténtica dimensión social, humana, del poeta.

---

[48] M. Hernández., *O. C.*, pág. 228.
[49] *Ibid.*, pág. 352.
[50] *Ibid.*, pág. 282.

> Los poetas —dijo a Vicente Aleixandre— somos viento del pueblo: nacemos para pasar soplando a través de sus poros y conducir sus ojos y sus sentimientos hacia las cumbres más hermosas [51].

Destino moral el del poeta: conducir al pueblo «hacia las cumbres más hermosas».

Obvio es destacar el constante anhelo pacifista del autor de *Viento del pueblo*. Sin embargo, traigamos, aun cayendo en lo sabido, aquellos versos anatematizadores de la guerra:

> Alarga la llama el odio
> y el clamor cierra las puertas.
> Voces como lanzas vibran,
> voces como bayonetas.
> Bocas como puños vienen,
> puños como cascos llegan.
> Pechos como muros roncos,
> piernas como patas recias.
> El corazón se revuelve,
> se atorbellina, revienta.
> Arroja contra los ojos
> súbitas espumas negras.
>
> ....
>
> Ansias de matar invaden
> el fondo de la azucena.
>
> ....
>
> Crepita el alma, la ira.
> El llanto relampaguea.
>
> ....
>
> Pasiones como clarines,
> coplas, trompas que aconsejan
> devorarse ser a ser,
> destruirse piedra a piedra.
>
> ....
>
> Después, el silencio, mudo

---

[51] M. Hernández, *O. C.*, pág. 263.

de algodón, blanco de vendas,
cárdeno de cirugía,
mutilado de tristeza.
El silencio. Y el laurel
en un rincón de osamentas [52].

La guerra es la absoluta negación: «un innumerable muerto que jamás se aleja». Ficticia es, por tanto y siempre, la corona del vencedor. Hasta lo más entrañable, íntimo y familiar de cada individuo se hunde, corrompe y desaparece con el odio que desata la guerra. Y así lo manifestó Miguel a su amigo Pablo Neruda:

Pablo: Un rosal sombrío viene y se cierne sobre mí, sobre una cuna familiar que se desfonda poco a poco, hasta entreverse dentro de ella, además de un niño de sufrimiento, el fondo de la tierra (...). Tú preguntas por el corazón, y yo, también. Mira cuántas bocas cenicientas de rencor, hambre, muerte, pálidas de no cantar, no reír; resecas de no entregarse al beso profundo... [53].

Porque si el hombre es de verdad hombre, sus únicas armas deben ser siempre las palabras, la razón, y su propio y más digno camino, el que se abre con la práctica del amor:

Tristes guerras
si no es amor la empresa.
Tristes, tristes.

Tristes armas
si no son las palabras.
Tristes, tristes.

Tristes hombres
si no mueren de amores.
Tristes, tristes [54].

---

52 M. Hernández, *O. C.*, págs. 397-398.
53 *Ibid.*, pág. 313.
54 *Ibid.*, pág. 396.—

Y, con el amor al hombre, su pasión por España, «nación de toros y de caballeros». Volando sobre la patria, rumbo a la Unión Soviética, escribió Miguel:

> Como si se me hubiera muerto el cielo
> de España me separo.
> ....
> Un aeroplano ciego me separa,
> por el espacio y su topografía,
> de mi nación ardientemente clara
> dentro del resplandor de la alegría.
> ....
> Abrasadora España, amor, bravura.
> Por mandato del sol y de tantos planetas
> lo más hermoso y amoroso y fiero [55].

El poeta deseaba una España fuerte, trabajadora, limpia, pacífica:

> Deseo a España un mayo ejecutivo,
> vestido con la eterna plenitud de la era.
> El primer árbol es su abierto olivo
> y no va a ser su sangre la postrera [56].

G) METAFÍSICA

1. VIDA

Aun desconociendo Miguel Hernández las diversas corrientes filosóficas sobre la vida, su concepción se emparenta en muchos aspectos con la analítica de la existencia. La vida —concretamente, la humana— es un existir perfectivo, arrojado al mundo. El vivir humano es un ir

---

[55] M. Hernández, *O. C.*, págs. 347-349.
[56] *Ibid.*, pág. 300.

haciéndose y descubriéndose entre los demás seres, autorrevelándose; es un vivir sabiéndose. Y si los demás entes son realidades sustanciales, yo, mi vida, no es, sino lo que va siendo en el tiempo, con el tiempo, con un tiempo, que no es el de las cosas.

Miguel Hernández no cursó estudios de filosofía, pero se percató muy bien de la dificultad que implica el conocimiento de nuestro existir:

> Vivo yo, pero yo no vivo entero.
> ....
> Te veo en todo lado y no te encuentro,
> y no me encuentro en nada;
> te llevo dentro, y no, me llevo dentro,
> ¡ay! vida mutilada,
> yo, mi mitad, ¡oh, Bienenamorada!
> ....
> Soy llama con ardor de ser ceniza
> ....
> Yo ya no soy: yo soy mi anatomía.
> ¿Por qué? de mí desistes,
> peligro de mis venas, alma mía [1].

Se muestra en estos versos el viejo estado conflictivo entre Naturaleza y Espíritu, entre cuerpo y alma; pero con las muy significativas particularidades de la perplejidad con respecto a mi propio ser, a lo dinámico y a lo peligroso de ese ardor que procede del alma.

Este casi natural agnosticismo acerca del existir, derivado, naturalmente, de sus caracteres intrínsecos —según veremos—, aparece con una mayor fuerza en los siguientes versos:

> Es posible que no haya nacido todavía,
> o que haya muerto siempre. La sombra me gobierna.

---

[1] M. Hernández, *O. C.*, págs. 125-126.

> Si esto es vivir, morir no sé yo qué sería,
> ni sé lo que persigo con ansia tan eterna [2]

Hecho una duda y dirigido por la sombra y la angustia, el hombre camina, perplejo y apenado, por la temporalidad:

> Porque el amor no es perpetuo
> en nadie, ni en mí tampoco.
> ....
> Cansado de odiar, te amo.
> Cansado de amar, te odio.
> Llueve tiempo, llueve tiempo [3].

La certeza que implica el «llueve tiempo» no supone ordenación objetiva, sino íntima vivencia, fluir vital, descrito por Bergson, que nos constituye como proyecto en el reino de lo efímero. Dice Miguel:

> El tiempo es sangre. El tiempo circula por mis venas.
> ....
> Sangre donde se puede bañar la muerte apenas:
> fulgor emocionante que no ha palidecido,
> porque lo recogieron mis ojos de mil años [4].

Aquí, de una parte, el poeta apunta su pensamiento hacia la identidad de la vida humana en sus dimensiones biológica y ontológica de la temporalidad; de otra, se abre al único estrato permanente del vivir: la procreación. Somos vencedores del tiempo, de la muerte, en cuanto engendramos:

> Pero no moriremos. Fue tan cálidamente
> consumada la vida como el sol, su mirada.
> No es posible perdernos. Somos plena simiente [5].

[2] M. Hernández, *O. C.*, págs. 416-417.
[3] *Ibid.*, pág. 402.
[4] *Ibid.*, pág. 339.
[5] *Ibid.*, pág. 425.

Ese «élan» es el impulso universal de la Creación, innato en cada una de las criaturas:

> La huella que has dejado es un abismo
> con ruinas de rosal
> donde un perfume que no cesa hace
> que vayan nuestros cuerpos más allá [6].

La vida es «perfume que no cesa». Mas el poeta piensa seguramente más en la universal que en la del individuo, porque Hernández, alumbrado en la filosofía y en la estética de la alicantinidad, admitió la existencia de un espíritu universal, forma vital del mundo:

> No hay muertos. Todo vive: todo late y avanza.
> Todo es un soplo extático de actividad moviente [7].

Soplo o alma; extático o eterno; «actividad moviente» o centro dinámico de la evolución y despliegue del ser.

Pero si nos ceñimos al proyecto concreto y jamás concluido del vivir humano, destacamos, con Miguel, algunas cualidades esenciales de dicha y casi inaprehensible mismidad. Digamos, en principio, que la existencia es algo intransferible, algo que tenemos que hacer irremediablemente cada uno y cuya cumbre es la muerte:

> Total, total, total: di: ¿no tocamos
> a muerte, a infierno, a gloria, por cabeza? [8].

Otra nota, derivada de su temporalidad radical, es la de ser transitorio y contingente:

> Más ruín a cada instante, te devoras,
> para vivir tu vida que no es vida,
> que es un ensayo de ella y un deseo.

---

[6] M. Hernández, *O. C.*, pág. 366.
[7] *Ibid.*, pág. 416.
[8] *Ibid.*, pág. 140.

> Ardientemente lloras
> el todo prometeo
> de tu nada crecida [9].

Aunque estas palabras fueron inspiradas por la contemplación de una vela, apreciemos en las mismas su profunda intención antropológica. El hombre es «nada crecida», «ensayo» de vida, fugacidad que se expresa con un mayor alcance metafísico en el *Cancionero*:

> Escribí en el arenal
> los tres nombres de la vida:
> vida, muerte, amor.
>
> Una ráfaga de mar,
> tantas claras veces ida,
> vino y los borró [10].

Un ser, como el hombre, tan esencialmente conflictivo y tan perecedero ha de vivir en constante peligro de aniquilamiento. El riesgo, pues, es otra de sus notas constitutivas:

> Dios ha creado el mundo; tú lo vuelves
> a crear a tu imagen.
> ¡Cuán distinto!, ¡cuán otro del que pisas!
> en riesgo de peligros [11].

Y en otro lugar afirma:

> Todo es peligro de agresiva arista,
> sugerencia de huesos y de muertes,
> inminencia de hogueras y de males [12].

---

[9] M. Hernández, *O. C.*, pág. 124.
[10] *Ibid.*, pág. 364.
[11] *Ibid.*, pág. 132.
[12] *Ibid.*, pág. 192.

A la luz de tan arriesgado itinerario hace su aparición la angustiosa conciencia. Porque nos vemos no sólo efímeros, sino encarnación del peligro mismo; sentimos no ya la proximidad, sino el indefinible autoanonadamiento que somos:

> ¡Ay, la vida: qué hermoso penar tan moribundo! [13].

Y en el *Cancionero* leemos:

> En el fondo del hombre,
> agua removida.
> En el agua más clara,
> quiero ver la vida.
> En el fondo del hombre,
> agua removida.
> En el agua más clara,
> sombra sin salida.
> En el fondo del hombre,
> agua removida [14].

No olvidemos que, en la simbología hernandiana, la tierra y el sol representan la vida, mientras la luna y el mar conllevan mensaje de muerte:

> Besarse, mujer,
> al sol, es besarnos
> en toda la vida.
> ....
> Besarse a la luna,
> mujer, es besarnos
> en toda la muerte [15].

También:

---

[13] M. Hernnádez, *O. C.*, pág. 411.
[14] *Ibid.*, pág. 368.
[15] *Ibid.*, pág. 372.

La fuerza que me arrastra
hacia el mar de la tierra
es mi sangre primera.

La fuerza que me arrastra
hacia el fondo del mar,
muerto mío, eres tú [16].

De igual modo:

Me tendí en la arena
para que el mar me enterrara,
me dejara, me cogiera,
¡ay de la ausencia! [17].

Desde la contemplación ontológica, la vida, en la teoría hernandiana, es fuerza creadora, impulso, llama inextinguible:

La vida que prorrumpe como una llamarada
comunicando al cielo su resplandor de avena [18].

Este fuego vital se identifica con la paz. Su opuesto, la muerte, es lo frío:

Aunque vivida, no es vida,
vida que no vive en paz [19].

Y aquí y nuevamente, se nos impone la consideración de la contradictoria estructura del ser vivo. Si, de una parte, la vida lo es plenamente en la paz, de otra, su esencia consiste en el desarrollo de una eterna actividad polémica:

---

[16] M. Hernández, *O. C.*, pág. 384.
[17] *Ibid.*, pág. 433.
[18] *Ibid.*, pág. 352.
[19] *Ibid.*, pág. 539.

> Lucho contra la sangre, me debato
> contra tanto zarpazo y tanta vena,
> y cada cuerpo que tropiezo y trato
> es otro borbotón de sangre, otra cadena [20].

Tal agonía se deriva del propio origen existencial, entendido como castigo:

> de un castigo infinito que me parió y me agobia
> como un jornal cobrado en triste plomo [21].

Abundando en la idea, Miguel Hernández escribe, pregunta a Vicente Aleixandre:

> ¿qué puede hacer tu sangre,
> el castigo mayor que tu padre te impuso,
> qué puede hacer tu corazón, engendro
> de una sola ola y un sol tumultuosos? [22].

Dedúcese de cuanto venimos sosteniendo, con Hernández, que el existir humano se va haciendo y devanando en un huso de eterna culpabilidad, que desconocemos, pero que deseamos oscura, innatamente, transformar en amoroso himno de libertad. Miguel clama, vehemente, por el reinado del Amor:

> Amor: aleja mi ser
> de sus primeros escombros,
> y edificándome, dicta
> una verdad como un soplo.
> Después del amor, la tierra.
> Después de la tierra, todo [23].

El poeta pide, murió pidiendo libertad:

[20] M. Hernández, *O. C.*, pág. 240.
[21] *Ibid.*, pág. 238.
[22] *Ibid.*, pág. 250.
[23] *Ibid.*, pág. 403.

Porque dentro de la triste
guirnalda del eslabón,
del sabor a carcelero
constante y a paredón,
y a precipicio en acecho,
alto, alegre, libre soy.
Alto, alegre, libre, libre,
sólo por amor [24].

2. MUERTE

La visión hernandiana de la muerte, si profunda y ob-
sesiva desde sus inicios poéticos, no se basa en la creencia religiosa, empero la fuerte tradición y la «atmósfera»
clerical oriolanas, sino en su concepto de la Naturaleza.
Ni en la realidad ni en el pensamiento pueden separarse las nociones de vida y muerte. Ontológica y física-
mente —realidad una, en suma— coinciden, son idénticas, pues poseen los mismos origen y fin. La diferencia
es tan sólo *formaliter,* nunca *in re* o con fundamento en
la cosa. La identidad se llama tierra: de su seno brota
la vida y en él se cumple la muerte. Entre la aurora y
el ocaso transcurre lo que denominamos vida o el ir muriendo:

¿Cuándo caeré, cuándo caeré al regazo
íntimo y amoroso, donde halla
tanta delicadeza la azucena?

Debajo de mis pies siento un abrazo,
que espera francamente que me vaya
a él, dejando estos ojos que dan pena [25].

[24] M. Hernández, *O. C.,* pág. 405.
[25] *Ibid.,* pág. 201.

Poderosa e irresistible es la atracción que la tierra ejerce sobre y en nosotros. Mas el vínculo no es objetivo; se halla en lo profundo de la subjetividad. Yo y la tierra somos lo mismo. Pero, además, le pertenezco, soy de esta tierra «codiciosa»

> que de los pies me tira y del costado,
> y cada vez más fuerte, hacia la fosa [26].

Si yo no soy algo ajeno a la tierra, que me engendra y me aniquila, evidente parece —según hemos dicho— que el existir es radicalmente morir. En *El rayo que no cesa* encontramos una analítica de lo humano —también del toro, a modo de símbolo— como ser-para-la-muerte, nada que late en sus venas:

> Y como el toro, tú, mi sangre astada,
> que el cotidiano cáliz de la muerte,
> edificado con un turbio acero,
>
> vierte sobre mi lengua un gusto a espada
> diluida en un vino espeso y fuerte
> desde mi corazón donde me muero [27].

Desde el corazón cree morir el poeta; pero el hombre, consciente de su agonía, sabe que muere viviendo. Y, por ello, el Deseo siembra tal idea en la mente del Hombre dormido:

> Duerme, que abra a tu sangre yo la puerta,
> procurando tu ruina.
> Duerme: muere, trabaja
> tu muerte: eres gusano,
> que durmiendo cultiva su mortaja [28].

---

[26] M. Hernández. *O. C.*, pág. 240.
[27] *Ibid.*, pág. 223.
[28] *Ibid.*, pág. 494.

Trabajar la propia muerte: he aquí el prístino sentido de la vida humana. Y este metafísico laboreo tiene hasta un peculiar sabor,

> que el sabor de la muerte es el de un vino
> que el equilibrio impide de la vida [29].

Al margen de cualquier paradoja, la muerte o la nada, en el pensamiento de Hernández, se ofrece no como ausencia absoluta, sino como cierta ecceidad, cuyo rango se parangona con el ente de más alcurnia metafísica: «Dios, el tiempo y el frío: puras nadas». Sin embargo, estas *nadas* —la muerte entre ellas— iluminan las cosas, configurando lo que en ellas hay de permanente, «lo que no cae ni palidece nunca», ya que

> transcurre sobre ti la paz serena
> de lo que esconde: nada.

Y así, el hombre es análogo al árbol desnudo, a la misma e inaprehensible diafanidad: «silencio con carácter de vidrio». Y Miguel define el ser de la nada:

> pletórica de todo
> de nuestra quietud, árbol [30].

Consecuente con tal concepción, Hernández se rebela ante la posibilidad de que sus huesos, un día, se conviertan en polvo de cementerio, en tierra de «patio de vecindad»; prefiere —así lo confiesa— que su sangre, su vida, cumpla rigurosamente su destino de transformarse en estiércol, de ser alimento:

> Y es que el polvo no es tierra.
> La tierra es un amor dispuesto a ser un hoyo,

---

[29] M. Hernández, *O. C.*, pág. 223.
[30] *Ibid.*, págs. 79-80.

> dispuesto a ser un árbol, un volcán y una fuente.
> Mi cuerpo pide el hoyo que promete la tierra,
> el hoyo desde el cual daré mis privilegios de león y nitrato
> a todas las raíces que me tiendan sus trenzas [31].

Por esta vía se nos revela la más auténtica *meditatio mortis* de Miguel Hernández: la muerte, toda muerte, mi muerte, se resuelve y consiste en una fusión con la tierra, en una transformación en el seno de la Naturaleza. Yo soy sustancialmente todas las cosas, y en todas las cosas se puede convertir lo que soy, a lo que llamo vida, mi vida:

> pido ser cuando quieto lo que no soy movido:
> un vegetal, sin ojos ni problemas;
> cuajar, cuajar en algo más que en polvo,
> como el sueño en estatua derribada;
> que mis zapatos últimos demuestren ser cortezas,
> que me produzcan cuarzos en mi encantada boca,
> que se apoyen en mí sembrados y viñedos,
> que me dediquen mosto las cepas por su origen [32].

El morir, por tanto, es un metafísico abandonarse «a la desnuda vida creciente de la nada» [33]. Y desde ese infinito fondo del no ser proviene el alba, la salvación de cuanto se define como existencia:

> Y los pueblos se salvan por la fuerza que sopla
> desde todos sus muertos [34].

¿Cuál debe ser nuestra actitud, no ante el acontecimiento consumado de la muerte, sino en cuanto a la conciencia del ir muriendo sin tregua posible?:

---

[31] M. Hernández, *O. C.*, págs. 243-244.
[32] *Ibid.*, pág. 244.
[33] *Ibid.*, pág. 417.
[34] *Ibid.*, pág. 335.

Espero, a pie parado,
el ser, cuando Dios quiera, despenado,
con la vida de miedo medio muerta,
que en ese *cuando*, amigo,
alguien diga por mí lo que yo digo
por ti con voz serena que aparento:
San Pedro, ¡abre! la puerta:
abre los brazos, Dios, y ¡dale! asiento [35].

En estos versos, Miguel aún ve la muerte un poco según el esquema tradicional, con cierta lejanía y sin el menor asomo de angustia o pena metafísica. Más tarde, en el drama *Pastor de la muerte*, explica su idea a través del Fusilero 1.º:

Era una cosa lejana
la muerte, y era una cosa,
si por la tarde borrosa,
borrosa por la mañana.
Borrosa y desconocida,
para mi vida de oveja,
igual que una lumbre vieja
la muerte no daba vida.
Hoy la muerte es otra cosa.
....
¿Quién no la conoce hoy, quién?
Ante ella pienso tranquilo:
si mi vida está en un hilo,
tengo que bordarla bien [36].

Aunque aquí resuena ya la propia voz hernandiana, la auténtica actitud del poeta ante la muerte nació al alumbrar en su pensamiento el sentido fatalista de la existencia. Pero su deseo, en cuanto poeta, lo dejó dicho de este modo:

---

[35] M. Hernández, *O. C.*, pág. 140.
[36] *Ibid.*, págs. 861-862.

> Moriré como el pájaro: cantando,
> penetrado de pluma y entereza,
> sobre la duradera claridad de las cosas.
> Cantando ha de cogerme el hoyo blando,
> rendida el alma, vuelta la cabeza,
> hacia las hermosuras más hermosas [37].

A través de la obra que comentamos se puede fácilmente espigar los varios intentos por conseguir una definición de la muerte y darnos algunas de sus más intrínsecas cualidades. A veces la concibe «como un agua incesante y malparida» [38]; otras, «árbol ya de ramas, de luz y de vacío» [39]; también dice que «es una suerte, como vivir» [40]; asimismo, la imagina un colmillo, que,

> de rabioso marfil contaminado
> nos sigue a todas partes, nos vigila,
> y apenas nos paramos nos inciensa de siglos,
> nos reduce a cornisas y a santos arrumbados [41].

Con mucha frecuencia, la muerte se expresa, reduciéndola a «un solo trago» [42].

Verdaderamente —repitámoslo—, el último sentido de la vida radica en la muerte —«... este mundo que se resuelve en hoyos» [43]—, por lo que la muerte se alza como única verdad [44] y sello del más profundo sentimiento amoroso:

> Los rostros manifiestan
> la expresión de morir que deja el beso [45].

---

[37] M. Hernández, *O. C.*, pág. 305.
[38] *Ibid.*, pág. 237.
[39] *Ibid.*, pág. 79.
[40] *Ibid.*, pág. 139.
[41] *Ibid.*, pág. 243.
[42] *Ibid.*, pág. 270.
[43] *Ibid.*, pág. 250.
[44] *Ibid.*, pág. 180.
[45] *Ibid.*, pág. 82.

Y aquí, al término de nuestro análisis, seguimos pensando que Miguel Hernández, por hilozoísta, admitió la realidad de la muerte no como acabamiento absoluto o, por el contrario, tránsito a una inmortalidad del espíritu personal, sino como fase de un universal proceso eterno de transformación del ser:

> No hay muertos. Todo vive: todo late y avanza [46].
> No es posible perdernos. Somos plena simiente [47]

3. DIOS

En el auto sacramental, el Buen Labrador dice al Hombre:

> Ten fe y darás en el quid:
> ¿no crees tú que tras la vid
> puede estar el viñador? [48].

Con tales palabras, Miguel Hernández sostuvo el principio de que el conocimiento por la fe complementa necesariamente al que forja el entendimiento sobre el problema de la Trascendencia.

Si la presencia de la vid supone la oculta del viñador, la Creación nos advierte con una mayor evidencia que existe el Creador.

Hernández acepta sin género de dudas el hecho de la Creación, si bien entrañado de fundamental misteriosidad, y lo compara imaginativamente al mar, donde

> inexistencias paren existencias,
> se cela en lo secreto lo patente,
> nacen, mueren, sigilos, evidencias.

---

[46] M. Hernández, *O. C.*, pág. 416.
[47] *Ibid.*, pág. 425.
[48] *Ibid.*, pág. 563.

La alusión se produce referente
a la Verdad, tan verde en su blancura,
espuma, vanidad de la corriente [49].

La criatura se ve obligada a luchar contra la misma energía que la arrastra: su sangre y las alucinaciones de los sentidos. No es, en verdad, camino expedito. Por el contrario, al hombre sólo le es dado poder ir hacia Dios «por la muerte y por el mundo» [50].

A nuestro juicio, Hernández nos ha querido mostrar intuitivamente que nuestra conciencia de la divinidad tan sólo puede alumbrarse bien mediante la eterna iluminación presentada tras la muerte o penetrando en los seres contingentes, que el poeta llama «cosas de Dios».

También hay otra vía: la ontológica, que se abre con la angustia del pecado. Así, en la octava XVI de *Perito en lunas*, el poeta, dirigiéndose a la serpiente, como símbolo, escribe:

Por mi dicha, a mi madre, con tu ardid,
en humanos hiciste entrar combates [51].

La tesis halla su complemento en el soneto *De mal en peor*:

Inauditos esfuerzos, soberanos,
ahora mi voluntad frecuentemente
hace por no caer en la pendiente
de mi gusto, mis ojos y mis manos [52].

Y agrega que, «sobre los cristales de este mundo», el hombre camina «con un tacto, un susto, un cuido».

---

49 M. Hernández, *O. C.*, pág. 149.
50 *Ibid.*, pág. 139.
51 *Ibid.*, pág. 66.
52 *Ibid.*, pág. 151.

Así, con temor, angustia o pena y preocupación, el ser humano, consciente de sí, recorre su itinerario vital; el inconsciente se pierde en el anonimato del *Se*.

Es cierto que Miguel Hernández no pretendió sentar las bases de una teodicea. Sus ideas al respecto, mejor, sus sentimientos, arrancan del común y antiguo fondo tradicional hogareño. Sus creencias fueron las del catolicismo. Y, así, el poeta adolescente glorifica los Patronos de su Orihuelica:

> Estaba palpitante de alientos y de vida,
> la omnímoda figura sobre su trono erguida,
> de su amoroso *Abuelo* cargado con la cruz;
> también su *Morenica* con una arcaica historia;
> aquella que la envuelve como un girón de gloria
> y como un milagroso raudal de pura luz [53].

Y el lírico pastor se ilusiona soñando la eterna complacencia de la Divinidad, sabedora de las grandes virtudes de su pueblo:

> Dios contempla, sonriente, sobre el campo levantino,
> la visión de oro del río, de las tracas y la cera [54].

Su devoción personal a Nuestra Señora de Monserrate, Patrona de Orihuela, es manifiesta en los años de su juventud:

> Acepta, Virgen, la humilde ofrenda
> del que a tus plantas arrojaría
> el monte austero, la mar tremenda,
> el ígneo astro que alumbra el día
> y la estupenda
> legión que borda la esfera umbría.
> Acepta, Virgen, la humilde ofrenda [55].

---

[53] Vid. Couffon, *ob. cit.*, págs. 98-99.
[54] *Ibid.*, pág. 143.
[55] *Ibid.*, pág. 122.

Esta *Plegaria* supone asimismo fragante, amoroso bú-
caro de muy espirituales alabanzas:

> La que es morena como los suelos
> de sus jardines.
> La que es hermosa como sus cielos
> y dulce y pura como la esencia de sus jazmines.
> ¡Virgen Morena! ¡Señora mía!
> Hoy su alma inquieta
> a vuestro templo lleva al poeta
> para ofreceros la melodía
> de su poesía [56].

Una y otra vez, Hernández da testimonio de su juvenil fervor mariano:

> El regalo, la llaga de tu boca,
> la sangre de tu vena,
> ¡ay!, ¡cómo! mis amores afervoran
> con una sed de siesta [57].

Al lado de tan dulces sentimientos filiales, Miguel penetra poéticamente en el misterio teológico de María:

> Nació a lo milagrosa, a lo infinita,
> por estas latitudes;
> rompió el secreto, descubrió el enigma,
> y sin embargo, inmune.
>
> ¡Oh sobrenatural toque! del cielo.
> De lo divino encinta,
> preñez y encarnación de lo terreno,
> sin hombre concebida [58].

Vuelve, en otro lugar, a tan fecundo tema:

---

[56] Vid. Couffon, *ob. cit.*, pág. 122.
[57] M. Hernández, *O. C.*, pág. 131.
[58] *Ibid.*, pág. 131.

> Ventana para el Sol, ¡qué solo! abierta:
> sin alterar la vidriera pura,
> la Luz pasó el umbral de la clausura
> y no forzó el sello ni la puerta [59].

Por tan divino acto, María se constituye en la máxima expresión, símbolo y suma de todas las virtudes. El poeta dialoga con el almendro:

> ¿A qué pureza eterna te refieres
> con tanta obstinación y tanto anhelo?...
> ¡Ah, sí!, tu flor apunta para el cielo
> en donde está la flor de las mujeres [60].

Devoto de María, nuestro poeta lo era también de Cristo, amor desde lo eterno [61]. Cristo es el Buen Labrador:

> plantel de heridas su cuerpo;
> su pecho, jarro de miera;
> su corazón, un racimo
> que tus maldades aprietan.
> En un vallado de espinas
> su frente cautiva lleva,
> y aunque se estrechan sus sienes,
> sus pensamientos se aumentan.
> Los clavos lo hacen esclavo,
> por hacerte a ti de veras
> señor. Lleva su costado
> igual que una fuente a cuestas [62].

Dios, en Cristo humano, es

---

[59] M. Hernández, *O. C.*, pág. 141.
[60] *Ibid.*, pág. 154.
[61] *Ibid.*, pág. 562.
[62] *Ibid.*, págs. 544-545.

> el saludable Manjar
> que hará su nido en el trigo
> y en la vid de miel llevar [63].

La trascendental misión del Hijo de Dios es

> el dar mi cuerpo en la mies,
> el dar mi vida en el pan [64].

El autor de *Viento del pueblo* destaca la persona divina de Jesús en forma de Eucaristía, a cuyo sagrado misterio dedicó versos hermosísimos:

> Tu luz en una umbría de blancura:
> los que ven, no te vemos:
> mucho mejor, a oscuras,
> ¡la fe!, te ven los ciegos.
>
> Tú, con naturaleza de semilla,
> reducido a la mano,
> Transformado en harina,
> Transpuesto, Transplantado.
> En tan escaso medio tu abundancia,
> en tan mezquino círculo:
> en su materia blanca,
> haces deiforme el trigo [65].

En virtud del milagroso fenómeno de la transmutación, escribe Miguel que

> ni el vino es vino, ni el pan
> es pan. ¿Siempre llamarán
> al pan, pan y al vino, vino? [66].

---

[63] M. Hernández, *O. C.*, pág. 547.
[64] *Ibid.*, pág. 562.
[65] *Ibid.*, pág. 121.
[66] *Ibid.*, pág. 563.

Y en otro poema, añade:

> Redondo en el grano,
> redondo en la garba,
> redondo en la era,
> redondo en la casa,
> redondo en el horno
> y en la mesa blanca.
> ¡A ver quién acierta
> esta adivinanza,
> que en redondo empieza
> y en redondo acaba!
> Aquel que me acierte,
> solo en mi compaña
> comerá hasta hartarse
> de un pan que no harta [67].

El misterio eucarístico, por la trascendencia de lo cereal y agrícola, representó para Hernández el símbolo más querido y más inteligible de la Divinidad, pues Dios es «asunto del trigo» [68].

En *Profecía sobre el campesino*, el poeta advierte al labrador:

> dices a Dios que obre
> la creación del campo solo y mondo,
> ¡tú!, que has sacado a Dios de los trigales
> candeal y redondo [69].

Tal vez, ante el sentido un tanto equívoco de algunos de estos versos, el lector pueda pensar en una tendencia panteísta hernandiana. Así, verbigracia, cuando dice en el *Cancionero*:

---

[67] M. Hernández, *O. C.*, pág. 570.
[68] *Ibid.*, pág. 570.
[69] *Ibid.*, pág. 161.

Amor: aleja mi ser
de sus primeros escombros,
y, edificándome, dicta
una verdad como un soplo.
Después del amor, la tierra.
Después de la tierra, todo [70].

Asimismo, cuando pide a los campesinos: «Poned encinta del pan la tierra, ociosa por vuestros pecados. Oíd sus advertencias. Dejad, dejad los surcos contaminados de creación: ¡oh inflamación terrena!, ¡oh Dios infuso!, ¡oh alumbramiento sosegado de la siembra!» [71].

E igualmente, al escribir: «No vengas mucho a Dios —al campo—, si el gusto por el mundo te acompaña: no bebas mucho Dios, que no amargue» [72].

Tales expresiones tienen un carácter más lírico que filosófico o teológico. En ellas nada hay de panteísmo; sí, en cambio, aparece un posible animismo, un considerar a Dios a modo de alma universal, infusa, vivificante de la Naturaleza.

Desde luego, Miguel Hernández —lo hemos afirmado en anteriores ocasiones— propende casi por instinto estético a la concepción vitalista de la Creación: todo cuanto es se halla animado. La Naturaleza es un infinito y eterno viviente. La Creación se produce desde la eternidad y para la eternidad. Se trata del típico pensamiento hilozoísta, visible en los escritores alicantinos, por lo menos, así lo hemos observado en los de mayor categoría.

Si, con Hernández, nos preguntamos por el ser divino, por la deidad, la respuesta es tan varia como interesante. Dios se identifica con el silencio:

---

[70] M. Hernández, *O. C.*, pág. 403.
[71] *Ibid.*, pág. 940.
[72] *Ibid.*, pág. 959.

>   Pero ¿tu elocuencia
>   no es más que silencio,
>   Dios de lo creado?
>   ....
>   No te justifiques,
>   no digas tu verbo.
>   Cuando te pregunten
>   pilatos pequeños
>   que ¿qué es la verdad?,
>   calla verdadero.
>   ¿Para qué palabras?
>   Bastan los ejemplos.
>   ¿Para qué tus causas,
>   tus *porqués*, tus *peros*,
>   tus *cómos* y *cuándos*,
>   mundo, si ya tengo
>   toda la verdad
>   en todo el objeto?
>   Silencio. ¡Que hable!
>   Idioma pleno,
>   ¡oh silencio! Alma
>   de las cosas, cuerpos [73].

Vía mística. La divinidad se nos revela, no a la luz de la lógica, sino en el íntimo recogimiento del espíritu. Al abrir las puertas de nuestra interioridad espiritual, encontramos a Dios como Silencio y Alma de las cosas. Consecuentemente, el Ser Supremo no se puede justificar más que por su propia e indefinible mismidad:

>   Es el único acomodo
>   que hallarás, bueno y sencillo,
>   al fin; el Perfecto Anillo,
>   el Sin-Por-Qués y el Por-Todo [74].

---

[73] M. Hernández, *O. C.*, págs. 147-148.
[74] *Ibid.*, pág. 441.

No insistiremos en cómo la Naturaleza se halla infundida de divinidad. La Naturaleza es el único hogar de Dios que «hace en la viña y en las mieses nido»[75]. Y añade Miguel:

> ¡Qué solemne! morada
> de Dios la tierra arada, enamorada,
> la uva morada y verde la semilla[76].

Desde el punto de vista de la conducta humana, Dios es freno moral, permanente lección de rectitud, oscurecida por el pecado:

> Evitaré, Señor, tu azul persona,
> que dolencia quitó quien puso ausencia[77].

Dios es Luz:

> Si Dios creó la luz una vez sola,
> la Luz a Él cada día[78].

Y también Árbol:

> Te maltratan los viles
> y tú, Dios, los perfumas.
> ....
> Un bosque nos revela e incorpora
> ¡oh soledad sonora!
> la majestad de Dios...[79].

Ya lo hemos dicho: Dios es Trigo: tal es la respuesta del campesino a las inquisiciones de los Sentidos:

---

[75] M. Hernández, *O. C.*, pág. 143.
[76] *Ibidem.*
[77] *Ibid.*, pág. 110.
[78] *Ibid.*, pág. 117.
[79] *Ibid.*, pág. 160.

> Sí; Dios es.
> Mira la era: ¿no ves
> cuánto trigo y Dios en junto? [80].

Asimismo Dios es Justicia, según afirma el Hombre al Deseo cuando éste invita a matar:

> No; que Dios no mata: espera
> dentro de su Estado eterno,
> solícito, siempre tierno,
> a que la criatura muera [81].

La Divinidad se identifica, pues, con el Amor, concepción hernandiana, muy influida por San Juan de la Cruz. Así, en *El silbo de la llaga perfecta*, el poeta solicita que Dios le abra «la llaga perfecta» para que, a su través, salgan «las malas ansias», «las intenciones turbias»:

> Abre, que viene el aire
> de tu palabra..., ¡abre!
> Abre, Amor, que ya entra...
> ¡Ay!
> Que no se salga... ¡Cierra! [82].

Y, pues, si Dios es Amor, nuestro acercamiento a Él ha de ser forzosamente por la senda de la generosidad, del desinterés:

> ¡Bienaventurado aquel
> que, sin fijarse en mis ramas
> ni en mis frutos, llegue a mí
> sólo por amor, por ansia
> de tenerme y de mirarme
> con enamorada rabia! [83].

---

[80] M. Hernández, *O. C.*, pág. 571.
[81] *Ibid.*, pág. 513.
[82] *Ibid.*, pág. 174.
[83] *Ibid.*, pág. 453.

Por último, Dios es el Todo, la Necesidad, y cuanto no es Él es tan sólo ser-casi, contingencia:

> por la gracia de Dios —¡ved!—, casi todo,
> Gran-Todo-de-la-nada-de-los-casis [84].

Bien sabido es que Miguel Hernández no sostuvo el mundo de ideas religiosas que aflora en la cumbre de su adolescencia.

Ya se ha dicho aquí que el poeta, instalado en Madrid en 1934, y tras escribir *Los hijos de la piedra*, inicia un giro importante en su ideología social y en sus creencias religiosas. Ya en los versos de *El silbo de afirmación en la aldea* leemos:

> Yo vi lo más notable de lo mío
> llevado del demonio, y Dios ausente [85].

El cambio radicalísimo en la consideración de lo clerical —que no en orden a lo religioso profundo— aparece determinado —demostrado también— por la influencia nerudiana, cuya prueba más fehaciente acaba de aportar Juan Cano Ballesta con la publicación de la carta que Hernández dirige a Juan Guerrero Ruiz en abril de 1935, y en la que, después de darle cuenta del «homenaje que los poetas españoles hemos hecho al gran poeta chileno», escribe:

> En el último número aparecido recientemente de «El Gallo Crisis» sale un poema mío escrito hace seis o siete meses. Todo él me suena extraño. Estoy harto y arrepentido de haber hecho cosas al servicio de Dios y de la tontería católica. Me dedico única y exclusivamente a la creación y a la vida de la tierra y sangre adentro.

---

[84] M. Hernández, *O. C.*, pág. 156.
[85] *Ibid.*, pág. 182.

Es objeto de duda que el cambio operado en el espíritu del poeta —empero esta carta y el poema *Sonreíd-me*—, en tan sólo medio año escaso, quebrante y anule por completo las más hondas convicciones de su vida. Sí, efectivamente, aceptamos como auténtico su anticlericalismo y el repudio de las prácticas religiosas; no, en cambio, la negación íntima, absoluta, de la fe.

Comenta Juan Cano que

> las concepciones políticas y el anticlericalismo evidente del Cónsul de Chile, su gran amigo y protector, le van alejando de los restos de su religiosidad juvenil. En varias cartas se echa de ver el forcejeo continuo entre Ramón Sijé y Pablo Neruda por asegurarse la fidelidad del joven poeta (...). Pero la amistad de Neruda pesa más sobre el alma del poeta que la del lejano amigo de Orihuela [86].

A nuestro criterio, si de acuerdo con la notoria influencia nerudiana, discrepamos en cuanto a ese supuesto y casi infantil estado vacilante del joven poeta. Pensamos que Miguel Hernández no se planteó jamás esta cuestión, no problematizó su fidelidad para con sus amigos Sijé y Neruda. No se trataba de decidirse hacia un lado u otro, sino de algo radicalmente personal y perfectamente serio: de sus ideas, de sus creencias, de la salud de su espíritu.

Miguel, desde fines de 1934, vivió en auténtica y plena crisis ideológica. Pero no dudó nunca de sus amigos; sí de sus convicciones personales. Que en la solución dada a tal crisis —solución muy momentánea— pesara más el chileno que el oriolano, es cierto. Pero en cuanto a la amistad, convencidos estamos de su preferencia por la sijeniana. Amigo de Pablo Neruda fue Miguel Hernán-

---

[86] J. Cano Ballesta, *Miguel Hernández y su amistad con Pablo Neruda*, «La Torre», Universidad de Puerto Rico, abril-junio, 1968, páginas 136-137.

dez; mucho más lo fue —aunque la aseveración sea indemostrable— de Ramón Sijé.

La guerra civil española hizo que la mencionada crisis espiritual de Hernández se oscureciera. Los gravísimos acontecimientos la aplazaron. Luego, al término del conflicto bélico, Hernández declaró que mantenía su fe religiosa, según testimonio del doctor don Luis Almarcha, Obispo de León:

«Don Luis, nos ha podido separar la política, pero la religión, no».

Y glosa el doctor Almarcha: «Fue breve la entrevista, pero sincera y cordial». [87].

De las palabras de Miguel Hernández, hombre sin doblez, no se puede dudar. A mayor abundamiento, su viuda, Josefina Manresa, ante una pregunta que le hizo Manuel Alcalá —«Observo que Miguel Hernández habla de oraciones en sus cartas. ¿Era religioso?»—, contesta rápida y categóricamente: «Ya lo creo que lo era» [88].

Y así lo estimamos también nosotros, entendiendo su religiosidad no al modo confesional, sino hilozoísticamente, estoicamente —Dios: razón seminal de la Naturaleza—, según la enseñanza de Anquises a Eneas: «Desde el principio, un espíritu interno anima el cielo, y las tierras, y las líquidas llanuras, y la redondez luciente de la luna, y los astros titánicos; y en todos los miembros, esta alma mueve toda la mole y se mezcla con el gran cuerpo. De aquí viene el linaje de los hombres» [89].

---

[87] Texto completo del testimonio del Dr. Almarcha, en el volumen *De mi vida: hombres y libros*, de J. Martínez Arenas, Tip. Moderna, Valencia, 1963, pág. 185.

[88] M. Alcalá, *La mujer de Miguel Hernández*, «Informaciones», Madrid, 28 marzo 1969.

[89] Virgilio, *Eneida*, Libro VI. En *Obras Completas*. Edición de Lorenzo Riber, Ed. M. Aguilar, Madrid, 1934, pág. 361.

V

BIBLIOGRAFÍA

TEORÍA DE ORIHUELA

Aguilar, J. D., *Monserrate. Cuadros oriolanos*, Hellín, 1925.

Al-Himyari, *Kitab ar-Rawd al-mitar*, Valencia, 1963.

Albert Berenguer, I., *Bibliografía de la Diócesis de Orihuela*, Com. Prov. Monumentos, Alicante, 1957.

Almarcha, L., *¡Orihuelica de mi vida!*, «El Día», Alicante, 8 septiembre 1931.

Ballesteros, J. M., *Naranjas y limoneros*, Ed. Nuestra Raza, Madrid, 1935.

— *Viejos vicios incorregibles*, «Actualidad», Orihuela, 1 noviembre 1928.

— *Chi va sano, va lontano*, «Actualidad», Orihuela, 6 diciembre 1928.

— *Las Huellas*, Tip. Beneficencia, Orihuela, 1929.

— *Oriolanas*, Suc. Serra, Alicante, 1930.

— *Mis crónicas*, Murcia, 1932.

Ballesteros Brufal, J., *¡Orcelis!*, «Voluntad», Orihuela, 15 junio 1930.

Bellot, P., *Anales de Orihuela*, Casino, Orihuela, 1954.

Cavanilles, A. J., *Observaciones sobre la historia natural, geografía, agricultura, población y frutos del Reyno de Valencia*, Tip. Real, Madrid, 1797, tomo II.

Davillier, Ch., *Viaje por España*, Ed. Castilla, Madrid, 1949.

Ezcurra, J., *Orihuela, la novicia de Levante*, «Semana Santa», Orihuela, 1952.

García Soriano, J., *Charla sobre motivos oriolanos*, Orihuela, 1928.

Gea, R., *Los oriolanos de antaño*, Tip. Payá, Orihuela, 1905.

— *Historia de los oriolanos*, Orihuela, 1920.

Gisbert Ballesteros, E., *Historia de Orihuela*, Imp. Zerón, Orihuela, 1901.

Heredia, N., *Impresiones oriolanas*, «Actualidad», Orihuela, 15 noviembre 1928.

Hernández Villaescusa, M., *Susana*, Ed. J. Gil, Barcelona, 1934.

Lizón, A., *Gente de Letras. Cuentos de la mala uva*, Imp. Galo Sáez, Madrid, 1944.

Martínez Arenas, J. M., *La tertulia del bar Lauro*, Tip. Moderna, Valencia, 1963.

— *De mi vida: hombres y libros*, Tip. Moderna, Valencia, 1963.

Miró, G., *Nuestro Padre San Daniel*, Ed. Atenea, Madrid 1921.

— *El Obispo leproso*, Biblioteca Nueva, Madrid, 1926.

Molina, M., *Miguel Hernández y sus amigos de Orihuela*, Ed. El Guadalhorce, Málaga, 1969.

Morell Rogel, M., *Costumbres oriolanas y su protocolo*, Imp. Zerón, Orihuela, 1944.

Pérez y Pérez, R., *Anda que te andarás*, «Actualidad», Orihuela, 20 febrero 1930.

Sansano, J., *Apuntes para la historia del periodismo oriolano*, «La Semana», Orihuela, 13 noviembre 1910.

— *Orihuela. Historia, geografía, arte y folklore de su partido judicial*, Ed. Félix, Orihuela, 1954.

— *El orcelitano*, «Semana Santa», Orihuela, 1953.

Sequeros, A., *Filosofía sobre Orihuela*, «Semana Santa», Orihuela, 1960.

— *Orihuela es así*, «Semana Santa», Orihuela, 1952.

— *Orihuela y su escuela literaria*, «La Verdad», Murcia, 13 diciembre 1952.

Teruel, A., *La Riá*, Alicante, s/a.

Teruel, J. M., *Retratos a pluma*, Imp. La Económica, Orihuela, 1905.

Varios, *Síntesis de autores oriolanos*, Caja de Ahorros, Orihuela, 1964.

RAMÓN SIJÉ

España, la de las gestas heroicas, «Héroes», Madrid, 31 marzo 1926.

El autor del «Cristu Benditu», «Actualidad», Orihuela, 13 septiembre 1928.

Silueta quinteriana, «Voluntad», Orihuela, 15 marzo 1930.

Oriolanas y Orihuela, «Voluntad», Orihuela, 15 mayo 1930.

Un banquete a Ballesteros, «Voluntad», Orihuela, 30 mayo 1930.

Artistas oriolanos, «Voluntad», Orihuela, 30 junio 1930.

Tríptico de hombres vivos y muertos: Yo, Miró y don Abelardo, «Voluntad», Orihuela, 30 junio 1930.

En los momentos felices de nuestra historia, «Voluntad», Orihuela, 15 julio 1930.

Martes Santo, «Voluntad», Orihuela, 15 abril 1930.

Antonio Marco, campeón del mundo. Su letra, «Actualidad», Orihuela, 23 octubre 1930.

Ventanas normales, «Destellos», Orihuela, 15 y 31 diciembre 1930.

Mi óbolo al romanticismo. Estampas, «Destellos», Orihuela, 15 enero 1931.

Emilio Thuiller, «Destellos», Orihuela, 30 enero 1931.

Paisaje oriolano. Glorieta. Andenes. Estación, «Destellos», Orihuela, 15 febrero 1931.

De la vida de los hombres que sufren. Circo, «Destellos», Orihuela, 28 febrero 1931.

Palomar del cielo, palomar de la luna, «Destellos», Orihuela, 31 marzo 1931.

Ensayos. Benavente y la bohemia, «Destellos», Orihuela, 15 abril 1931.

Viñeta de romance devoto, «Destellos», Orihuela, 15 mayo 1931.

Fallo de un concurso, «Diario de Alicante», Alicante, 2 agosto 1931.

Luis Climent Palahí, «Diario de Alicante», Alicante, 16 septiembre 1931.

Meditaciones de Fuente Ovejuna, «Diario de Alicante», Alicante, 19 noviembre 1931.

Miguel Hernández, «Diario de Alicante», Alicante, 9 diciembre 1931.

Tristeza y ruina estética de la conversación española, «El Sol», Madrid, 25 noviembre 1931.

Tributo de Oleza a Gabriel Miró, «Diario de Alicante», Alicante, 4 junio 1932.

Para amantes y poetas, «Diario de Alicante», Alicante, 10 junio 1932.

Anti-Castilla, Anti-España, «Diario de Alicante», Alicante, 21 junio 1932.

Notas a un poeta (Antonio Oliver), «Diario de Alicante», Alicante, 19 julio 1932.

Don Luis de Góngora y la rosa, «Diario de Alicante», Alicante, 30 julio 1932.

Del antihéroe, «Diario de Alicante», Alicante, 20 agosto 1932.

El analfabetismo, admirable amigo de la cultura (Nueva venida de Zaratustra), «Diario de Alicante», Alicante, 6 septiembre 1932.

Carlos Fenoll, «Diario de Alicante», Alicante, 11 febrero 1932.

Poema del amor al libro, «Diario de Alicante», Alicante, 23 marzo 1932.

España y el judío, «Diario de Alicante», Alicante, 23 agosto 1932.

Agonía y pasión de Víctor Alfieri, «Diario de Alicante», Alicante, 30 y 31 agosto 1932.

Gabriel, Arcángel, «El Clamor de la Verdad», Orihuela, octubre 1932.

Geografía de un claustro, «El Clamor de la Verdad», Orihuela, octubre 1932.

Wilde contra Dickens. Defensa de la sencillez, «El Sol», Madrid, 19 enero 1932.

San Juan de la Cruz. Selección y notas, «Cruz y Raya», núm. 9, Madrid, diciembre 1933.

Defensa de la cultura, «El Día», Alicante, 18 abril 1933.

Flor fría a todos los vientos. Vicente Aleixandre, Santo Tomás novísimo de la poesía española (Sobre Espadas como labios), «La Verdad», Murcia, 1 enero 1933.

El golpe de pecho o de cómo no es lícito derribar al tirano, «Cruz y Raya», núm. 19, Madrid, octubre 1934.

España en la selva de aventuras del Cristianismo, «El Gallo Crisis», núm. 1, Orihuela, 1934.

Voluntad de Cristo y voluntad de Satanás, «El Gallo Crisis», número 1, Orihuela, 1934.

La flauta del encantador, «El Gallo Crisis», núm. 2, Orihuela, 1934.

La religión de María, «El Gallo Crisis», núm. 2, Orihuela, 1934.

Majestad del No, «El Gallo Crisis», núms. 3-4, Orihuela, 1934.

La teología al alcance de todos, «El Gallo Crisis», núms. 5-6, Orihuela, 1935.

La decadencia de la flauta, «El Gallo Crisis», núms. 5-6, Orihuela, 1935.

Figuras. Polémica, «El Sol», Madrid, 10 noviembre 1935.

Adolfo Pérez León, «Hispania», Alicante, junio 1936.

Ventana del poeta viejo, «Juventud Mariana», Orihuela, septiembre 1949.

CONSÚLTESE:

Alda Tesán, J., *Ramón Sijé,* «La Verdad», Murcia, 30 enero 1936.

Ballester, J., *Un golpe de pecho o de cómo no es lícito derribar al tirano,* «La Verdad», Murcia, 24 enero 1935.

Ballesteros, J. M., *Ha muerto Ramón Sijé,* «La Verdad», Murcia, 26 diciembre 1935.

— *Del pino al ciprés,* «La Verdad», Murcia, 30 enero 1936.

Bellod Salmerón, J., *José Marín-Ramón Sijé,* «Acción», Orihuela, 30 diciembre 1935.

Calvet, J., *El catolicismo como enseñanza de Sijé,* «Acción», Orihuela, 30 diciembre 1935.

Conde, C., *Los adolescentes de Orihuela,* «Verbo», Alicante, octubre-noviembre 1946.

Couffon, C., *Orihuela et Miguel Hernández,* París, 1963.

«El Porvenir», *Conferencia de Ramón Sijé,* Cartagena, 1 octubre 1932.

Fenoll, C., *Ramón Sijé en su vida de amor,* «Estilo», Elche, enero 1947; también «Juventud Mariana», Orihuela, julio-agosto 1950.

Hernández, M., *Obras Completas,* Ed. Losada, Buenos Aires, 1960.

Lizón, A., *El grupo de Orihuela,* «Mediterráneo», Castellón de la Plana, 31 diciembre 1950.

López Galindo, T., *Idea y sentimiento, mutuamente controlados,* «Acción», Orihuela, 30 diciembre 1935.

Martínez Arenas, J. M., *De mi vida: hombres y libros,* Valencia, 1963.

Molina, M., *Ramón Sijé,* «Idealidad», Alicante, diciembre 1962.

— *Miguel Hernández y sus amigos de Orihuela,* Málaga, 1969.

— *Amistad con Miguel Hernández,* Alicante, 1971.

Muñoz Garrigós, J., *El Gallo Crisis*, «Instituto de Estudios Alicantinos», núms. 4 y 5, Alicante, 1970-71.

Olmos, J. M., *Un aspecto de Sijé*, «Acción», Orihuela, 30 diciembre 1935.

Pescador, A., *Ramón Sijé*, «Acción», Orihuela, 30 diciembre 1935.

Pina Brotons, J. M., *Ramón Sijé*, «Destellos», Orihuela, 28 febrero 1931.

Poveda, J., *A Ramón Sijé*, «Acción», Orihuela, 30 diciembre 1935.

Quílez, J. M., *Ramón Sijé ha muerto*, «Acción», Orihuela, 30 diciembre 1935.

Reyes, R., *José Marín o la amistad*, «La Verdad», Murcia, 30 enero 1936.

Sequeros, A., *Orihuela y su escuela literaria*, «La Verdad», Murcia, 13 diciembre 1952.

Sijé, G., *Gabriel Miró-Ramón Sijé*, «Diario de Alicante», Alicante, 27 abril 1936.

MIGUEL HERNANDEZ

A) OBRA DE MIGUEL HERNÁNDEZ

1. *Verso y prosa*

(Con la cita del poema o del artículo indicamos —de no aparecer en la edición de *Obras Completas*— el volumen en que se ha recogido.)

1930

Pastoril, «El Pueblo de Orihuela», Orihuela, 13 enero. (C. Couffon, *Orihuela et Miguel Hernández*, Centre de Recherches de l'Institut d'Études Hispaniques, París, 1963.)

¡En mi barraquica!, «El Pueblo de Orihuela», Orihuela, 27 enero.

Soneto, «El Pueblo de Orihuela», Orihuela, 3 febrero (Couffon).

Al verla muerta, «El Pueblo de Orihuela», Orihuela, 10 febrero (Couffon).

Nocturno, «El Pueblo de Orihuela», Orihuela, 17 febrero (Couffon).

¡Marzo viene...!, «El Pueblo de Orihuela», Orihuela, 10 marzo (Couffon).

Al trabajo, en *Homenaje a Miguel Hernández*, Alicante, 1971.

El Nazareno, «Voluntad», Orihuela, 15 abril (J. Cano Ballesta, *La poesía de Miguel Hernández*, Ed. Gredos, Madrid, 1962; también en Couffon.)

Flor del arroyo, «Voluntad», Orihuela, 30 abril (Couffon).

Amorosa, «El Pueblo de Orihuela», Orihuela, 30 abril (Couffon).

Oriental, «El Pueblo de Orihuela», Orihuela, 14 mayo (Couffon).

Horizontes de mayo, «Actualidad», Orihuela, 22 mayo (Couffon).

Sueños dorados, «El Pueblo de Orihuela», Orihuela, 28 mayo (Couffon).

Amores que se van..., «Voluntad», Orihuela, 30 mayo (Couffon).

Ofrenda, «Actualidad», Orihuela, 5 junio (Couffon).

Motivo de leyenda, «Voluntad», Orihuela, 15 junio (Couffon).

Interrogante, «El Pueblo de Orihuela», Orihuela, 1 julio (Couffon).

El alma de la huerta, «Actualidad», Orihuela, 3 julio (Couffon).

La Reconquista, «Voluntad», Orihuela, 15 julio (Couffon).

A la señorita..., «Actualidad», Orihuela 24 julio (Couffon).

Postrer sueño, «El Pueblo de Orihuela», Orihuela, 29 julio (Couffon).

Es tu boca..., «Actualidad», Orihuela, 21 agosto (Couffon).

Plegaria, «El Pueblo de Orihuela», Orihuela, 7 septiembre (Couffon).

Balada de la juventud, «El Pueblo de Orihuela», Orihuela, 23 septiembre (Couffon).

Poesía, «Actualidad», Orihuela, 2 octubre (Couffon).

Contemplad..., «Destellos», Orihuela, 15 noviembre (Couffon).

Insomnio, «Destellos», Orihuela, 30 noviembre (Couffon).

Tarde de domingo, «Destellos», Orihuela, 15 diciembre (Couffon).

Lluvia, «Destellos», Orihuela, 31 diciembre (Couffon).

La bendita tierra, «El Día», Alicante, 15 octubre. (V. Ramos, *Literatura alicantina, 1839-1939*, Ed. Alfaguara, Madrid-Barcelona, 1966).

Atardecer, «El Día», Alicante, 26 noviembre (Ramos).

1931

La procesión huertana, «Destellos», Orihuela, 15 enero (Couffon).
El palmero, «El Pueblo de Orihuela», Orihuela, 20 enero (Couffon).
Ancianidad, «Actualidad», Orihuela, 22 enero (Couffon).
A todos los oriolanos, «El Pueblo de Orihuela», Orihuela, 2 febrero (Couffon).
Canto a Valencia, «Destellos», Orihuela, 15 abril (Couffon).
Juan Sansano, «Destellos», Orihuela, 30 abril (Couffon).
Siesta, «Destellos», Orihuela, 15 mayo (Couffon).
A Don Juan Sansano, «El Día», Alicante, 24 abril (Ramos).
Al acabar la tarde, «El Día», Alicante, 8 septiembre (Ramos).
A Sansano por su libro «Canciones de amor», «El Día», Alicante, 19 junio (Ramos).

1932

La palmera levantina, «El Día», Alicante, 24 febrero (Ramos).
Luz en la noche, «El Día», Alicante, 12 marzo (Ramos).
Yo-la madre mía, «El Clamor de la Verdad», Orihuela, octubre (Cano Ballesta).
Campo Santo, «La Verdad», Murcia, 30 noviembre («Ágora», Madrid, núms. 49-50, noviembre-diciembre 1960).
Reloj rústico, «La Gaceta Literaria», núm. 123, Madrid.
A ti, Ramón Sijé (Couffon).

1933

Elegía de Gabriel Miró, «La Verdad», Murcia, junio *(Obras Completas)*.
Espera-en desaseo, «La Verdad», Murcia, 9 noviembre (Cano Ballesta).
Tres poemas: *Muerte-dominical, Paisaje-de Belén, Enfermo-de silencio*, «La Verdad», Murcia, 7 diciembre *(O. C.)*.
Pastor-plural, «La Verdad», Murcia, 21 diciembre *(O. C.)*.
En círculo de carta, «Isla», núms. 2-3, Cádiz.
Perito en lunas (prólogo de Ramón Sijé), Ed. Sudeste, Murcia.

1934

Eclipse celestial, «El Gallo Crisis», núm. 1, Orihuela *(O. C.)*.

Profecía sobre el campesino, «El Gallo Crisis», núm. 1, Orihuela *(O. C.)*.

A María Santísima, «El Gallo Crisis», núm. 2, Orihuela *(O. C.)*.

La morada amarilla, «El Gallo Crisis», núm. 2, Orihuela *(O. C.)*

El trino por vanidad, «El Gallo Crisis», núms. 3-4, Orihuela *(O. C.)*.

El torero más valiente, «El Gallo Crisis», núms. 3-4, Orihuela *(O. C.)*.

Momento campesino, «La Verdad», Murcia, 8 febrero *(O. C.)*.

Marzo-hortado, «La Verdad», Murcia, 15 marzo *(O. C.)*.

Quien te ha visto y quien te ve y sombra de lo que eras, «Cruz y Raya», núms. 16-18, Madrid, julio-septiembre *(O. C.)*.

Monarquía-de luces, «La Verdad», Murcia, 24 mayo.

1935

El silbo de afirmación en la aldea, «El Gallo Crisis», núms. 5-6, Orihuela *(O. C.)*.

Te me mueres de casta y de sencilla, «Rumbos», Quito *(O. C.)*.

Sonetos, «Isla», núms. 7-8, Cádiz.

Vecino de la muerte, «Caballo Verde para la Poesía», Madrid, octubre *(O. C.)*.

Seis sonetos y *Elegía* a Ramón Sijé, «Revista de Occidente», número 150, Madrid *(O. C.)*.

Verano e invierno (O. C.).

1936

Sobre *Residencia en la tierra. Poesía 1925-1935. Pablo Neruda*. Folletón de «El Sol», Madrid, 2 enero.

El rayo que no cesa, Col. Héroe, Madrid *(O. C.)*.

Égloga, «Revista de Occidente», núm. 156, Madrid *(O. C.)*.

Sino sangriento, «Revista de Occidente», núm. 156, Madrid *(O. C.)*.

Ramón Sijé, «La Verdad», Murcia, ¿enero? *(O. C.)*.

Un acto en memoria de Ramón Sijé. Unas cuartillas de Miguel Hernández, «El Sol», Madrid, 17 abril (Couffon). (El mismo texto, pero con el título *Letras. Evocando a Sijé. En el ambiente de Orihuela*, en «La Verdad», Murcia, 7 mayo.)

Partir es un asunto dolorido, «Silbo», Orihuela, mayo.

Sentado sobre los muertos, «Bandera Roja», Alicante, 9 diciembre; también en «Acero», Monóvar, 19 diciembre *(O. C.)*.

1937

El niño yuntero, «Nueva Cultura», Valencia, marzo *(O. C.)*.

Recoged esta voz, «Nueva Cultura», Valencia, marzo *(O. C.)*.

Llamo a la juventud, «Nueva Cultura», Valencia, marzo *(O. C.)*.

Aceituneros, «Frente Sur», Baeza, marzo; también «Bandera Roja», Alicante, 8 abril *(O. C.)*.

Canción del antiavionista, «Lucha», 22 mayo *(O. C.)*.

El hogar destruido, «Nuestra Bandera», Alicante, 23 agosto.

Elegía a un joven, «Hora de España», Valencia, septiembre *(O. C.)*.

Visión de Sevilla, «Hora de España», Valencia, septiembre *(O. C.)*.

Juramento de la alegría, «Hora de España», Valencia, septiembre *(O. C.)*.

El sudor, «Hora de España», Valencia, septiembre *(O. C.)*.

Canción del esposo soldado, «Mediodía», núm. 27 *(O. C.)*.

Vientos del pueblo, «Mediodía», núm. 39; también «Bandera Roja», Alicante, 20 enero *(O. C.)*.

Viento del pueblo, Ed. Socorro Rojo Internacional, Valencia *(O. C.)*.

Conferencia, «Nuestra Bandera», Alicante, 22 agosto.

Fuerza del Manzanares, «Nuestra Bandera», Alicante, 22 agosto *(O. C.)*.

La U. R. S. S. y España, fuerzas armadas, «Nuestra Bandera», Alicante, 10 noviembre.

No dejar solo a ningún hombre, «Nuestra Bandera», Alicante, 14 noviembre.

Hay que ascender las artes hacia donde ordena la guerra, «Nuestra Bandera», Alicante, 21 noviembre.

El labrador de más aire, Ed. Nuestro Pueblo, Valencia *(O. C.)*.

Teatro en guerra, Ed. Nuestro Pueblo, Valencia *(O. C.)*.

Compañero de nuestros días, «Frente Sur», Baeza, marzo (con la firma de *Antonio López*).
Las luchas y la vida del campesino andaluz, «Frente Sur», Baeza, marzo.
Tres poemas en *Poesía en las trincheras*, Ed. La Voz del Combatiente, febrero 1937.

1938

Tres poemas de *Viento del pueblo*, en «Crónica de España», La Habana.
Pasionaria, «Mediodía», núm. 77.
Al soldado internacional caído en España, «Orientaciones», Buenos Aires, julio; «Nuestra Bandera», Alicante, 19 octubre *(O. C.)*.
Catorce poemas en *España heroica*, Ed. Teatro del Pueblo, Buenos Aires, s/a.

1939

El hombre acecha, Ed. Nuestro Pueblo, Valencia *(O. C.)*.
Sino sangriento y otros poemas, Col. «El Ciervo Herido», La Habana.

1942

El rayo que no cesa y otros poemas (1934-1936), prólogo de Rafael Alberti, Col. «Rama de Oro», Buenos Aires *(O. C.)*.
El rayo que no cesa (Selección), «De Mar a Mar», Buenos Aires *(O. C.)*.

1943

Vecino de la muerte, «Acento», núm. 6, Santiago de Chile *(O. C.)*.

1946

Nanas de la cebolla, «Halcón», Valladolid, mayo *(O. C.)*.
Sepultura de la imaginación, «Halcón», Valladolid, mayo *(O. C.)*.

Vuelo, «Verbo», Alicante, octubre-noviembre *(O. C.)*.
Rusia y *Las manos*, «Revista de Guatemala» *(O. C.)*.

1947

A mi hijo, «Estilo», Elche, enero *(O. C.)*.
Madre, «Verbo», Alicante, enero-febrero (en *O. C.*, con el título *Desde que el alba quiso ser alba*).

1948

La boca, «Punto», Madrid, diciembre *(O. C.)*.

1949

Antes del odio, «Raíz», núm. 5, Madrid *(O. C.)*.
El rayo que no cesa. El Silbo vulnerado. Poesías publicadas en «El Gallo Crisis» (prólogo de José María de Cossío), Ed. Espasa-Calpe (Col. Austral), Buenos Aires *(O. C.)*.
Siesta, «Juventud Mariana», Orihuela, septiembre *(O. C.)*.

1950

Mar y Dios, «Ifach. Hoja informativa de poesía», Alicante, septiembre *(O. C.)*.

1951

Antología poética (selección y notas de F. Martínez Marín), Col. Aura, Orihuela.
Pena-bien hallada, «Alcántara», núm. 1, Melilla *(O. C.)*.
Seis poemas inéditos y nueve más, Col. Ifach, Alicante (Los inéditos: *Elegía, Yo no quiero más luz, Muerte nupcial, Cantar, Hijo de la luz y de la sombra* y *El niño de la noche.*) *(O. C.)*

1952

Obra escogida. Poesía. Teatro (prólogo de Arturo del Hoyo), Ed.
M. Aguilar, Madrid.

1953

Otoño, «Itinerario poético del año», Santander *(O. C.).*
Raso y cubierto, «Ketama», Tetuán *(O. C.).*
Nana a mi niño, «Hojas de Cultura Popular Colombiana», núm. 36,
Bogotá *(O. C.).*

1955

Blanco el viento, y al sol (J. Guerrero Zamora, *Miguel Hernández,
poeta*, El Grifón, Madrid).
El turquesa limón, verde vecino (J. Guerrero Zamora).
Atraviesa la calle (J. Guerrero Zamora).
Cárdenos ceños, pasiones de luto (J. Guerrero Zamora).
¿Qué exaltaré en la tierra que no sea algo tuyo? (J. Guerrero Za-
mora).

1957

Viento del pueblo (prólogo de Elvio Romero), Ed. Lautaro, Buenos Aires *(O. C).*
Dentro de luz y otras prosas, Ed. Arión, Madrid *(O. C.).*

1958

Tres canciones, «Blanco y Negro», núm. 8, Madrid *(O. C.).*
Cancionero y romancero de ausencias (prólogo de Elvio Romero),
Ed. Lautaro, Buenos Aires *(O. C.).*
Los mejores versos de Miguel Hernández (prólogo de Manuel Mo-
lina), Ed. Nuestra América, Buenos Aires *(O. C.).*
Como la higuera joven, «Ágora», núms. 15-16, Madrid.

1959

Los hijos de la piedra, Ed. Quetzal, Buenos Aires *(O. C.)*.

1960

Poesías, «Cuadernos de Arte y Pensamiento», núm. 4, Madrid.
Arte poética y aforismos, «Ágora», núms. 49-50, Madrid.
No te asomes, ibid. *(O. C.)*.
Entre nuestras dos sangres, ibid. *(O. C.)*.
Tengo celos, ibid. *(O. C.)*.
Qué cara de herido, ibid. *(O. C.)*.
La fuerza que me arrastra, ibid. *(O. C.)*.
Obras Completas (edición ordenada por Elvio Romero y cuidada
    por Andrés Ramón Vázquez, prólogo de María de Gracia Ifach),
    Ed. Losada, Buenos Aires.
Vida-invariable, «Idealidad», Alicante, agosto-octubre.
Señales-de vida, ibid.
Antología (selección y prólogo de María de Gracia Ifach), Ed. Lo-
    sada, Buenos Aires (3.ª ed., 1968).
Diez pensamientos, «Ínsula», Madrid, noviembre.

1961

Mi concepto del poema, «Papeles de Son Armadans», Palma de
    Mallorca, diciembre.
Tu puerta no tiene casa, ibid.

1962

Cantar (Cano Ballesta).
Improvisación (Cano Ballesta).
Elegía media del toro (Cano Ballesta).
Elegía de la novia-lunada (Cano Ballesta).
Antología, «Promesse», núm. 5, Burdeos.

Canto de Independencia y Teruel, «Cuadernos de Poesía», núm. 1, La Habana.

1963

Romancillo de mayo (Couffon).

Sed (Couffon).

Las desiertas abarcas (Couffon).

La espera puntual de la semilla (Couffon).

Perito en lunas, Poemas de adolescencia, Ed. Losada, Buenos Aires.

El rayo que no cesa, Viento del pueblo, El silbo vulnerado, Imagen de tu huella y otros poemas, Ed. Losada, Buenos Aires.

Cancionero y romancero de ausencias, El hombre acecha, Últimos poemas, Ed. Losada, Buenos Aires.

1964

Poesía, Consejo Nacional de Cultura, La Habana.

Poemas (introd. de J. L. Cano), Plaza & Janés, Barcelona.

Poemas de Miguel Hernández, Ed. Horizonte, Colombia.

Poesías (introd. de J. L. Guereña), Ed. Seghers, París.

1965

Poemas de Miguel Hernández (1930-1932) no recogidos hasta la fecha, en el vol. de V. Ramos *Literatura alicantina*, Ed. Alfaguara, Madrid-Barcelona.

1966

Dieci sonetti inediti di Miguel Hernández (Altura-sin par, Primavera ruinosa, Invierno-hostil, Niebla-Dios, Dolencias altísimas, Trinar-de amor, Nubes y arcángeles y Todo me sobra), Ed. Studi di Lingua e Letteratura Spagnola, Turín.

Una proclama en el frente, «Crónica de la Guerra Española», tomo III, lib. IV, pág. 447, Ed. Codex, Buenos Aires.

1967

Poesías (introd. de J. L. Guereña), Taurus, Madrid.
Unos poemas olvidados de Miguel Hernández (selec. de A. Fernández Molina), «El Universal», Caracas, 15 enero.
Poemas, en «Romancero de la resistencia española (1936-1965)», de D. Puccini, Ed. Era, México.

1968

El labrador de más aire, Edicusa, Madrid.
Tres obras desconocidas. Valoración (por Juan Cano Ballesta), «Papeles de Son Armadans», Palma de Mallorca, diciembre.

1969

Poemas de amor (pról. y notas de L. de Luis), Ed. Alfaguara, Madrid.
El rayo que no cesa, 5.ª ed., Espasa-Calpe, Madrid.

2. *Reproducciones de textos*

En *Poesía del amor español,* de R. E. Scarpa, Ed. Zig-Zag, Santiago de Chile.
Vecino de la muerte y un soneto, en «Letras de México», México, 16 noviembre 1942.
En *Las cien mejores poesías españolas contemporáneas,* de J. Díez-Canedo, Ed. Signo, México, 1945.
En *Antología de poetas españoles contemporáneos en lengua castellana,* de C. González-Ruano, G. Gili, Barcelona, 1946.
En *Poesía española actual,* de A. Moreno, Ed. Nacional, Madrid, 1946.
En *Antología de la poesía española contemporánea (1900-1936),* de J. J. Domenchina, Ed. Hispanoamericana, México, 1947.
En *The Oxford Book of Spanish Verse,* Clarendon Press. Oxford, 1949.

En *Historia y Antología de la poesía castellana*, de F. C. Sáinz de Robles, Ed. Aguilar, Madrid, 1947.

El palmero y Romancillo de mayo, en «San Isidro Labrador», Cámara Oficial Sindical Agraria, Orihuela, 1951.

En *Panorama de la poesía moderna española*, de E. Azcoaga, Ed. Periplo, Buenos Aires, 1953.

Elegía a Ramón Sijé, «Juventud Seráfica», núm. XIX, Orihuela.

En *Antología general de la literatura española*, de A. del Río, tomo II, The Dryden Press, Nueva York, 1954.

Cuatro poemas, en «Blanco y Negro», Madrid, 2 noviembre 1957.

Soneto y Canción, en «Información», Alicante, 8 enero 1959.

En *Poesía taurina contemporánea*, de R. Montesinos, S. A. D. G., Barcelona, 1960.

Señales de vida y *Vida invariable*, en «Idealidad», Alicante, agosto-octubre 1960.

En *Panorama de la literatura española contemporánea*, de G. Torrente Ballester, Ed. Guadarrama, Madrid, 1961.

Hijo de la luz y de la sombra, «Lecturas Médicas», Laboratorios Farmacológicos Meseguer, Madrid, 1963.

En *Literatura española contemporánea*, de R. Gullón y G. Schade-Scribner's, Nueva York, 1965.

En *Poesía cotidiana*, de A. Molina, Ed. Alfaguara, Madrid, 1966.

Elegía, «La Estafeta Literaria», núm. 366, Madrid, 1967.

Riéndose, burlándose..., «Idealidad», Alicante, abril 1967.

En *Tesoro breve de las letras hispánicas*, de G. Díaz-Plaja, Ed. Novelas y Cuentos, Madrid, 1968.

El sudor, «Antología poética universal rosas sin espinas», de J. Pérez Izarra, Ed. El Mensajero del Corazón de Jesús, Bilbao.

Poemas en «A B C», Madrid: *Elegía a Ramón Sijé* (9-IX-1968), *Elegía a Ramón Sijé* y *Umbrío por la pena* (9-XI-1968), *Nanas de la cebolla* (31-I-1970 y 17-II-1971), *Junio feliz* y *Diario de junio* (20-XI-1970), *Invierno puro* (10-XII-1970), *Canción última* (4-III-1971), *El pez más viejo del río* (1-IV-1971), *Ruiseñor y mirlo* (15-IV-1971), *El trino (por la vanidad)* (19-IV-1971), *Elegía al gallo* 4-V-1971), *Como el toro* (24-V-1971), *Culebra* (22-VI-1971).

Rueda que irás muy lejos, «Arriba», Madrid, 1 noviembre 1970.

3. *Traducciones*

Poème (trad. de J. Camp), «Guirlande Espagnole», México, 1947.

Macrí, O., *Poesia spagnola del Novecento*, Ed. Guanda, Parma, 1952; 2.ª ed., 1961.

Puccini, D., en «Il Contemporàneo», Roma, 20 octubre 1956.

Paioni, G., *Ninnananna della cipolla*, Tip. Bellucci, Urbino, 1958.

Elegie pentru Federico García Lorca (fragmento), «Gazetta Litteraria», núm. VII, 1959.

Puccini, D., *Romancero della Resistenza Spagnola*, Ed. Feltrinelli, Milán, 1960; 2.ª ed., Ed. Riuniti, Roma, 1965.

— *Poeti, del Novecento italiani e stranieri*, Ed. Einaudi, Torino, 1960.

Elogiul naturii (trad., A. Georgescu), «Gazetta Litteraria», 1960.

Incendiul, «Tribuna», núm. IV, 1960.

Puccini, D., en «Il Contemporàneo», VII-VIII, Roma, 1961.

Canto de Independencia, «Nuova Corriente», VII-IX, 1961.

Au coeur de la lumière (trad., M. Guillén y C. Semprún), Ed. Seghers, París, 1961.

Anthologie (trad., R. Marrast, C. Couffon, M. Chevalier y F. Martorell), «Europe», París, septiembre-octubre 1962.

Poesie (introd. y trad., D. Puccini), Feltrinelli, Milán, 1962; 2.ª ed., 1970.

Castellet, J. M., *Spagna. Poesia oggi. La poesia spagnola dopo la guerra civile*, Feltrinelli, Milán, 1962.

Tu puerta no tiene casa (trad., E. Mengacci), «Diferenza», Urbino, Argalia, 1963.

Poèmes (trad., P. Verhesen), «Poètes d'Espagne et d'Amérique Latine», Ed. La Maison du Poète, Bruselas.

Choix de textes, J. L. Guereña, Ed. Seghers, París, 1963.

Gedichte (trad., E. Arendt), «Merkur», núm. XVIII, Stuttgart, 1964.

Gedichte (trad., E. Arendt y K. Hayek-Arendt), Kiepenheuer und Witsch, Köln, 1965.

Rizab (elegía; trad. árabe de M. Sabbag), «Al-Motamid», núm. 26, Tetuán.

Orokos Mennydorgués (trad., S. Gyorgy), E. Europa Konyvkiado, Budapest, 1967.

4. *Epistolario*

A Juan Ramón Jiménez (1931), «Poesía Española», Madrid, diciembre 1960; «Papeles de Son Armadans», Palma de Mallorca, diciembre 1961.

A Ernesto Giménez Caballero (19-XII-1931), en J. Guerrero Zamora, *Miguel Hernández, poeta*, ob. cit., págs. 48-49.

A Ramón Sijé (marzo 1932), en J. Cano Ballesta, *La poesía de Miguel Hernández*, ob. cit., pág. 25.

A Ramón Sijé (mayo 1932), J. Cano, 23.

A Josefina Manresa (6-XII-1934), J. Guerrero, 75.

Tres cartas a Carmen Conde y Antonio Oliver (1935), J. Guerrero, 86-90.

A Juan Guerrero Ruiz (12 mayo 1935), J. Cano, en «La Torre», San Juan de Puerto Rico, abril-junio 1968.

A Juan Guerrero Ruiz (fines de 1935), J. Cano, *ibid.*

A Carlos Fenoll (1936), «Ínsula», Madrid, noviembre 1960.

A los padres de Ramón Sijé (14-I-1936), C. Couffon, *Orihuela et Miguel Hernández*, ob. cit., pág. 147.

A la familia de Ramón Sijé (17-I-1936), Couffon, 148.

A los padres de Ramón Sijé (22-IX-1938), Couffon, 152.

A los padres de Ramón Sijé (30 mayo 1939), Couffon, 153.

A la familia Fenoll (31 mayo 1939), Couffon, 154.

A Josefina Manresa (25 julio 1939), «Idealidad», Alicante, octubre 1970.

A sus cuñadas (febrero 1940), C. Zardoya, *Miguel Hernández. Vida y obra*, ob. cit., pág. 43, *O. C.*, 480.

A su cuñada Conchita (marzo 1940), Zardoya, 44, *O. C.*, 608.

Nueve cartas a Carlos Rodríguez Spiteri (abril 1941), J. Guerrero, 163-169.

A Carlos Fenoll (sin fecha), Couffon, 146.

Cuatro cartas a Juan Guerrero Ruiz, «Puerto», núm. 3, Puerto Rico, 1968.

Cartas a Josefina, *ibid.*

Dos cartas a Carlos Fenoll (1936), M. Molina, *Miguel Hernández y sus amigos de Orihuela*, ob. cit.

Cartas a Ramón Sijé en el vol. *Yo, Miguel*, de F. Martínez Marín, Alicante, 1972.

Referencias y fragmentos de cartas dirigidas a Josefina Manresa y otros, en las obras de Juan Guerrero Zamora, Juan Cano Ballesta, Concha Zardoya y Manuel Molina.

B) Sobre Miguel Hernández

1. *Libros y folletos*

Varios, *Homenaje a Miguel Hernández*, Palacio Municipal, La Habana, 1943.

Guerrero Zamora, J., *Noticia sobre Miguel Hernández*, «Cuadernos de Política y Literatura», Madrid, 1951.

Rodríguez Aguilera, C., *Carta a Miguel Hernández*, Barcelona, 1952.

Guerrero Zamora, J., *Miguel Hernández, poeta*, Col. El Grifón, Madrid, 1955.

Zardoya, C., *Miguel Hernández. Vida y obra. Bibliografía. Antología*, Hispanic Institute, Columbia University, Nueva York, 1955.

Granados, J., *La poesia di Miguel Hernández*, Ed. La Goliardica, Milán, 1956.

Romero, E., *Miguel Hernández. Destino y Poesía*, Ed. Losada, Buenos Aires, 1958.

Muñoz, G., L., *La poesía de Miguel Hernández*, Universidad de Concepción, Concepción (Chile), 1959.

Sanjurjo, J., *Canto de eternidad y guerra*, Tip. Pérez y Sierra, La Habana, 1960.

Cano Ballesta, J., *La poesía de Miguel Hernández*, Ed. Gredos, Madrid, 1962; 2.ª ed., 1971.

Couffon, C., *Orihuela et Miguel Hernández*, Centre de Recherches de l'Institut d'Etudes Hispaniques, París, 1963 (trad. castellana en Ed. Losada, Buenos Aires, 1967).

Puccini, D., *Miguel Hernández. Vita e poesia*, Ed. E. Mursia, Milán, 1966, ed. castellana, Losada, Buenos Aires, 1970.

Manrique de Lara, J. G., *Homenaje a Miguel Hernández*, Ed. El Guadalhorce, Málaga, 1967.

Molina, M., *Miguel Hernández y sus amigos de Orihuela*, Ed. El Guadalhorce, Málaga, 1969.

— *Amistad con Miguel Hernández*, Imp. Such, Serra y Cía., Alicante, 1971.

Varios, *Homenaje a Miguel Hernández*, Imp. Moderna, Alicante, 1971.

2. *Números monográficos de revistas*

«Caracola», núms. 96-97, Málaga, octubre-noviembre 1960.
«Insula», núm. 168, Madrid, noviembre 1960.
«Ágora», núms. 49-50, Madrid, noviembre-diciembre 1960.
«Oleza», Orihuela, junio 1961.
«Europe», núms. 401-402, París, septiembre-octubre 1962.
«Promesse», núm. 5, Burdeos, 1962.
«La Estafeta Literaria», núm. 366, Madrid, 25 marzo 1967.
«Oleza», Orihuela, abril 1968.
«Quaderni Ibero-Americani», núms. 35-36, Turín, 1968.
«Puerto», núm. 3, Puerto Rico, 1968.

3. *Artículos y poemas*

A. C., *A los cincuenta años de Miguel Hernández*, «La Verdad», Murcia, 13 diciembre 1960.

A. D., *A Miguel Hernández, pastor de Orihuela, resucitado*, «Primera Página», Alicante, 25 septiembre 1969.

Aguila Ortega, M., *La casa de Miguel*, «Información», Alicante, 2 febrero 1969.

Aguirre, A. M., *Bibliografía de Miguel Hernández*, «Quaderni Ibero-Americani», núms. 35-36, Turín, 1968.

Airó, R., *Recuerdo de Miguel Hernández*, «Espiral», núm. 25, Bogotá, 1949.

Alberti, R., *El rayo que no cesa. Epílogo*, Ed. Schapire, Buenos Aires, 1942.

— *Imagen primera de...*, Ed. Losada, Buenos Aires, 1945.

— *Égloga fúnebre*, «De Mar a Mar», núm. 1, Buenos Aires, 1 diciembre 1942.

— *Égloga fúnebre a tres voces y un toro para la muerte lenta del poeta*, en su vol. *Pleamar*, Losada, Buenos Aires, 1944.

Albi, J., *El último Miguel*, «Verbo», Alicante, diciembre 1954.

Alcalá, M., *La mujer de Miguel Hernández*, «Informaciones», Madrid, 28 marzo 1969.

Alcántara, M., *Miguel de España*, «Ya», Madrid, 30 marzo 1966.

— *Una calle para Miguel*, «Arriba», Madrid, 26 septiembre 1968.

Aleixandre, V., *Miguel: hombre y voz*, «Agora», núms. 49-50, Madrid, diciembre 1960; también en «Quaderni Ibero-Americani», núms. 35-36, Turín, 1968.

— *Presencia de Miguel Hernández*, «El Nacional», Caracas, 20 enero 1955; también en «Ínsula», Madrid, 15 enero 1956.

— *Evocación de Miguel Hernández. Una visita*, en su vol. *Los encuentros*, Ed. Guadarrama, Madrid, 1958.

— *Égloga y Elegía*, en su vol. *Nacimiento último*, Ed. Ínsula, Madrid, 1953.

— *En la muerte de Miguel Hernández*, «Cuadernos de las Horas Situadas», Zaragoza, 1948.

— *Junto a Miguel*, «El Nacional», Caracas, 5 diciembre 1953.

Almarcha, L., *Notas sobre Miguel Hernández*, en el vol. *De mi vida*, de J. Martínez Arenas; también J. Cano, 2.ª ed.

Alonso, C., *La poesía de Miguel Hernández*, «La Marina», Alicante, 30 marzo 1963.

Alonso, D., *Poetas españoles contemporáneos*, Ed. Gredos, Madrid, 1952; 3.ª edición aumentada. Reimpresión, 1969.

Alonso, D., y Bousoño, C., *Seis calas en la expresión literaria española*, Ed. Gredos, Madrid, 1951; 4.ª edición, 1970.

Alonso Ruiz Pérez, F., *Elegía de hierro a Miguel Hernández*, en su vol. *Acento humano*, Alicante, 1969.

Altolaguirre, M., *Noche de guerra*, «Hora de España», núm. III, Valencia, 1937.

— *Noticia sobre Miguel Hernández*, «Espuela de Plata», La Habana, agosto-septiembre 1939.

Alvar, M., *La poesía terruñera de Miguel Hernández*, «Revista de Filología Española», núm. XLIII, Madrid, 1960.

Álvarez, C., *En el nacimiento de Miguel Hernández*, en su vol. *Escrito en las paredes*, Ed. Ebro, París, 1967.

Álvarez Gallego, G., *En el homenaje a Miguel Hernández*, «La Voz», Nueva York, 31 agosto 1939.

Alvi, X., *Orihuela y Miguel Hernández*, «Signo», Madrid, 15 abril 1967.

Andújar, J., *Reencuentro con Miguel Hernández*, en *Panorama de la poesía moderna española*, de E. Azcoaga, Buenos Aires, 1953.

Ángeles, J., *La poesía de Miguel Hernández*, Duquesne Hispanic Review, III, Pittsburgh, 1964.

Anónimo, *Miguel Hernández*, «Revista de la Universidad de México», núm. XIV, México, 1959.

— *Miguel Hernández, Ramón y Gabriel Sijé*, «Semana Santa», Orihuela, 1961.

— *Fiesta literaria*, «El Luchador», Alicante, 2 mayo 1933.

— *Biografía de Miguel Hernández*, en *Crónica de la Guerra Española*, tomo III, lib. IV, pág. 438, Ed. Codex, Buenos Aires, 1966.

— *Un auto sacramental*, «La Verdad», Murcia, 21 junio 1934.

— *Miguel Hernández Giner*, «La Verdad», Murcia, 19 julio 1934.

— *Un poeta de España en la U. R. S. S. Miguel Hernández nos habla del V Festival del Teatro Soviético y de su fe en el pueblo español*, «Nuestra Bandera», Alicante, 21 noviembre 1937.

— *Miguel Hernández, herido del rayo*, «La Verdad», Murcia 21 mayo 1936.

— *Viento del pueblo*, «La Voz», Madrid, 10 junio 1937.

— *Poeta laureado*, «El Día», Alicante, 18 abril 1931.

— *Hablando con Miguel Hernández*, «Mediodía», La Habana, 25 octubre 1937.

— *Miguel Hernández, un poeta español*, «Diretrizes», núm. 134, Río de Janeiro, 1943.

— Sobre *Perito en lunas*, «Presencia», núm. 2, Cartagena, 1934.

— Sobre *Perito en lunas*, «El Sol», Madrid, 6 junio 1933.

— *Miguel Hernández, poeta y soldado*, «A B C», Madrid, 20 mayo 1937.

— *Miguel Hernández*, «Blanco y Negro», Madrid, 14 abril 1938.

— *Miguel Hernández*, «Ínsula», núm. 245, Madrid, abril 1967.

— Sobre *Seis poemas inéditos y nueve más*, «Correo Literario», Madrid, 1 noviembre 1951.

— *Con verdadero estupor*, «Madrid», Madrid, 23 febrero 1952.

— *Cada vez más estupefactos*, «Madrid», Madrid, 6 junio 1952.

— *Pasión y muerte de Miguel Hernández*, «La Nación», Buenos Aires, 6 marzo 1955.

— *Puntualizaciones*, «A B C», Madrid, 29 febrero 1952.

— *Calle para Miguel Hernández*, «SP», Madrid, 24 octubre 1968.

Aparicio, A., *El rayo que no cesa*, «Revista de Guatemala», núm. 6, 1953.

— *La última voz de Miguel Hernández*, «El Nacional», Caracas, 11 junio 1953.

Aponte, M., *Cuatro cartas de Miguel Hernández a Juan Guerrero*, «Puerto», núm. 3, Puerto Rico, 1968.

Arrigoitia, L., *Temas en la poesía de Miguel Hernández*, «Puerto», núm. 3, Puerto Rico, 1968.

Asturias, M. A., *Mensaje de Miguel Hernández*, «Quaderni Ibero-Americani», núms. 35-36, Turín, 1968.

Aub, M., *Poesía española contemporánea*, «Cuadernos Americanos», México, enero-febrero 1954; también Ed. Universitaria, México, 1954.

— En el vol. *Campo de almendros*, Joaquín Mortiz, México, 1968.

Aubrun, Ch. V., *Hommage à Miguel Hernández*, «Les Langues Néo-latines», núm. 16, París, 1962.

Augier, A. I., *Elegía en tu misma sangre*, en el vol. *Homenaje a Miguel Hernández*, La Habana, 1943.

Ávila, P. L., *Lo redondo y lo punzante en la poesía de Miguel Hernández*, «Quaderni Ibero-Americani», núms. 35-36, Turín, 1968.

— *A Miguel Hernández*, ibid.

Azcoaga, E., *En la muerte de Miguel Hernández*, en su vol. *El canto cotidiano*, Ed. Losada, Buenos Aires, 1952.

— *Panorama de la poesía moderna española*, Ed. Periplo, Buenos Aires, 1953.

— Lealtad a Miguel Hernández, en su vol. *Olmeda*, Salamanca, 1969.

Azuar, R., *Miguel, la palabra*, «Idealidad», núm. 49, Alicante, 1960.

— *El poeta Miguel Hernández*, «Primera Página», Alicante, 28 marzo 1968.

— *Miguel, íntimo*, «Primera Página», Alicante, 28 marzo 1969.

Ballester, J., *Perito en lunas*, «La Verdad», Murcia, 29 enero 1933.

Ballesteros, J. M., *Pastores poetas*, «Voluntad», Orihuela, 15 junio 1930 (reproducido en el vol. *Literatura Alicantina*, de V. Ramos, *ob. cit.*).

Barrera, C., *Miguel Hernández: su fuga inicial*, «Repertorio de Honduras», marzo 1948.

Bayo, E., *Entre la leyenda y la historia. Viaje a Miguel Hernández*, «Destino», Barcelona, 13 mayo 1967.

Becco, H. J., (y O. Svanascini), *Poetas libres de la España peregrina en América*, Ed. Olantay, Buenos Aires, 1947.

Bellod, J., *Una calle para Miguel Hernández en Orihuela*, «La Verdad», Murcia, 5 octubre 1968.

— *Una vieja foto*, «Información», Alicante, 28 marzo 1968.

Beneyto, M., *La viuda (a los cincuenta años de la muerte de Miguel Hernández)*, «La Caña Gris», núm. 3, Valencia, 1960-61.

Bernárdez, F. L., *Todo Miguel Hernández*, «Negro sobre Blanco», núms. 1-2, Buenos Aires, mayo 1961.

Berns, G., *Más allá de la violencia*, «Oleza», Orihuela, 14 agosto 1971.

Bertini, G. M., *Algunos apuntes sobre el auto sacramental de Miguel Hernández* «Quien te ha visto y quien te ve y sombra de lo que eras», «Quaderni Ibero-Americani», núms. 35-36, Turín, 1968.

Bleiberg, G., *Miguel Hernández*, en el vol. *Diccionario de la literatura española*, Ed. Revista de Occidente, Madrid, 1953.

Bly, R., *A conversation about Miguel Hernández*, «The Sixties», núm. 9, Madison, Minn., 1967.

Bousoño, C., *Notas sobre un poema de Miguel. «Antes del odio»*, «Ágora», núms. 49-50, Madrid, diciembre 1960.

Bouvard, M. L., *Miguel Hernández: hoy, XXV aniversario*, «La Verdad», Murcia, 28 marzo 1967.

Buero Vallejo, A., *Un poema y un recuerdo*, «Ínsula», núm. 168, Madrid, noviembre 1960.

Burillo Solé, L. M., *Miguel Hernández y Julio Maruri*, «La Escuela en Acción», suplemento de «El Magisterio Español», Madrid, enero 1962.

Buxó, J. P., *La poesía de Miguel Hernández*, «Letras de Cuzcatlán», núm. 5, San Salvador, 1956.

Caffarena, A., *Recuerdo de Miguel Hernández*, «Sur», Málaga, 1 Diciembre 1967.

Camacho Guizado, F., *Sobre la Elegía a Ramón Sijé*, en su vol. *La elegía funeral en la poesía española*, Ed. Gredos, Madrid, 1969.

Campmany, J., *Miguel Hernández*, «Arriba», Madrid, 28 marzo 1967; también «Información», Alicante, 30 marzo 1967.

Campos, J., *La palabra de Miguel*, «Ágora», núms. 49-50, Madrid, diciembre 1960.

— *Miguel Hernández*: *poesía honda y vital*, «Índice», Madrid, 10 septiembre 1951.

Camus, M., *Hiedras norteñas a Miguel Hernández*, «Idealidad», Alicante, abril 1969.

Cándido, *Algo más que el azahar*, «A B C», Madrid, 29 marzo 1967.

Cano, J. L., *Antología de la nueva poesía española*, Ed. Gredos, Madrid, 1962; 3.ª edic. Reimpresión, 1972.

— *Elegía*, «Verbo», Alicante, mayo-junio 1947.

— *El tema de España en la poesía española contemporánea*, Ed. Revista de Occidente, Madrid, 1964.

Cano Ballesta, J., *Miguel Hernández, ¿poeta inspirado?*, «Ínsula», núm. 197, Madrid, 1963.

— *La prosa poética de Miguel Hernández*, «Papeles de Son Armadans», Palma de Mallorca, diciembre 1968.

— *Miguel Hernández y su amistad con Pablo Neruda (Crisis estética e ideológica a la luz de unos documentos)*, «La Torre», Universidad, San Juan de Puerto Rico, abril-junio 1968.

— *Paisaje y mundo interior*, «Puerto», núm. 3, San Juan de Puerto Rico, abril-junio 1968.

— *La renovación poética de los años treinta y Miguel Hernández*, «Symposium», Syracuse University, vol. XXII, 1968.

Caravaca, F., *Cómo se ve en Francia y Bélgica a Miguel Hernández*, «Quaderni Ibero-Americani», núms. 35-36, Turín, 1968.

Caravaggi, G., *Un claro caballero de rocío*, «Quaderni Ibero-Americani», núms. 35-36, Turín, 1968.

Cardona, A., *Homenaje a Miguel Hernández*, «El Nacional», México, 30 abril 1950.

Carmona, L., *Sobre Miguel Hernández*, «Cuadernos Americanos», México, septiembre 1952.

Caro Almela, A., *Miguel Hernández, el pastor poeta*, «Devenir», Murcia, abril 1959.

Caro Romero, J., *Glosas a un poema de Miguel Hernández*, «Poesía Española», núm. 131, Madrid, 1963.

Carrasco, V., *Elegía por la muerte de Miguel Hernández*, «Ámbito», núm. 2, Gerona, 1951.

Casabellas, R., *El doble fondo*, Ed. Poesía, Buenos Aires, 1954.

Castañón, J. M., *Miguel Hernández, poeta del pueblo*, «Ciencia y Cultura», núm. 8, Maracaibo, 1957.

Castelltort, R., *Expresionismo vitalista: Miguel Hernández*, en el vol. *La poesía lírica española del siglo XX*, Barcelona, 1957.

Celaya, G., *From Miguel Hernández*, «The Sixties», núm. 9, Madison, Minn., 1967.

Cernuda, L., *Estudios sobre poesía española contemporánea*, Ed. Guadarrama, Madrid, 1957.

Cinti, B., *Scansione in versi di una prosa di Hernández*, «Quaderni Ibero-Americani», núms. 35-36, Turín, 1968.

— *Influenza di Miguel Hernández nella lirica spagnola*, «Annali di Ca'Foscari», vol. VII, Mursia, 1968.

Ciplijauskaite, B., *El poeta y la poesía*, Ed. Ínsula, Madrid, 1966.

Cirre, J. F., *Forma y espíritu de una lírica española*, Gráf. Panamericana, México, 1950.

Clavijo-Tisseur, A., *Responso a Miguel Hernández*, «La Voz», Nueva York, 23 agosto 1939.

Cóccaro, N., *Sobre Miguel Hernández*, «Sur», núms. 219-220, Buenos Aires, 1953.

Cohen, J. M., *Miguel Hernández, en Inglaterra*, «Ágora», núms. 49-50, Madrid, diciembre 1960.

Conde, C., *Miguel, joven*, «Ágora», núms. 49-50, Madrid, diciembre 1960.

— *Miguel Hernández Giner, poeta*, «Revista Hispánica Moderna», núm. 3, Nueva York, 1937.

— *Los adolescentes de Orihuela*, «Verbo», Alicante, octubre-noviembre 1946.

Corbalán, P., *Los toros de Miguel Hernández*, «Informaciones», Madrid, 14 mayo 1970.

— *Miguel Hernández, en TV. E.*, «Informaciones», Madrid, 20 marzo 1969.

Córdova, *Miguel Hernández: el poeta, el pastor y el soldado*, «Orientaciones», Buenos Aires, 17 diciembre 1942.

Cossío, J. M., *Miguel, en la memoria*, «La Estafeta Literaria», número 366, Madrid, marzo 1967.

Cotrait, R., *Introduction à Miguel Hernández*, «Promesse», núm. 5, Burdeos, 1962.

Couffon, C., *Orihuela et le souvenir de Miguel Hernández*, «Europe», núms. 401-402, París, septiembre-octubre 1962.

— *Poèmes retrouvés de Miguel Hernández*, «Les Langues Néolatines», núm. 155, París, 1960.

Cremades, J., *A mi compañero Miguel*, «Información», Alicante, 28 marzo 1968.

Chabás, J., *No quedarás en la muerte*, en el vol. *Homenaje a Miguel Hernández*, La Habana, 1943.
— *Literatura española contemporánea (1898-1950)*, Ed. Cultural, La Habana, 1952.

Chevallier, M., *Tentative d'explication de texte: «Perito en lunas», de Miguel Hernández*, «Les Langues Néolatines», núm. 150, París, junio 1959.
— *A propos de «Perito en lunas»*, ibid., núm. 153, París, 1960.
— *Miguel Hernández*, ibid., núm. 155, París, 1960.

D. A., *Miguel Hernández*, «Blanco y Negro», Madrid, 14 abril 1938.

Delano, L. E., *Juventud asombrosa y juventud herida. En torno a la obra de Miguel Hernández*, «Revista de la Sociedad de Escritores de Chile», núm. 5, Santiago de Chile, 1937.

Díaz-Plaja, G., *La poesía lírica española*, Ed. Labor, Barcelona, 1948.

Diego, G., *Poesía española contemporánea*, «Mundo Hispánico», Madrid, enero 1949.
— *Perito en lunas*, «Ágora», núms. 49-50, Madrid, diciembre 1968.

Domenchina, J. J., *Anunciación y elogio de un poeta*, «La Voz», Madrid, 25 noviembre 1935.
— *El rayo que no cesa*, «La Voz», Madrid, 17 abril 1936.
— *Antología de la poesía española contemporánea*, Ed. Hispanoamericana, México, 1947.

Doménech, R., *Por tierras de Miguel Hernández*, «Ínsula», Madrid, noviembre 1960.

Doreste, V., *A Miguel Hernández*, «Asomante», núm. 1, San Juan de Puerto Rico, 1953.

Durán, M., *Miguel Hernández, barro y luz*, «Puerto», núm. 3, Puerto Rico, 1968.

Egea, J. A., *Herido estoy*, «A B C», Madrid, 25 septiembre 1970; «Ciudad», Alcoy, 30 octubre 1970.

Ero, *Miguel, en Alcázar*, «La Vanguardia Española», Barcelona, 8 mayo 1971.

Escolano, J., *Nueva noticia sobre Miguel Hernández*, «Las Provincias», Valencia, 27 noviembre 1951.

— *Poemas póstumos de Miguel Hernández*, «Las Provincias», Valencia, 27 noviembre 1951.

Esteban Guevara, A., *Hombres y letras. Miguel Hernández*, «El Día», Alicante, 11 julio 1931.

Ezcurra, J., *Miguel Hernández, como bandera*, «Información», Alicante, 12 abril 1967.

— *A Miguel Hernández*, «Información», Alicante, 28 marzo 1968.

— *Miguel Hernández, su vida y su leyenda*, «Información», Alicante, 18 mayo 1968.

— *Recuerdos íntimos de Miguel Hernández. Martínez Arenas, amigo, admirador y protector del poeta*, «Información», Alicante, 1 enero 1969; «Oleza», Orihuela, 17 julio 1969.

— *Su hermano Vicente nos cuenta los más emotivos detalles de su vida*, «Oleza», Orihuela, 27 junio 1970.

Fantucci, A., *Mane, nobiscum, Dómine*, «Momento», Orihuela, 1942.

Fenoll, C., *La sonata pastoril*, «El Pueblo de Orihuela», Orihuela, 30 diciembre 1929.

— *Ramón Sijé, en su vida de amor*, «Estilo», Elche, enero 1947.

Fernández, M., *Homenaje a Miguel Hernández*, «El Telegrama del Rif», Melilla, 5 agosto 1951.

Fernández del Riego, F. («Salvador Lorenzana»), *Cabodano dun poeta*, «Faro de Vigo», Vigo, 28 marzo 1967.

Fernández Spencer, A., *Primera elegía*, «Ágora», núm. 22, Madrid, mayo 1953.

Ferrandis Albors, F., *Drama y agonía de la cultura española: Miguel Hernández*, «El Día», Montevideo, 22 mayo 1952.

— *Miguel Hernández*, «Ibérica», Nueva York, 15 noviembre 1954.

Ferrándiz Casares, J., *Teatro de autores alicantinos*, «I. D. E. A.», núm. 3, Alicante, 1970.

Foxá, A., *Los Homeros Rojos*, «A B C», Madrid, 28 mayo 1939.

Fraile, M., *La Dama de Elche*, «Ágora», Madrid, enero 1958.

G. C., *Tirios y troyanos. Sobre poesía y política*, «Ínsula», número 184, Madrid, 1962.

Galo, E., *Cinco rostros de la poesía*, Ed. Universitaria, Quito, 1960.

Gaos, V., *Miguel y su hado*, «Ágora», núms. 49-50, Madrid, diciembre 1960.

García Lorca, F., *Una carta inédita de... a Miguel Hernández*, «Insula», núm. 148, Madrid, 15 marzo 1959.

García Martínez, A., *A Miguel Hernández*, «Estilo», Elche, enero 1947.

García-Molina Martínez, A., *El canto del cisne. A Miguel Hernández*, «Juventud Mariana», Orihuela, septiembre 1949.

García Nieto, J., *De Campoamor a Miguel Hernández*, «Ya», Madrid, 26 agosto 1971.

García Templado, J., *El poético tema de la cebolla*, «Revista de Occidente», núm. 29, Madrid, 1965.

Garciasol, R., *Notas sobre la nueva poesía española*, «Revista Nacional de Cultura», núm. 119, Caracas, 1956.

Garfias, F., *Una carta inédita de Miguel Hernández a Juan Ramón Jiménez*, «Poesía Española», núm. 96, Madrid, 1960.

Garosci, A., *Gli intellettuali a la Guerra di Spagna*, Ed. Einaudi, Torino, 1951.

Gatell, A., *Miguel Hernández*, «La Caña Gris», núm. 3, Valencia, 1960-61.

Gaya, R., *Divagaciones en torno a un poeta: Miguel Hernández*, «Hora de España», núm. 17, Valencia, 1938.

Gil, I., *Elegía a la muerte del poeta Miguel Hernández*, Zaragoza, 20 abril 1942.

Giménez Caballero, E., *Un nuevo poeta pastor*, «La Gaceta Literaria», Madrid, 15 enero 1932.

— *Símbolos de unidad. La camisa azul*, «A B C», Sevilla, 30 julio 1937.

Giner de los Ríos, F., *Miguel Hernández*, «Cuadernos Americanos», núm. 6, México, noviembre-diciembre 1942.

Gómez Nisa, P., *Hombre de elegía* y otros poemas, en *Panorama de la poesía moderna española*, de E. Azcoaga.

— *El barro*, «Ifach», Alicante, agosto 1950.

— *Desde esta oscura y plana burguesía*, «Índice», núm. 77, Madrid, marzo 1955.

González, J. E., *Unas cuantas observaciones sobre «Viento del pueblo»*, «Puerto», núm. 3, Puerto Rico, 1968.

González Ruano, C., *Antología de poetas españoles contemporáneos*, G. Gili, Barcelona, 1946.

Grande, F., *Apuntes sobre poesía española de posguerra*, Ed. Taurus, Madrid, 1970.

Guereña, J. L., *Liminaire*, en *Poètes d'aujourd'hui*, Seghers, París, 1963.

— *Tombeau de Miguel Hernández*, en *Loin de des solitudes*, Ed. Caractères, París.

— *Sentimiento de Miguel Hernández*, «Caballo de Fuego», núm. 15, La Habana, 1961.

Guillén, J., *Res poética*, «Quaderni Ibero-Americani», núms. 35-36, Turín, 1968.

Guillén, N., *Hablando con Miguel Hernández*, «Mediodía», La Habana, 25 octubre 1937.

— *Milicia y permanencia de Miguel Hernández*, en *Homenaje a Miguel Hernández*, La Habana, 1943.

— *Miguel Hernández*, «Correo Literario», núm. 11, Buenos Aires, 1944.

Gullón, R., *El rayo de Miguel*, «Sur», núm. 294, Buenos Aires, 1965; en su vol. *La invención del 98 y otros ensayos*, Ed. Gredos, Madrid, 1969.

Gutiérrez, F., *Elegía a la muerte de Miguel Hernández*, en *Panorama de la poesía moderna española*, de E. Azcoaga.

Hernández, M., *Miguel Hernández, poesía desgajada en las cárceles de España*, «Divulgación Histórica», México, 21 junio 1953.

Herrera Pétere, J., *Miguel Hernández*, en el vol. *Panorama de la poesía moderna española*, de E. Azcoaga.

Herrero, J., *Miguel Hernández: sangre y guerra*, «Symposium», vol. XXII, Syracuse University, 1968.

Hoyo, A., *Prólogo* al vol. *Obras Escogidas*, de M. H., Ed. Aguilar, Madrid, 1952.

— *En memoria de Ramón Sijé. Unas cuartillas de Miguel Hernández*, «Ínsula», núm. 219, Madrid, 1965.

Iglesias Laguna, A., *Ángel de la muerte*, «Cuadernos Hispanoamericanos», núm. 132, Madrid, 1960.

J. L. C., *Miguel Hernández y la generación del 27*, «Primera Página», Alicante, 12 marzo 1970.

J. R. M., *Antonio Machado y Miguel Hernández*, «Contrapunto», núm. 6, Caracas, 1950.

J. S. M., *Poesía española. La generación de 1927*, «Línea», Murcia, 29 octubre 1967.

Jiménez, J. R., *Con la inmensa minoría. Crítica*, «El Sol», Madrid, 23 febrero 1936.

Jiménez, S., *Pequeña memoria con Miguel Hernández*, «A B C», Madrid, 27 marzo 1969.

Jiménez Martos, L., *Orihuela, el poeta y su calle*, «La Estafeta Literaria», Madrid, noviembre 1968.

Johansson, K., *Poet i inbordeskrigets Spanien*, «Studiekamraten», núm. XLVII, Lund, 1965.

Kelin, F., *El poeta Miguel Hernández*, «Boletín de Información de la Embajada de la U. R. S. S.», núm. 17, México, 1946.

Labrador, E., *Me llamo barro, aunque Miguel me llame*, «Alerta», La Habana, 26 marzo 1956.

Larralde, P., *La poesía de Miguel Hernández*, «Correo Literario», núm. 11, Buenos Aires, 1944.

León, M. T., *El cuidado de los recuerdos*, «El Nacional», Caracas, 7 julio 1968.

Letang, E., *Miguel Hernández murió en marzo*, «Sábado Gráfico», Madrid-Barcelona, 28 marzo 1970.

Lind, G. R., *Dichter im Schatten (Miguel Hernández)*, «Romanische Forschungen», LXV, 1954.

López Gorgé, J., *Seis poemas inéditos y nueve más*, «Alcántara», núm. 1, Melilla, 1951.

— *Poesía amorosa*, Ed. Alfaguara, Madrid, 1966.

Lucas Parra, E., *¡Y no olvidamos la Cruzada!*, «La Verdad», Murcia, 20 marzo 1952.

— *Aún tenemos que pedir perdón a Dios*, «La Verdad», Murcia, 10 mayo 1952.

Luis, L., *Poesía de Miguel Hernández*, «Ínsula», Madrid, 15 noviembre 1951.

— *Dos páginas inéditas de Miguel Hernández*, «Papeles de Son Armadans», Palma de Mallorca, diciembre 1961.

— *La obra completa de Miguel Hernández*, «Papeles de Son Armadans», Palma de Mallorca, agosto 1961.

— *Variantes de tres poemas de Miguel Hernández*, «Poesía Española», núm. 121, Madrid, enero 1963.

— *Elegía a Miguel Hernández,* en su vol. *Los Horizontes,* Las Palmas, 1951.

— *Miguel Hernández, dentro y fuera de España,* «Papeles de Son Armadans», núm. XXX, Palma de Mallorca, 1963.

— *Dos cartas:* A Miguel Hernández, al volver a ver a su hijo. A Alfredo Varela, por su novela «El río oscuro», «Papeles de Son Armadans», XVIII, Palma de Mallorca, 1960.

— *Sobre una estrofa de «Perito en lunas»,* «Poesía Española», Madrid, agosto 1959.

— *Dos notas a un poema de Miguel Hernández,* «Papeles de Son Armadans», Palma de Mallorca, octubre 1961.

— *Con los ojos abiertos,* «Ya», Madrid, 28 marzo 1971.

Luján, N., *El rayo que no cesa,* «Destino», Barcelona, 16 septiembre 1950.

M. A., *El rayo que no cesa,* «El Sol», Madrid, 22 febrero 1936.

M. L. B., *Flores y versos en la tumba de Miguel Hernández,* «La Verdad», Murcia, 29 marzo 1967.

Macrí, O., *La poesía mística e tellúrica di Miguel Hernández,* en el vol. *Poesía spagnola del Novecento,* Ed. Guanda, Bolonia, 1952; 2.ª ed., 1961.

— *Miguel Hernández Giner: Profili biobibliografici,* en el vol. *Poesia spagnola del Novecento,* cit.

— *Rassegna della letteratura spagnola,* en «L'approdo letterario», julio-septiembre 1962.

— *Dialogo con Puccini su Hernández,* «Quaderni Ibero-Americani», núms. 35-36, Turín, 1968.

Magariños, S., *Miguel Hernández, retratado en sus cartas,* «El Nacional», Caracas, 4 noviembre 1954.

Manrique de Lara, J. G., *Miguel (Estigma del Hombre),* «Ágora», Madrid, marzo-junio 1961.

— *A Miguel Hernández,* «A B C», Madrid, 6 mayo 1969.

March, S., *A Miguel Hernández,* «Cuadernillos de Poesía», núm. 38, Buenos Aires, 1958.

María de Gracia Ifach (Josefina Escolano), *La antología de Miguel Hernández,* «Negro sobre Blanco», núm. 13, Buenos Aires, 1960.

— *La prosa de Miguel Hernández,* «Ínsula», núm. 168 Madrid, 1960.

— *Miguel Hernández,* «Índice», Madrid, junio 1958.

— *Cartas a Josefina,* «Puerto», núm. 3, Puerto Rico, 1968.

— *Miguel, niño*, «Ágora», núms. 49-50, Madrid, diciembre 1960.

— *Miguel Hernández, el poeta de cara al amor*, «El Universal», Caracas, 1 enero 1950.

— *Federico y Miguel*, «Revista Nacional de Cultura», XXIV, Caracas, 1961.

Marinello, J., *La voz de Miguel Hernández*, «Hoy», La Habana, 23 agosto 1939.

— *Miguel Hernández, labrador de más aire*, en el vol. *Homenaje a Miguel Hernández*, La Habana, 1943.

Marqueríe, A., *Del verso nuevo en Levante*, «Informaciones», Madrid, 18 febrero 1933.

Martín, H. St., *Miguel Hernández, en Norteamérica*, «Ágora», números 49-50, Madrid, diciembre 1960.

Martínez, J. L., *Miguel Hernández*, «Letras de México», México, 15 noviembre 1942.

Martínez Arenas, J. M., *De mi vida: hombres y libros*, Valencia, 1963.

Martínez Corbalán, F., *Dos jóvenes escritores levantinos: el cabrero poeta y el muchacho dramaturgo*, «Estampa», Madrid, 22 febrero 1932.

Martínez Mena, A., *Calle para Miguel Hernández*, «SP», Madrid, 24 octubre 1968.

Martínez Mena, M., *Cántico necesario*, «Alicante Actual», núm. 2, Alicante, 1970.

Martínez Ros, M., *Miguel Hernández y Orihuela*, «Triunfo», Madrid, 29 abril 1967.

Mateos, J., *Miguel Hernández, poeta pastor de palabras*, «La Estafeta Literaria», núm. 366, Madrid, marzo 1967.

Mederos, J., *Elegía a Miguel Hernández*, «Cuadernos de Poesía y Crítica», núm. 2, Las Palmas, 1946.

Medina, J. R., *Miguel Hernández, el poeta campesino*, «El Nacional», Caracas, 21 mayo 1950.

Medina, T., *En Elche, con la esposa del poeta Miguel Hernández*, «Pueblo», Madrid, 5 septiembre 1963.

Meseguer, A., *A Miguel Hernández*, «Idealidad», núm. 49, Alicante, 1960.

Meseguer, M. M., *La viuda que está cerrada al recuerdo*, «La Estafeta Literaria», Madrid, 5 noviembre 1966.

Mojica, V., *Canción del llanto*, en su vol. *La paz nos esperaba*, Ed. Caja de Ahorros Sureste España, Alicante, 1966.
— *Azahar de tu ausencia*, en su vol. *Palabras de mi amor y mi destino*, Ed. Caja de Ahorros Provincial, Alicante, 1971.
Molina, M., *Recuerdo a Miguel Hernández*, «Les Langues Néolatines», núm. 155, París, diciembre 1960.
— *Réplica a «Espadaña»*, «Verbo», Alicante, diciembre 1946 (con la firma «M. S.»).
— *«Del sencillo amor» y otros recuerdos oriolanos*, «Formación», núm. 21, Alicante, 1951.
— *A Miguel Hernández*, «Estilo», Elche, enero 1947.
— *Carta abierta a Miguel Hernández y tres sonetos*, en su vol. *Hombres a la deriva*, Col. Ifach, Alicante, 1950.
— *Poemas de Miguel Hernández*, «Idealidad», Alicante, mayo 1965.
— *España y Miguel Hernández*, «Primera Página», Alicante, 28 marzo 1968.
— *Presencia del poeta oriolano en el XXVIII aniversario de su muerte*, «Primera Página», Alicante, 28 marzo 1969.
— *Orihuela, en la poesía española actual*, «A B C», Madrid 30 julio 1969.
— *La literatura de la vida*, «Primera Página», Alicante, 19 marzo 1969.
— *Miguel Hernández, en la actualidad*, «La Verdad», Murcia, 28 marzo 1971.
Morales, A., *Elegía a Miguel Hernández*, en su vol. *Tentativa canción a Sonsonante y otros poemas*, San Salvador, 1962.
Morales, R., *Enrique Azcoaga y su «Canción solidaria»*, «Arriba», Madrid, 9 noviembre 1969.
— *Idearium poético de...*, «Pueblo», Madrid, 11 febrero 1970.
Moreno, A., *Poesía española actual*, Ed. Nacional, Madrid, 1946.
Mourlane Michelena, P., *Perito en lunas*, «El Sol», Madrid, 6 junio 1933.
Murciano, C., *Poesía y deporte*, «A B C», Madrid, 15 junio 1968.

Navarro Tomás, T., *Miguel Hernández, poeta campesino, en las trincheras*. Pról. a *Viento del pueblo;* también en «Nueva cultura», núm. 1, Valencia, marzo 1937.
Neruda, P., *A Miguel Hernández*, en su vol. *Canto General*, México, 1950.

— *Cómo murió Miguel Hernández*, «Ercilla», Santiago de Chile, 29 diciembre 1953.

— *El pastor perdido*, en su vol. *Las uvas y el viento*, Ed. Nascimiento, Santiago de Chile, 1954.

— *Viajes*, Ed. Nascimiento, Santiago de Chile, 1955.

Odriozola, A., *La suerte de la errata y el texto de un soneto de Miguel Hernández*, «Ínsula», Madrid, febrero 1960.

— *A los veinticinco años de la muerte de Miguel Hernández. Breve repaso a la bibliografía del poeta*, «Ínsula», Madrid, julio-agosto 1967.

— *Catálogo de la exposición bibliográfica Miguel Hernández, ordenada y preparada por...*, Ateneo, Pontevedra, 1967.

Oliver, A., *Perito en lunas. Miguel Hernández Giner*, «Presencia», núm. 2, Cartagena, 1934.

Olivera Martín, J., *Recuerdo de Miguel Hernández*, «Revista de Occidente», IV, Madrid, 1966.

— *Orihuela y Miguel*, «El Noticiero Universal», Barcelona, 13 enero 1970.

Ontañón, E., *Evocación de Miguel Hernández*, «El Nacional», México, 4 enero 1940.

Orama Padilla, C., *Un poeta de la juventud revolucionaria española: Miguel Hernández*, «Alma Latina», núm. 263, San Juan, Puerto Rico, 1940.

Orozco, R., *Miguel Hernández, poeta auténtico*, «La Nación», Buenos Aires, 30 octubre 1960.

Ors, G., *El problema del límite en «El rayo que no cesa»*, «Al-Motamid», núm. 33, Tetuán, 1956.

Ortega, A., *Elegía a Ramón Sijé (Semblanza y comentario)*, «Juventud Seráfica», núm. XIX, Orihuela, 1953, «Oleza», Orihuela, marzo 1972.

Pastor Chilar, V., *La mujer y el hijo de Miguel Hernández*, «Primera Página», Alicante, 14 septiembre 1969; también en «Elche», Elche, 22 septiembre 1969.

Paz, O., *Recoged esta voz...*, «Letras de México», México, 15 noviembre 1942.

Pedro, V., *Muerte de un poeta*, «Correo de Asturias», Buenos Aires, 27 marzo 1943.

Pérez, H. R., *Miguel Hernández*, en su vol. *Cinco rostros de la poesía*, Ed. Universitaria, Quito, 1960.

Pérez Ferrero, M., *Miguel Hernández y su nuevo libro*, «Heraldo de Madrid», Madrid, 12 marzo 1936.

Pla y Beltrán, P., *Una memoria para un poeta*, «El Nacional», México, 21 mayo 1950.

— *Miguel Hernández, ¡otra vez!*, «Cultura Universitaria», núm. 56, Caracas, 1956.

Portuondo, J. A., *Dos poetas del campo*, en *Homenaje a Miguel Hernández*, La Habana, 1943.

Prieto, G., *Miguel Hernández*, «La Estafeta Literaria», núm. 366, Madrid, 1967.

Puccini, D., *Una poesía de Miguel Hernández*, «Cuadernos», París, mayo-junio 1960.

— *Problemi testuali e varianti nell'opera poética di Miguel Hernández*, «Studi di Lingua e Letteratura Spagnola», Turín, 1966.

— *Altre varianti e variazioni nel «Canzionero» di Miguel Hernández*, «Quaderni Ibero-Americani», núms. 35-36, Turín, 1968.

— *Poesie e milizia di Miguel Hernández*, «Il Contemporaneo», Roma, 20 octubre 1956.

— *Due libri su Miguel Hernández*, «L'Europa Letteraria», núm. 25, enero 1964.

— *Introduzione* al vol. *Poesie*, de M. H., Ed. Feltrinelli, Milán, 1970.

Ramírez, L., *A Miguel Hernández*, «Orto», núm. 3, Manzanillo (Cuba), 1955.

Ramos, V., *Elegía a un poeta*, en su vol. *Honda Llamada*, Col. Ifach, Alicante, 1952.

— *Poesía primera de Miguel Hernández*, «Idealidad», núm. 49, Alicante, 1960.

— *Miguel Hernández*, en su vol. *Literatura alicantina*, Ed. Alfaguara, Madrid-Barcelona, 1966.

— *Ramón Sijé y Miguel Hernández*, «La Estafeta Literaria», número 366, Madrid, marzo 1967.

— *Miguel Hernández y Orihuela*, «Pueblo», Madrid, 2 octubre 1968; también en «Oleza», Orihuela, 17 julio 1969.

Reinaudi, L., *Deber de América*, «La Voz», Nueva York, 13 septiembre 1939.

Rejano, J., *Miguel Hernández*, «El Nacional», México, 14 diciembre 1952.

Rico de Estasen, J., *Una evocación: la muerte del poeta Miguel Hernández*, «Faro de Vigo», Vigo, 16 octubre 1966.

Ridruejo, D., *Excluyentes y comprensivos*, «Revista», núm. 1, Barcelona, 1952.

Río, A., *Historia de la literatura española*, tomo II, Nueva York, 1948.

Ríos Ruiz, M., *Un auto sacramental que se llamó Miguel*, «La Estafeta Literaria», núm. 366, Madrid, marzo 1967.

Rodríguez-Aguilera Prat, C., *Paralelismo humano entre Antonio Gramci y Miguel Hernández*, «Idealidad», Alicante, octubre 1970.

Rodríguez Segurado, A., *Dolor y soledad en la poesía de Miguel Hernández*, «Revista de la Universidad de Buenos Aires», número 24, Buenos Aires, octubre-diciembre 1952.

Rojas Paz, P., *Elegía a un pastor*, «Nosotros», núm. XX, Buenos Aires, 1943.

Romero, E., *«El hombre acecha», penúltimo libro de Miguel Hernández*, «Puerto», núm. 3, Puerto Rico, 1968.

Rose, W., *Lo popular en la poesía de Miguel Hernández*, «Revista Nacional de Cultura», núm. 140, Caracas, 1960.

Rovira Soler, J. C., *Miguel, las palabras y nosotros*, «Información», Alicante, 28 marzo 1967.

Ruibal, J., *Sobre los intelectuales de izquierda*, «Fuerza Nueva», Madrid, 9 enero 1971.

— *La vieja Oleza*, «Oleza», Orihuela, 17 julio 1969.

Ruiz, J. A., *Presencia de la poesía heroica*, «Gaceta Literaria», número 9, Buenos Aires, septiembre 1956.

Ruiz Funes, M., *Glosa al Pregón de Semana Santa de Orihuela*, «Oleza», Orihuela, Semana Santa, 1970.

Ruiz Ramón, F., *Obra dramática de Miguel Hernández*, en su vol. *Historia del teatro español*, tomo II, págs. 309-314, Ed. Alianza, Madrid, 1971.

Sab, *¡Y no olvidamos la Cruzada!*, «El Pensamiento Navarro», Pamplona, 12 febrero 1952.

— *Dándole al parche*, «El Pensamiento Navarro», Pamplona, 15 marzo 1952.

— *¡Aún tendremos que pedir perdón a Líster!*, «El Pensamiento Navarro», Pamplona, 6 abril 1952.

Sáez, A., *El corazón por alimento*, «La Verdad», Murcia, 5 diciembre 1971.

Sáinz de Robles, F. C., *Miguel Hernández*, en sus vols. *Ensayo de un diccionario de literatura*, tomo II, Aguilar, Madrid, 1949, e *Historia y antología de la poesía española*, Ed. Aguilar, Madrid, 1946.

Samper, D., *Miguel Hernández: la fuerza*, «Boletín Cultural y Bibliográfico», núm. IX, Bogotá, 1966.

Sánchez Bautista, F., *A Miguel Hernández*, «Idealidad», Alicante, enero-marzo 1958.

Santos, D., *Un soneto de Miguel*, «Arriba», Madrid, 2 abril 1967.

Santos Torroella, R., *Cuatro poetas*, «Et Caétera», núm. 2, Jalisco (México), 1950.

Sequeros, A., *Evocación de un gran poeta*, «La Verdad», Murcia, 1 marzo 1952.

— *Orihuela y su escuela literaria*, «La Verdad», Murcia, 13 diciembre 1952.

Serpa, R., *Muerte y vida de Miguel Hernández*, en *Homenaje a Miguel Hernández*, La Habana, 1943.

Siebenmann, G., *Miguel Hernández (1910-1942). Retrato de un poeta español*, «Boletín de Información. Unión de Intelectuales Españoles», México, febrero-marzo 1960.

Sierra de Cózar, A., *Miguel Hernández, redivivo*, «Reseña», Madrid, febrero 1971.

Signes, M., *Miguel Hernández*, «Primera Página», Alicante, 28 marzo 1969.

Sijé, G., *A Miguel Hernández*, «Verbo», Alicante, febrero 1947.

Sijé, M. D., *Ramón Sijé y Miguel Hernández*, «Oleza», Orihuela, junio 1961.

Sijé, R., *Miguel Hernández*, «Diario de Alicante», Alicante, 9 diciembre 1931.

Siles Ruiz, J., *Llanto por la muerte de un poeta de Orihuela: Miguel Hernández*, «Idealidad», Alicante, mayo-junio 1969.

Sobejano, G., *Un análisis estilístico de la poesía de Miguel Hernández*, «Revista Hispánica Moderna», Nueva York, julio-octubre 1963.

Solari, A., *Cantata a la muerte de Miguel Hernández*, Santiago de Chile, 1950.

Sopeña Ibáñez, A., *Visión poética de lo familiar en Miguel Hernández*, «Semana Médica», en «Medicamenta», Madrid, 17 septiembre 1966.

Sordo, E., *La vida y la obra de Miguel Hernández*, «Revista», Barcelona, 21 julio 1955.

Spender, St., *World Within World*, Ed. Hamilton, Londres, 1951.

Teruel, A. L., *Arte orcelitano*, «Actualidad», Orihuela, 23 octubre 1930.

Torre, G., *Vida y poesía de Miguel Hernández*, «Cuadernos», número 9, París, 1954; también en «Revista Nacional de Cultura», núm. 108, Caracas, 1955 (?), y en su vol. *Las metamorfosis de Proteo*, Ed. Losada, Buenos Aires, 1956.

Torrente Ballester, G., *La intimidad, el amor, la poesía y otras cosas*, «Arriba», Madrid, 9 diciembre 1951.

— *Panorama de la literatura española contemporánea*, Ed. Guadarrama, Madrid, 1956.

Torres Santiago, J. M., *Miguel Hernández, en función*, «Puerto», núm. 3, Puerto Rico, 1968.

Tuñón de Lara, M., *Sobre M. H.*, en su vol. *Medio siglo de cultura española (1885-1936)*, Ed. Tecnos, Madrid, 1970.

Umbral, F., *Miguel Hernández, agricultura viva*, «Cuadernos Hispanoamericanos», Madrid, enero 1969.

Urbano, R., *En octavas heroicas hacia la luna*, «El Liberal», Sevilla, 5 marzo 1933; también «La Verdad», Murcia, 16 marzo 1933.

Urrutia, A., *Versos de Miguel Hernández*, «Frente Sur», Baeza, 1937.

Valbuena Prat, A., *Historia de la literatura española*, tomo III, G. Gili, Barcelona.

Valdez, D., *Miguel Hernández*, «Lectura», núm. CLXXI, México, 1968.

Valencia, A., *Miguel Hernández, poeta*, «Arriba», Madrid, 7 agosto, 1955.

Valente, M. A., *Miguel Hernández: poesía y realidad*, «Insula», Madrid, julio-agosto 1965.

Valle, A., *Elegía a Orihuela*, «Poesía Española», Madrid, octubre 1954; también «A B C», Madrid, 3 agosto 1971.

Varios, *Encuesta sobre Miguel Hernández*, «Promesse», núm. 5, Burdeos, 1962.

Varios, *Carta al alcalde de Orihuela*, «Triunfo», Madrid, 8 abril 1967.

Vassallo, J., *Pero, ¿cuál es tu España?*, «Información», Alicante, 27 junio 1969.

Velasco, R. G., *Ofrenda a Miguel Hernández*, «La Verdad», Murcia, 23 julio 1961.

Vergés, G., *El símbolo toro en la poética de Miguel Hernández*, «Géminis», Tortosa, noviembre 1952.

Vigón, J., *¡Viva Cartagena!*, «La Vanguardia Española», Barcelona, 27 abril 1952.

Vilanova, A., *La poesía de Miguel Hernández*, «Ínsula», Madrid, 15 octubre 1950.

— *Poemas inéditos de Miguel Hernández*, «Destino», núm. 732, Barcelona, 1951.

Villarronda, G., *Miguel Hernández*, «Repertorio de Honduras», abril 1947.

Vivanco, L. F., *Miguel Hernández, bañando su palabra en corazón*, en su vol. *Introducción a la poesía española contemporánea*, Ed. Guadarrama, Madrid, 1957.

— *Las nanas de la cebolla*, «Ágora», núms. 49-50, Madrid, diciembre 1960.

Vocos Lescano, J. A., *Miguel Hernández*, «Tiempo Viejo», núm. 2, Córdoba (Argentina), 1947.

Zardoya, C., *La técnica metafórica en la poesía española contemporánea. Miguel Hernández*, «Cuadernos Americanos», México, 1961.

— *Miguel, niño y adolescente*, «Ágora», núms. 49-50, Madrid, diciembre 1960.

— *El mundo poético de Miguel Hernández*, «Ínsula», Madrid, noviembre 1960; también en su vol. *Poesía española contemporánea*, Ed. Guadarrama, Madrid, 1961.

— *Llanto de un pájaro por el poeta muerto*, en su vol. *Pájaros del Nuevo Mundo*, Col. Adonais, Madrid, 1946.

— *¿De qué me quejo yo?*, en su vol. *Dominio del llanto*, Col. Adonais, Madrid, 1947.

Zulueta, E., *La poesía de Miguel Hernández*, «Revista de Literaturas Modernas», núm. 62, Mendoza (Argentina), 1960.

SUPLEMENTO BIBLIOGRAFICO

Berns, G., *Miguel Hernández y la ciudad*, «Ínsula», Madrid, mayo 1972.

Cano Ballesta, J., *Miguel Hernández y la crítica literaria (Con dos textos olvidados)*, «Instituto de Estudios Alicantinos», núm. 7, Alicante, enero 1972.

— *La poesía española entre pureza y revolución (1930-1936)*, Gredos, Madrid, 1972.

Cremades, J., *A mi compañero Miguel*, «Oleza», Orihuela, junio 1970.

Délano, L. E., *Sobre todo Madrid*, Ed. Universitaria, Santiago de Chile, 1970.

Díaz-Plaja, G., *Miguel Hernández*, en *El reverso de la belleza*, Ed. Barna, Barcelona, 1956.

Díez de Revenga, F. J., *Miguel Hernández y la nueva versión de un tema clásico*, «Instituto de Estudios Alicantinos», núm. 5, Alicante, enero 1971.

Enrique, D., *Con Josefina Manresa, solitaria viuda de Miguel Hernández*, «Sábado Gráfico», Madrid, 1 abril 1972.

Ezcurra, J., *Miguel Hernández y su calle*, «Información», Alicante, 13 abril 1972.

Fernández Brasso, M., *No cesa el rayo de Miguel Hernández*, «Pueblo», Madrid, 5 abril 1972.

García Nieto, J., *El Cuaderno Roto*, «La Estafeta Literaria», Madrid, 15 abril 1972.

Gracia, L., *Homenaje*, en *Hablan los días*, Ed. Javalambre, Zaragoza, 1969.

Guereña, J. L., *Entronque de Miguel Hernández y Paul Eluard*, «Cuadernos Hispanoamericanos», Madrid, agosto-septiembre 1970.

— *Miguel Hernández. Poesía*, E. Narcea, Madrid, 1973.

Hottinger, A., *Das volkstümliche Element in der modernen spanischen Lyrik*, Atlantis Verlag, Zurich, 1962.

Ley, Ch. D., *Spanish Poetry since 1939*, The Catholic University of America Press, Washington, 1962.

Lizcano, C., *Un poeta y la tierra*, «La Marina», Alicante, 15 febrero 1972.

María de Gracia Ifach, *Miguel Hernández, tema eterno*, «Idealidad», Alicante, junio-julio 1972.

— *Bibliografía apasionada. Carta abierta a Miguel Hernández*, «El Urogallo», Madrid, noviembre-diciembre 1972.

Martínez Bernicola, J. A., *Miguel, poeta del pueblo*, «Oleza», Orihuela, junio 1970.

— *Segunda tentativa de poema homenaje a Miguel Hernández*, «IDEA», Alicante, enero 1973.

Martínez Marín, F., *Yo, Miguel*, primera parte, Col. Orospeda, Alicante, 1972.

Molina, M., *Miguel Hernández, en la actualidad*, «Idealidad», Alicante, marzo 1971.

Mondéjar, P. L., *En el treinta aniversario de la muerte de Miguel Hernández*, «Sábado Gráfico», Madrid, 1 abril 1972.

Montiel, F., *Una víctima del terror franquista*, «Homenaje a Miguel Hernández», La Habana, 1943.

Moreiro, J. M., *Miguel Hernández*, «A B C», Madrid, 23 y 30 julio 1972.

Neruda, P., *Conversación con Tico Medina*, «A B C», Madrid, 1? octubre 1972.

Paco de Moya, M., *Sentido social del teatro de Miguel Hernández*, «IDEA», Alicante, enero 1973.

Pons, A., *Miguel Hernández, treinta años después*, «Destino», Barcelona, 6 mayo 1972.

Rodríguez Núñez, T., *Miguel Hernández, visto por sus amigos*, «La Verdad», Murcia, 11 febrero 1973.

Rojas, C., *Por qué perdimos la guerra*, Ed. Nauta, Barcelona, 1971.

Ruiz-Funes Fernández, M., *Algunas notas sobre «El rayo que no cesa» de Miguel Hernández*, «IDEA», Alicante, 1972.

Salaün, G., *Miguel Hernández. Pages retrouvées. Cinq poèmes, une lettre et une chronique*, «Mèlanges de la Casa de Velázquez», VII, París, 1971.

Sansano, J. A., *En homenaje a Miguel Hernández*, «Oleza», Orihuela, junio 1970.

Serrano Puig, R. M., *Apuntes para un estudio del gongorismo poético de Miguel Hernández*, Ed. El Guadalhorce, Málaga, 1972.

Valdivieso, M., *Hortelano de Orihuela*, «Oleza», Orihuela, febrero 1972.

Vila San Juan, *Dos condenados (Miguel Hernández y Julián Besteiro)*, en *Enigmas de la Guerra Civil Española*, Ed. Nauta, Barcelona, 1971.

ÍNDICE DE NOMBRES PROPIOS [1]

---

[1] No se incluyen los citados en la Bibliografía.

ÍNDICE GENERAL

BIBLIOTECA ROMÁNICA HISPÁNICA

Dirigida por: DÁMASO ALONSO

I. TRATADOS Y MONOGRAFÍAS

II. ESTUDIOS Y ENSAYOS

40. Emilio Carilla: *El Romanticismo en la América hispánica.* Segunda edición revisada y ampliada. 2 vols.

41. Eugenio G. de Nora: *La novela española contemporánea (1898-1967).* Premio de la Crítica. 3 vols.

42. Christoph Eich: *Federico García Lorca, poeta de la intensidad.* Segunda edición revisada. 206 págs.

43. Oreste Macrí: *Fernando de Herrera.* Segunda edición corregida y aumentada. 696 págs.

44. Marcial José Bayo: *Virgilio y la pastoral española del Renacimiento (1480-1550).* Segunda edición. 290 págs.

45. Dámaso Alonso: *Dos españoles del Siglo de Oro.* Reimpresión. 258 págs.

46. Manuel Criado de Val: *Teoría de Castilla la Nueva (La dualidad castellana en la lengua, la literatura y la historia).* Segunda edición ampliada. 400 págs. 8 mapas.

47. Ivan A. Schulman: *Símbolo y color en la obra de José Martí.* Segunda edición. 498 págs.

49. Joaquín Casalduero: *Espronceda.* Segunda edición. 280 págs.

51. Frank Pierce: *La poesía épica del Siglo de Oro.* Segunda edición revisada y aumentada. 396 págs.

52. E. Correa Calderón: *Baltasar Gracián. Su vida y su obra.* Segunda edición aumentada. 426 págs.

53. Sofía Martín-Gamero: *La enseñanza del inglés en España (Desde la Edad Media hasta el siglo XIX).* 274 págs.

54. Joaquín Casalduero: *Estudios sobre el teatro español.* Tercera edición aumentada. 324 págs.

55. Nigel Glendinning: *Vida y obra de Cadalso.* 240 págs.

57. Joaquín Casalduero: *Sentido y forma de las «Novelas ejemplares».* Segunda edición corregida. 272 págs.

58. Sanford Shepard: *El Pinciano y las teorías literarias del Siglo de Oro.* Segunda edición aumentada. 210 págs.

60. Joaquín Casalduero: *Estudios de literatura española.* Tercera edición aumentada. 478 págs.

61. Eugenio Coseriu: *Teoría del lenguaje y lingüística general (Cinco estudios).* Tercera edición revisada y corregida. 330 págs.

62. Aurelio Miró Quesada S.: *El primer virrey-poeta en América (Don Juan de Mendoza y Luna, marqués de Montesclaros).* 274 págs.

63. Gustavo Correa: *El simbolismo religioso en las novelas de Pérez Galdós.* Segunda edición, en prensa.

7. *Garcilaso de la Vega y sus comentaristas (Obras completas del poeta y textos íntegros de El Brocense, Herrera, Tamayo y Azara)*. Edición de Antonio Gallego Morell. Segunda edición revisada y adicionada. 700 págs. 10 láminas.

V. DICCIONARIOS

1. Joan Corominas: *Diccionario crítico etimológico de la lengua castellana*. En reimpresión.
2. Joan Corominas: *Breve diccionario etimológico de la lengua castellana*. Tercera edición muy revisada y mejorada. 628 págs.
3. *Diccionario de Autoridades*. Edición facsímil. 3 vols.
4. Ricardo J. Alfaro: *Diccionario de anglicismos*. Recomendado por el «Primer Congreso de Academias de la Lengua Española». Segunda edición aumentada. 520 págs.
5. María Moliner: *Diccionario de uso del español*. Reimpresión. 2 vols.

VI. ANTOLOGÍA HISPÁNICA

1. Carmen Laforet: *Mis páginas mejores*. 258 págs.
2. Julio Camba: *Mis páginas mejores*. Reimpresión. 254 págs.
3. Dámaso Alonso y José M. Blecua: *Antología de la poesía española. Lírica de tipo tradicional*. Segunda edición. Reimpresión. LXXXVI + 266 páginas.
6. Vicente Aleixandre: *Mis poemas mejores*. Tercera edición aumentada. 322 págs.
7. Ramón Menéndez Pidal: *Mis páginas preferidas (Temas literarios)*. Reimpresión. 372 págs.
8. Ramón Menéndez Pidal: *Mis páginas preferidas (Temas lingüísticos e históricos)*. Reimpresión. 328 págs.
9. José M. Blecua: *Floresta de lírica española*. Tercera edición aumentada. 2 vols.
11. Pedro Laín Entralgo: *Mis páginas preferidas*. 338 págs.
12. José Luis Cano: *Antología de la nueva poesía española*. Tercera edición. Reimpresión. 438 págs.
13. Juan Ramón Jiménez: *Pájinas escojidas (Prosa)*. Reimpresión. 264 págs.
14. Juan Ramón Jiménez: *Pájinas escojidas (Verso)*. Reimpresión. 238 págs.